DIEDERICHS
NEW
SCIENCE

Herausgegeben von

FRANZ-THEO GOTTWALD
ERVIN LASZLO
STEPHAN SCHUHMACHER

Francisco Varela

Traum, Schlaf und Tod

Grenzbereiche des Bewußtseins

Der Dalai Lama im Gespräch
mit westlichen Wissenschaftlern

Aus dem Amerikanischen
von Matthias Braeunig

EUGEN DIEDERICHS VERLAG

Die Originalausgabe erschien 1997 unter dem Titel
Sleeping, Dreaming, and Dying
bei Wisdom Publications, Boston, Massachusetts

Die Deutsche Bibliothek – CIP-Einheitsaufnahme
Traum, Schlaf und Tod : Grenzbereiche des Bewußtseins ; Der Dalai Lama im Gespräch mit westlichen Wissenschaftlern / Francisco Varela. Aus dem Amerikan. übers. von Matthias Braeunig. – München : Diederichs, 1998
(New science)
Einheitssacht.: Sleeping, dreaming, and dying <dt.>
ISBN 3-424-01388-9

Lektorat: Stephan Schuhmacher
Umschlaggestaltung: Zembsch' Werkstatt, München
Produktion: Tillmann Roeder, München
Satz und Repro: SatzTeam Berger, Ellenberg
Papier: holzfreies, säurefrei gebleichtes Werkdruck, Schleipen
Druck und Bindung: Huber, Dießen

ISBN 3-424-01388-9

Inhalt

Danksagung des amerikanischen Verlages

Wisdom Publications möchte sich besonders für die Großzügigkeit der Gere Foundation bedanken, die die Herstellung des vorliegenden Buches finanziell unterstützt hat. Richard Gere dient seit vielen Jahren Seiner Heiligkeit dem Dalai Lama, seine Belehrungen und die Botschaft von Universaler Verantwortung, Mitgefühl und Frieden durch sein eigenes öffentliches Auftreten zu verbreiten, und indem er Wisdom dabei half, eine Reihe wichtiger Bücher von Seiner Heiligkeit herauszubringen. Richard hat auch die Bemühungen Seiner Heiligkeit beständig unterstützt, die Aufmerksamkeit der Weltöffentlichkeit auf das Leiden des tibetischen Volkes, die Bedrohung seines Landes und Kulturerbes durch die chinesische Besatzung zu lenken. Wir würdigen seinen Einsatz und bedanken uns für die erwiesene Unterstützung.

Danksagung und Anerkennung

Ich möchte meinen herzlichen Dank den vielen Einzelpersonen aussprechen, die die vierte »Mind and Life«-Konferenz und dieses Buch möglich machten: Zuerst und vor allem Seiner Heiligkeit dem Dalai Lama für sein anhaltendes Interesse und seine warme Gastfreundschaft bei diesen Begegnungen; Tenzin Geshe und dem Privatsekretariat Seiner Heiligkeit des Dalai Lama, die eine großartige Hilfe waren; Adam Engle, unserem unerschrokkenen Koordinator und Präsidenten des »Mind and Life«-Instituts; Alan Wallace, dessen Ideen und Unterstützung wesentlich waren; Ngari Rinpoche und Rinchen Khandro, beide großartige Gastgeber von Kashmir Cottage in Dharamsala und ebenso beständige Helfer dieser Ereignisse; den eingeladenen Sprechern, die sich so vergnügt in dieses Abenteuer stürzten und deren Arbeit im gemeinsamen Geist dieses Buch repräsentiert. Unsere großzügigen Sponsoren, Barry und Connie Hershey und Branco Weis stellten die Mittel zur Verfügung, die diese Vision Wirklichkeit werden ließen.

Die Endfassung und Abschrift des Manuskripts wurde von Phonicia Vuong und Zara Houshmand in dankenswerter Arbeit erstellt. Alan Wallace hat die Erläuterungen des Dalai Lama direkt aus dem ursprünglich Tibetischen korrigiert und ergänzt. Tim McNeill, John Dunne und Sara McClintock von Wisdom Publications haben dem Buch seine endgültige Form gegeben. Ihre Kompetenz und Freundlichkeit haben die letzten Stationen der Veröffentlichung zu einem glatten und erfreulichen Abschluß einer langen Reise werden lassen.

Vorwort Seiner Heiligkeit des Dalai Lama

Wir leben in einer Epoche, in der Wissenschaft und Technik einen enormen Einfluß auf alle Lebensbereiche ausgeübt haben. Die Wissenschaft, ein großartiges Produkt des menschlichen Verstandes, sowie deren eindrucksvolles Werkzeug, die Technik, sind Ausdruck unserer größten Gabe – der menschlichen Kreativität. Einige Auswirkungen, wie die Fortschritte im Bereich der Kommunikation und der medizinischen Versorgung, sind besonders fruchtbar gewesen. Andere wiederum, etwa die hochentwickelten Waffensysteme, sind in unvorstellbarer Weise zerstörerisch gewesen.

Es war der Glaube vieler Menschen, daß Wissenschaft und Technik all unsere Probleme lösen könnten. In jüngster Zeit jedoch werden wir Zeuge einer Veränderung dieser Haltung. Es ist uns klargeworden, daß äußerer Fortschritt allein keinen geistigen Frieden bringen kann. Die Menschen haben deshalb damit begonnen, sich mit größerer Aufmerksamkeit einer inneren Wissenschaft zu widmen, dem Weg geistiger Untersuchung und Entwicklung. Wir sind durch unsere eigene Erfahrung an einen Punkt gelangt, an dem es ein neues Bewußtsein für die Wichtigkeit und den Wert innerer geistiger Qualitäten gibt. Aus diesem Grund gewinnen die Erklärungen über den Geist und seine Arbeitsweise, wie sie von den frühen Gelehrten Indiens und Tibets dargelegt wurden, zunehmend an Bedeutung für unsere Zeit. Die Stärke dieser Traditionen liegt darin, daß sie die Entwicklung geistigen Friedens fördern. Wissenschaft und Technik beziehen sich dagegen auf den materiellen Fortschritt. Erst eine Kombination von westlichem und östlichem Ansatz könnte den umfassenden Rahmen bereitstellen, in dem wirkliches menschliches Glück realisierbar ist.

Die Reihe von Veranstaltungen unter dem Motto »Mind and Life« gibt es nun seit einigen Jahren. Ich halte sie für außerordentlich wichtig. Noch ist es nicht lange her, daß viele Menschen glaubten, die objektive Erkenntnis der gewöhnlichen Wissenschaft und das subjektive Verstehen der inneren Wissenschaft schlösse einander aus. In den »Mind and Life«-Konferenzen kamen Experten aus beiden Forschungsbereichen zusammen, um ihre Erfahrungen und unterschiedlichen Ansichten von Themen gemeinsamen Interesses auszutauschen. Es war uns eine Freude, zu entdecken, in welch großem Ausmaß wir dabei das gegenseitige Verständnis zu bereichern vermochten. Darüber hinaus waren unsere Treffen nicht bloß von höflicher Neugier geprägt, sondern auch von einem Geist warmherziger Offenheit und Freundschaft.

Der Anlaß für das in diesem Buch wiedergegebene Treffen waren Gespräche über Traum, Schlaf und Tod. Dies sind Themen, die Wissenschaftler und Meditierende gleichermaßen beschäftigen, und gleichzeitig sind sie auch universelle Bestandteile der menschlichen Erfahrung. Wir alle schlafen. Ob wir es bemerken oder nicht, wir alle träumen. Und mit Sicherheit wird jeder einzelne von uns sterben. Obwohl wir alle davon betroffen sind, umgibt diese Themen ein Hauch von Mysterium und Faszination. Aus diesem Grund bin ich überzeugt, daß viele Leser mit Freude an den Früchten unserer Diskussionen teilhaben werden. Es bleibt mir noch, allen, die zu diesen Treffen beigetragen haben, meine Dankbarkeit zu bekunden und meine aufrichtigste Hoffnung zu wiederholen, daß sie auch in Zukunft weiter stattfinden mögen.

Tenzin Gyatso, der 14. Dalai Lama,
25. März 1996

Der Auftakt zur Reise

Zu allen Zeiten und in aller Welt haben wir Menschen uns zwei mächtigen Wandlungsphasen des Lebens ausgesetzt gesehen, in denen sich unser gewöhnliches Bewußtsein gleichsam aufzulösen scheint und eine völlig andere Welt betritt. Die erste Passage ist Schlaf, der Menschheit ständiger Begleiter, flüchtig und angefüllt mit einer Traumwelt, die alle Kulturen seit Anbeginn ihrer Geschichte fasziniert hat. Die zweite ist der Tod, das großartige, schwer faßbare Rätsel der Menschheit, das letztendliche Ereignis, das ebensosehr unsere individuelle Existenz wie das kulturelle Ritual bestimmt. Sie sind die Schattenbereiche des bewußten Ich, mit denen sich die westliche Wissenschaft schwertut, fernab ihres vertrauten Gebietes eines physikalischen Universums und physiologischer Kausalität. Im Gegensatz dazu ist die Tradition des tibetischen Buddhismus hier ganz zu Hause; sie hat gerade auf diesem Gebiet ein bemerkenswertes Wissen angesammelt.

Das vorliegende Buch zeugt von einer einwöchigen Erkundung dieser beiden Bereiche, ihrer radikalen Veränderung des menschlichen Körpers und seines Bewußtseins, einem einzigartigen Austausch zwischen dem Dalai Lama, einigen seiner Vertrauten aus der tibetischen Tradition und westlichen Repräsentanten aus Natur- und Geisteswissenschaften. Dieser vertrauliche und höchst strukturierte Dialog fand an fünf aufeinanderfolgenden Tagen im Oktober 1992 in Dharamsala, Indien, statt. Es war die vierte Konferenz im Rahmen einer Reihe von zweijährig veranstalteten Treffen, die »Mind and Life«-Konferenzen genannt wurden.

Nachdem wir uns am Montag morgen im Wohnzimmer des Dalai Lama eingefunden hatten, um unsere »Reise« zu beginnen, erschien Seine Heiligkeit pünktlich um neun Uhr, wie es seine Gewohnheit war. Er kam herein, strahlte jeden von uns an und lud uns ein, uns zu setzen. Die Sprecher saßen in einem inneren Kreis auf komfortablen Sofas, Beobachter des Gesprächs und Ratgeber saßen im äußeren Kreis. Die Atmosphäre war entspannt und informell: keine Fernsehkameras, kein hohes Podium, keine förmlichen Ansprachen. Wieder einmal hatte sich die einzigartige Magie der »Mind and Life«-Treffen entfaltet.

Der Dalai Lama eröffnete den Tag mit freundlichen Worten: »Ich begrüße euch alle! Ich sehe viele alte Freunde unter euch, und vielleicht habt ihr das Gefühl, hier in Dharamsala nach Hause gekommen zu sein. Ich bin sehr glücklich, daß wir eine weitere »Mind and Life«-Konferenz organisieren konnten. Ich glaube, unsere früheren Treffen waren von großem Nutzen, wenigstens für mich und die Menschen, die an diesen Themen interessiert sind.«

Dann wendete er sich einer globaleren Perspektive zu: »Seit unserer letzten Konferenz hat es auf diesem Planeten viele Veränderungen gegeben. Eines der wichtigsten Ereignisse war der Fall der Berliner Mauer. Die Bedrohung eines nuklearen Holocaust ist nun mehr oder weniger gebannt. Obwohl es weiterhin viele Probleme gibt, ist die Welt heute günstiger gestimmt für echten, dauerhaften Frieden. Obwohl das Töten mancherorts weitergeht, hat sich die Gesamtsituation verbessert. Überall sprechen die Menschen von Demokratie und Entspannung. Auch dies ist ein sehr gutes Zeichen. Ich glaube, daß der Wunsch nach Glück ein wesentlicher Bestandteil der menschlichen Natur ist. Glück lebt von Freiheit. Im Gegensatz dazu ist Diktatur jeder Art für die Entwicklung der Gemeinschaft schädlich. In der Vergangenheit hatten manche Menschen eine gewisse Vorliebe für autoritäre Regime, doch heutzutage hat sich das verändert. Die jüngere Generation engagiert sich für Freiheit und Demokratie. Wir können die Welt verändern, zumindest was die soziale Ungerechtigkeit angeht. Die Kraft menschlicher Gesinnung hat wieder die Oberhand.«

Seine Heiligkeit fuhr dann fort, den Rahmen unser Konferenz abzustecken: »Da haben wir nun angeblich mit diesen beiden Feldern zu tun, Wissenschaft und Spiritualität«, und als er dies sagte, lachte er herzlich und ansteckend. Das Lachen gehörte an den kommenden Tagen genauso dazu wie eine kritisch prüfende Aufmerksamkeit und ein immer gegenwärtiger Sinn für Humor. »Wissenschaftliche Forschung, so scheint es, dringt in immer tiefere Schichten ein. Aber gleichzeitig scheinen immer mehr Menschen, zumindest Wissenschaftler, die Bedeutung eines spirituellen Faktors wahrzunehmen. Ich sage ›spirituell‹, ohne dabei eine bestimmte Religion oder einen Glauben zu meinen, sondern einfach warmherziges Mitgefühl, menschliche Zuneigung und Sanftmut. Mir scheint, daß solche Menschen bescheidener und etwas zufriedener sind. Ich sehe spirituelle Werte als erstrangig an, religiöse als zweitrangig. Nach meiner Auffassung stärken die Religionen diese grundlegenden menschlichen Qualitäten. Als jemand, der den Buddhismus praktiziert, verstehe ich die Praxis von Mitgefühl und die buddhistische Praxis im Grunde als identisch. Die Praxis von Mitgefühl bedarf jedoch keiner Frömmigkeit oder eines religiösen Glaubens; sie kann unabhängig von religiöser Praxis sein. Die Quelle des Glücks in der menschlichen Gesellschaft ist daher sehr von der Gesinnung der Menschen abhängig, von spirituellen Werten. Wenn wir Wissenschaft und diese grundlegenden menschlichen Werte nicht miteinander verbinden, kann wissenschaftliche Erkenntnis manchmal zu Schwierigkeiten, ja zu Katastrophen führen. Ich denke, daß die Errungenschaften von Wissenschaft und Technologie, trotz ihrer teils schrecklich destruktiven Auswirkungen, beträchtlich sind. Da sie uns jedoch Angst machen, Leid und Beklemmung bereiten, betrachten sie einige Menschen als negativ.

Wissenschaftliche Erkenntnis kann als eine Gabe menschlicher Intelligenz angesehen werden, sie kann entweder zum Nutzen oder zum Nachteil verwendet werden, aber an sich ist sie wertfrei. Ob sie Nutzen bringend oder schädlich ist, hängt von der jeweiligen Motivation ab. Mit der richtigen Motivation wird die wissenschaftliche Erkenntnis konstruktiv. Mit einer schlechten Motivation jedoch wirkt das Wissen zerstörerisch. Diese Konferenzen werden vielleicht Wege aufzeigen, wie Wissenschaft und Spiritualität enger zusammenarbeiten können. Viele von uns haben in dieser Hinsicht schon einen Beitrag geleistet, und ich bin ziemlich sicher, daß auch diese Konferenz weiterhilft. Wir werden ein wenig dazu beitragen, und wenn nicht, so werden wir zumindest keinen Schaden anrichten.« Ein Satz, der von allen mit beifälligem Lachen quittiert wurde. Er schloß dann mit strahlendem Lächeln: »Also ist es gut so. Aus diesem Grund und mit diesen Gefühlen begrüße ich euch alle in meinem Zuhause.«

Als Vorsitzendem und wissenschaftlichem Koordinator war es nun an mir, auf diese Begrüßungsrede zu antworten. An diesem Punkt war es wirklich nicht schwer, zum Ausdruck zu bringen, wie sehr wir alle bewegt waren von der Gelegenheit, an einem solch einzigartigen Unterfangen teilzunehmen.

Die Schattenbereiche des Ich aufspüren

Ich ging nun kurz daran, die Tagesordnung für unsere Woche vorzustellen. Im wesentlichen würden wir uns auf Aspekte des Bewußtseins konzentrieren, die zwar für die menschliche Existenz grundlegend, für Menschen des Abendlandes dennoch schwer verständlich sind: Traum, Schlaf und Tod. Ganz im Geist dieser Treffen wollten wir diese Themen möglichst weit gefaßt ansprechen, so daß die beteiligten Forscher einen breiten Überblick darüber geben können, was derzeit im Westen in den jeweiligen Forschungsgebieten passiert. Die drei ersten Tage würden den Themen Schlaf und Traum gewidmet sein, die beiden letzten dem Sterben. Ich werde kurz die Gründe für diese thematische Auswahl erläutern die eingeladenen Sprecher vorstellen. (Kurzbiographien der Teilnehmer im Anhang)

Am ersten Tag beschäftigten wir uns mit dem Thema Schlaf und Träumen aus der Sicht der Neurologie, die die Beteiligung des Gehirns am biologischen Prozeß des Schlafens untersucht. Es war wichtig, grundlegende Ergebnisse zur Hand zu haben, die aus einem der aktivsten neurowissenschaftlichen Arbeitsgebiete stammen: der Schlafforschung. Die erste Morgensitzung war MICHAEL CHASE (Universität von Kalifornien in Los Angeles) anvertraut worden, der leider in letzter Minute absagen mußte. Glücklicherweise hatten wir aber eine Gruppe ausgewiesener Neurobiologen in Dharamsala: CLIFFORD SARON (Universität von Kalifornien in San Francisco), RICHARD DAVIDSON (Universität von Wisconsin in Madison), GREGORY SIMPSON (Albert Einstein Schule für Medizin), ROBERT LIVINGSTONE (Universität von Kalifornien in San Diego) und ich (vom Centre National de la Recherche Scientifique in Paris). Zusammen hatten wir eine Darstellung der wesentlichen Schlaf-Mechanismen erarbeitet, und ich sollte sie Seiner Heiligkeit vortragen.

Am zweiten Tag sollte die Traumarbeit in der Psychoanalyse angesprochen werden, die sich zwischen wissenschaftlicher Psychologie und humanistischer Praxis einordnen läßt. Diese Disziplin hat das westliche Verständnis der psychischen Struktur und der Rolle der Träume tief geprägt. Obwohl einige Leser vielleicht gern eine andere psychotherapeutische Schule an ihrer Stelle auf dieser Konferenz vertreten gesehen hätten, schien mir die Freudsche doch die einflußreichste und bekannteste zu sein. Es ging ja nicht darum, für die heutige Freudsche Schule einzutreten, sondern in der Diskussion anschaulich zu vermitteln, auf welche Weise Traumarbeit ein Teil des westlichen Denkens und dieser Kultur geworden ist. Als Vortragende wurde JOYCE MCDOUGALL ausgewählt, eine für die zeitgenössische Psychoanalyse sowohl in Europa als auch im weiteren englischsprachigen Raum wohlbekannte und geschätzte Persönlichkeit.

Im Laufe des dritten Tages würden wir zu einem relativ neuen und umstrittenen Bereich übergehen: dem Studium des Phänomens luzider Träume. Wir wählten dieses Thema, weil es einerseits im Westen ein beträchtliches wissenschaftliches Interesse geweckt hat und andererseits für die buddhistische Tradition ein besonders aktives Studienfeld darstellt. Wir erhofften uns dadurch einige Berührungspunkte mit dem tibetischen Buddhismus. Die Psychologin JAYNE GACKENBACH von der Universität von Alberta, die sich seit mehreren Jahren mit diesem Forschungsgebiet beschäftigt, sollte die Referentin sein.

Für den vierten und fünften Tag hatten wir die Thematik des Sterbens vorgesehen. Die enorme Bandbreite dieses Themas reduzierten wir auf zwei wesentliche Fragestellungen. Am vierten Tag wollten wir uns das biomedizinische Verständnis des Sterbevorgangs vornehmen. Obgleich sich die Medizin aller Lebensbereiche angenommen hat, gerät ihre ganze Maschinerie von Beobachtungs- und Behandlungstechnik ins Stocken, sobald der Patient eine gewisse Schwelle überschritten hat. Über die letzten, intimen Stadien des Sterbens ist nur wenig bekannt. Wir baten JÉRÔME ENGEL, diese schwierige Aufgabe zu übernehmen. Als Mitglied eines großen biomedizinischen Zentrums an der UCLA und als Spezialist für Epilepsie schien er besser als andere Experten dafür geeignet zu sein, dieses unerschlossene Gebiet zu betreten.

Schließlich würden wir am fünften Tag mit unserem zweiten Sterbe-Thema enden, nämlich mit den jüngsten wissenschaftlichen Erkenntnissen davon, was Menschen erlebt haben, die mit dem Tod in sogenannten Nahtod-Erfahrungen (NDE) gerungen haben. Zwar stellen sie für die etablierte Wissenschaft wiederum umstrittene Bereiche dar, dennoch rufen sie im Westen ein erhebliches Interesse hervor. Wir hofften, Verbindungen zu finden zwischen dieser Forschungsrichtung und einem der ursprünglichsten Gebiete mit experimenteller wie philosophischer Bedeutung in der tibetischen Tradition: der Begegnung des Menschen mit dem Tod. Zur Sprecherin dieses Tages wählten wir JOAN HALIFAX, eine medizinische Anthropologin, die seit den sechziger und siebziger Jahren als Pionierin auf diesem Gebiet forscht und ihre Beobachtungen auf schamanistische Traditionen ausgedehnt hatte.

Das war in aller Kürze die Tagesplanung unseres Treffens in Hinblick auf seinen wissenschaftlichen Gehalt. Wie auch schon bei den vorangegangenen »Mind and Life«-Konferenzen fanden wir es allerdings wesentlich, diesen Themen eine philosophische Untermauerung der westlichen Perspektive voranzuschicken. Das mag auf den ersten Blick erstaunlich scheinen, hat sich aber als entscheidend herausgestellt. Die begriffliche Basis einer Disziplin und die Geschichte ihrer Ideen zu erhellen, bereitet den fruchtbaren Grund, auf dem die Diskussionen aufbauen können. Die Tibeter, Meister in der Kunst konzeptueller Klarheit, waren für diese Dimensionen des Gesprächs immer sehr aufgeschlossen. Da CHARLES TAYLOR von der McGill-Universität für seine aufschlußreichen Studien über das moderne Ich und dessen historische Wurzeln bekannt ist, hatten wir ihn gebeten, diese Aufgabe für uns zu übernehmen.

Kulturübergreifender Dialog und die »Mind and Life«-Konferenzen

Bevor wir unsere »Reise« mit Charles Taylors Darstellung des Selbst-Konzepts beginnen, wollen wir ein wenig über den Hintergrund berichten, der zu diesen einzigartigen Versammlungen geführt hat. Wie ich vorher schon erwähnte, war dies die vierte Konferenz in einer Reihe, die 1987 begann. Die Ergiebigkeit des Dialoges, aus dem dieses Buch entstand, zeigt, daß die vierte Konferenz ein voller Erfolg war. Und dies war kein bloßer Zufall. Interkulturelle Dialoge sind dafür bekannt, daß sie zu oberflächlicher Förmlichkeit oder voreiligen Schlußfolgerungen neigen. Um einen Eindruck davon zu vermitteln, wie wir diese Mißgeschicke vermieden haben, möchte ich kurz auf unseren Ansatz zum dialogischen Prozeß eingehen. Da der Austausch der vorangegangenen »Mind and Life«-Konferenzen ein integraler Bestandteil des Dialogs war, der sich in diesem vierten Treffen entfaltet hat, werde ich auch deren Inhalt skizzieren.

Wie alle solche Unternehmungen begannen auch die »Mind and Life«-Konferenzen als eine faszinierende Vorstellung unter Freunden und Kollegen. Ich hatte mich seit 1978 für einen interkulturellen Dialog und interdisziplinäre Forschung interessiert, die die moderne Wissenschaft (und besonders die Neurowissenschaften, mein Fachgebiet) bereichern könnten. Aber erst 1985 ergab sich eine Gelegenheit, etwas in dieser Richtung zu unternehmen. In jenem Jahr planten Adam Engle und ich einen Austausch zwischen westlichen Wissenschaftlern und Seiner Heiligkeit dem Dalai

Lama, einem der anerkanntesten Vertreter buddhistischer Theorie und Praxis. Zwei Jahre hat die Vorbereitung der Grundlagen beansprucht, bevor wir schließlich die erste »Mind and Life«-Konferenz veranstalten konnten.

Wir lernten, daß die ausgesuchten Wissenschaftler nicht unbedingt berühmt sein mußten, damit die Konferenz gelingen konnte. Natürlich sollten sie kompetent und in ihrem Fachgebiet anerkannt sein, aber auch aufgeschlossen – und was den Buddhismus angeht, möglichst nicht ganz unbeleckt. Die Agenda wurde nach weiteren Gesprächen mit Seiner Heiligkeit abgesteckt, nachdem geklärt war, wieviel wissenschaftliches Hintergrundwissen wir erst einmal aufarbeiten mußten. Am Ende stimmte Seine Heiligkeit sogar zu, sich eine ganze Woche für uns Zeit zu nehmen, ein Maß für die Wichtigkeit, die er diesen Diskussionen einräumte. So fand im Oktober 1987 die erste »Mind and Life«-Konferenz in Dharamsala statt. Sie beschäftigte sich mit den Grundlagen der modernen Kognitionswissenschaft, dem natürlichsten Ausgangspunkt für einen Kontakt von buddhistischer Tradition und moderner Wissenschaft. Viele der Grundzüge dieses Treffens wurden für die folgenden Konferenzen beibehalten und verfeinert.

Ein wichtiges Merkmal sicherte, daß stets alle Teilnehmer in die Sitzung einbezogen wurden: Wir schufen einen Rahmen, in dem die Wissenschaftler morgens zu Präsentationen gebeten wurden und die Nachmittage ganz der Diskussion gewidmet waren. Auf diese Weise konnte Seine Heiligkeit schnell in das Thema des Tages eingeführt werden. Wir legten außerdem Wert darauf, daß die Präsentationen von einem weit gefaßten und unparteiischen Standpunkt, den die Fairness gebietet, ausgingen. Der oder die Vortragende konnte dann am Nachmittag frei ihre eigenen Ansichten und Urteile äußern.

Der zweite wichtige Aspekt betraf die Übersetzung. Wir konnten mit der Unterstützung mehrerer ausgezeichneter Dolmetscher rechnen, von denen immer zwei – einer zu jeder Seite des Dalai Lama – bei jeder Sitzung anwesend waren. Dadurch war auf der Stelle eine rasche Klärung von Begriffen möglich, was absolut wesentlich ist, um die im Dialog zwischen zwei so unterschiedlichen Traditionen unvermeidlich auftauchenden anfänglichen Mißverständnisse überwinden zu können.

Ein dritter zentraler Aspekt des Treffens war, daß es vollkommen privat gehalten wurde: keine Presse, keine Fernsehkameras und nur sehr wenige eingeladene Gäste. Dies steht in krassem Gegensatz zu Veranstaltungen im Westen, wo das öffentliche Interesse an der Person des Dalai Lama eine entspannte und spontane Diskussion zunehmend unmöglich macht. Daher bot uns das Zusammenkommen in Dharamsala einen geschützten Freiraum für unsere Erforschungen.

Das Programm der ersten Konferenz hatte allgemeine Themen aus der Kognitionswissenschaft eingeführt: wissenschaftliche Methodik, Neurobiologie, kognitive Psychologie, künstliche Intelligenz, Entwicklung des Gehirns und Evolution[1]. Die Veranstaltung wurde zum großen Erfolg für beide

Seiten. Der Dalai Lama und wir fühlten, daß eine wahre geistige Begegnung stattgefunden hatte und konkrete Schritte zur Überwindung der Kluft zwischen westlichem und buddhistischem Denken getan werden konnten. Wir wurden vom Dalai Lama ermutigt, alle zwei Jahre weitere Gespräche zu veranstalten, ein Ersuchen, dem wir nur allzugern zustimmten.

So fand »Mind and Life« II im Oktober 1989 in Newport, Kalifornien, statt, ein zweitägiges Treffen, das sich noch genauer mit den Neurowissenschaften beschäftigte. Es war besonders denkwürdig, weil wir am ersten Morgen erfuhren, daß dem Dalai Lama der Nobel-Preis zuerkannt worden war. Die dritte »Mind and Life«-Konferenz war dem Verhältnis von Emotionen und Gesundheit gewidmet[2]. Zum Abschluß war der Dalai Lama wiederum einverstanden, die Gespräche auf Folgetreffen fortzusetzen – was zu dem Abenteuer geführt hat, von dem dieses Buch erzählt. Mehr Auskunft über die »Mind and Life«-Konferenzen und das »Mind and Life«-Institut findet man im Anhang zu diesem Buch.

Vor diesem Hintergrund trafen wir uns zur vierten Konferenz mit dem Gefühl, daß unsere Bemühungen wirklich Früchte zu tragen begannen. Und nun, da wir wieder für eine Woche in Dharamsala waren, wollten wir im Dialog noch tiefer gehen, hinein in die Gebiete von Schlafen, Träumen und Sterben. Neben mir saßen die Referenten, deren Stimmen der Leser in diesem Buch vernimmt. Wie in der Vergangenheit auch standen uns Thupten Jinpa und Alan Wallace als äußerst fähige Übersetzer zur Seite.

Am besten schien es, mit dem Beitrag eines erfahrenen Philosophen über die westliche Auffassung vom modernen Selbst zu beginnen. So bat ich Charles Taylor, als erster auf dem »heißen Stuhl« Platz zu nehmen, dem Sessel neben Seiner Heiligkeit, auf dem im Wechsel jeder Teilnehmer an den folgenden Tagen sitzen würde.

1
Was steckt hinter dem Ich?

Die Geschichte eines Konzepts

In vergangenen Konferenzen der »Mind and Life«-Reihe mit dem Dalai Lama hatte sich die Beteiligung eines professionellen Philosophen am wissenschaftlichen Gespräch als sehr nützlich erwiesen. Einer der Hauptgründe dafür war, daß in der tibetischen Tradition philosophische Reflexion und Disziplin einen hohen Stellenwert besitzen und besonders gepflegt werden. Ein Philosoph konnte den Naturwissenschaftlern daher oft wertvolle Verständigungsbrücken und alternative Formulierungen aufzeigen, die klarer und der tibetischen Tradition näher waren. Für das Thema dieser Konferenz war Charles Taylor, als Autor und Philosoph wohlbekannt, die ideale Wahl. In seinem kürzlich erschienenen Buch »Sources of the Self« hat er anschaulich und einsichtsvoll dargestellt, wie wir im Westen dazu gekommen sind, an ein bestimmtes Etwas zu denken, wenn wir vom Ich sprechen[3]. Dieser ihm hier zugedachten Aufgabe wandte er sich nun schnell und mit Geschick zu:

»Ich möchte über einige der wichtigsten Aspekte in der westlichen Auffassung vom Ich sprechen. Dazu möchte ich ein sehr allgemeines Bild von der geschichtlichen Entwicklung des Konzepts zeichnen. Ich glaube, es wäre ein guter Ansatz, direkt mit dem Ausdruck ›*das Ich*‹ zu beginnen. In unserer Geschichte ist es etwas relativ Neues zu sagen, ›Ich habe ein Ich‹. Bis vor ein, zwei Jahrhunderten hätten wir das Personalpronomen *ich* nie zusammen mit einem bestimmten oder unbestimmten Artikel (wie *das* oder *ein*) verwendet. Die alten Griechen, die Römer und die Menschen des Mittelalters haben es gewiß nicht als beschreibenden Ausdruck verwendet. Heute könnten wir vielleicht etwas pointiert sagen, es seien dreißig *Ichs* im Zimmer, aber unsere Ahnen hätten das sicher nicht getan. Vielleicht hätten sie gesagt, es seien dreißig *Seelen* im Raum, oder etwas Ähnliches; das Wort *Ich* hätten sie jedenfalls nicht benutzt. Ich denke, daß dies etwas Grundsätzliches über unser Verständnis des menschlichen Agenten aussagt, etwas, das fest in unserer westlichen Kultur verwurzelt ist.

In der Vergangenheit hätte man schlicht die Wörter *Ich* oder *mich* benutzt, aber jetzt beschreibt das Wort *Ich*, was ein menschliches Wesen ist. Ich würde mich nie als ›*Ich*‹ beschreiben. Ich benutze das Wort nur, um auf mich zu verweisen. Ich würde sagen: ›Was bin ich?– Ich bin ein Mensch. Ich bin aus Kanada.‹ Auf diese Weise beschreibe ich mich. Aber im zwanzigsten Jahrhundert könnte ich sagen: ›Ich habe (oder bin) ein Ich.‹ Was ich daran bemerkenswert finde, ist, daß wir offenbar eben jene beschreibenden Ausdrücke verwenden, die erkennen lassen, was uns am Menschen in spiritueller und moralischer Hinsicht wichtig ist. Unsere Vorfahren haben deshalb von Seelen gesprochen, weil es ihnen spirituell und moralisch um die Seele ging.

Was hat nun dem modernen Menschen bei dieser Ausdrucksweise Unbehagen bereitet, und warum ist er zu ›*das Ich*‹ übergegangen? Ein Teil der Antwort ist, daß sie etwas spirituell Bedeutsames daran fanden, sich als ›*Ich*‹ zu beschreiben. Bestimmte Fähigkeiten nämlich, wie über uns selbst zu reflektieren und uns auf uns selbst zu beziehen, die spirituell und moralisch eine zentrale Stellung einnehmen, sind für uns westliche Menschen besonders wichtig geworden. Früher haben wir uns manchmal als ›*Seelen*‹ oder ›*Intelligenzen*‹ bezeichnet, weil uns die damit verbundenen Konzepte wichtig waren. Aus demselben Grund sprechen wir heute vom ›*Ich*‹, weil zwei Formen der Konzentration und Reflexion auf das Ich für unsere Kultur absolut zentral geworden sind: Selbstbeherrschung und Selbsterkundung.

Wir wollen uns Selbstbeherrschung zuerst ansehen. Platon, der große Philosoph des vierten vorchristlichen Jahrhunderts, sprach von Selbstmeisterung. Was Platon damit meinte, war, daß sein Verstand Kontrolle über die Leidenschaften hatte. Wenn die Leidenschaften die Kontrolle haben, dann ist man nicht Meister seiner selbst.

»Sehr weise!« schob der Dalai Lama ein.

»Interessanterweise hatte Selbstbeherrschung für Platon eine völlig andere Bedeutung als für unsere moderne Welt. Bei Platon ist der Verstand die Fähigkeit des Menschen, die Ordnung des Universums zu begreifen, die Ordnung der ›*Ideen*‹, wie er das nannte, die dem Universum seine Form gegeben haben. Wenn wir also den Verstand unsere Seele regieren lassen, war das gleichbedeutend damit, daß die Ordnung des Universums unsere Seele leitete. Wenn ich auf die Ordnung der Dinge schaue, kommt meine Seele durch die Liebe zu dieser Ordnung ebenfalls in Ordnung. Daher war es eigentlich keine Kontrolle durch *mich* als einen einzelnen Agenten, es war eine Kontrolle durch die universelle Ordnung. Menschen wurden nicht ermuntert, nach innen gerichtet über den Gehalt ihrer Seelen zu reflektieren, sondern eher sich der äußeren Ordnung der Dinge zuzuwenden.

Das Christentum hat dieses antike Konzept mit Augustinus im vierten Jahrhundert grundlegend verändert. Obwohl Augustinus von Platon beeinflußt war, vertrat er eine ganz andere Auffassung vom Ich. Es war seine Vorstellung, daß wir Gott dadurch näher kommen können, daß wir uns nach innen wenden und untersuchen, was wir in uns haben. Im Herzen der Dinge entdecken wir unsere Abhängigkeit von Gottes Kraft, und so entdecken wir die Kraft Gottes durch die Untersuchung unserer selbst.

Es gab also diese beiden spirituellen Strömungen: Die eine hat sich mit Platon nach außen gerichtet und die andere, mit Augustinus, nach innen, allerdings immer in der Absicht, etwas über uns Hinausgehendes zu erreichen, das Gott ist. Eine dritte Wendung kommt mit der westlichen Moderne. Nehmen wir zum Beispiel Descartes, einen Philosophen des siebzehnten Jahrhunderts: Descartes glaubte an Gott und sah sich als Nachfolger von Augustinus, aber unter dem Begriff Sebstbeherrschung verstand er wieder etwas anderes: nämlich die instrumentelle Kontrolle, die ich als Handelnder, als Agent, über mein eigenes Denken und Fühlen ausüben kann. Zu mir stehe ich in Beziehung wie zu einem Instrument, das ich zu jedem gewünschten Zweck verwenden kann. Descartes hat menschliches Leben dahingehend neu interpretiert, daß wir uns des Ichs wie eines Instruments bedienen können. Schließlich kamen wir dazu, unsere körperliche Existenz als einen nutzbaren Mechanismus anzusehen. Dies geschah etwa in der gleichen Epoche, in der auch das mechanistische Konstrukt vom Universum auftauchte.

Der moderne Begriff der Selbstbeherrschung unterscheidet sich sehr vom platonischen, weil die Ordnung des Universums nicht mehr wichtig oder erforderlich ist. Sie hat keine Macht mehr. Auch muß ich mich nicht mehr nach innen wenden, um über mich hinaus zu Gott zu gelangen. Statt dessen verfüge ich über die innewohnende Fähigkeit, meine eigenen Gedanken und mein eigenes Leben zu ordnen, den Verstand als kontrollierendes und ordnendes Instrument zu nutzen. Es wird sehr wichtig für mich, mein eigenes Denken zu ordnen, in der richtigen Weise mit den richtigen Schritten, und mich darauf als einen Objektbereich zu beziehen, den ich irgendwie beherrsche. Für das westliche Leben ist dies absolut zentral geworden. Nicht der bestimmte Inhalt unserer Gedanken und Gefühle, sondern die Fähigkeit, sie reflexiv zu beherrschen, ist wirklich entscheidend, damit wir uns als ›*Ich*‹ begreifen.«

Wie schon üblich, wurden unsere Zusammenkünfte zu den »Mind and Life«-Gesprächen durch die klärenden Fragen des Dalai Lama bereichert. Über die Art, wie diese Fragen gestellt wurden, kann der Leser tatsächlich einen guten Einblick bekommen in die Kluft, die sich zwischen der tibetischen und der westlichen Tradition auftut. In diesem Fall unterbrach er Charles freundlich: »Würden Sie sagen, daß dieses herrschende Ich dieselbe Natur hat wie Körper und Geist, die es beherrscht? Oder ist seine Natur von der des Körpers und des Geistes unterschieden?«

»Für Descartes waren es ein und dieselbe Sache«, kam die Antwort. »Aber zunehmend wurde das Ich als etwas davon Getrenntes angesehen, weil ihm kein besonderer Gehalt zugrunde gelegt werden kann. Es besteht einfach nur in der Macht, jeden auftauchenden gedanklichen oder körperlichen Inhalt zu beherrschen.«

Selbsterkundung und Moderne

Damit wendete sich die Diskussion dem Thema Selbsterkundung zu. »Zur selben Zeit, als Descartes seine Ideen entwickelte, tauchte eine andere wichtige Fähigkeit im Westen auf: Selbsterkundung. Die durch Augustinus inspirierte christliche Spiritualität führte die Menschen dazu, ihre Seele und ihr Leben einer Prüfung zu unterziehen. Diese Selbstuntersuchung entwickelte sich über die ursprüngliche christliche Form hinaus zu dem, was in den letzten zweihundert Jahren eine außergewöhnlich machtvolle Idee geworden ist und zur Grundlage westlichen Denkens wurde, nämlich daß jeder Mensch seine besondere persönliche Eigenart habe.

Obwohl es alte Praktiken der Selbsterkundung gab, begannen sie alle mit der Grundannahme, daß man schon vorher wisse, was die menschliche Natur sei, und daß es nur darum gehe, in uns selbst zu entdecken, was wir schon vorher als wahr erkannt hatten. Seit etwa zweihundert Jahren nun besteht die Annahme darin, daß wir zwar ganz allgemein wissen, was die menschliche Natur ist, daß aber jeder Mensch seine ganz eigene, unverwechselbare Weise hat, diese Natur zum Ausdruck zu bringen, weshalb wir diese einzigartige Natur durch Selbsterforschung zum Vorschein bringen müssen. Dies hat zur Entwicklung eines ganzen Spektrums menschlicher Fähigkeiten geführt, die wir heute für sehr wichtig halten. Wie aber erkundet man sich selbst? Man findet etwas, daß bis jetzt noch nicht gesagt wurde, und findet einen individuellen Weg, es zum Ausdruck zu bringen. Selbstdarstellung wurde damit äußerst wesentlich.

Wie findet man die Sprache der Selbstdarstellung? Den besten Ausdruck glauben die Menschen des Westens in den letzten zweihundert Jahren in der Kunst gefunden zu haben, sei es Poesie, darstellende Künste oder Musik. Es ist ein Zug der modernen westlichen Kultur, daß Kunst fast schon religiöse Bedeutung hat. Besonders für Menschen ohne traditionell religiöses Bewußtsein genießt Kunst diese tiefe Verehrung. Einige große Kunstschöpfer des Westens haben heute eine unvergleichliche Aura um sich – gefeiert, geliebt und bewundert –, wie sie Künstler in der menschlichen Geschichte noch nie gehabt haben.

»Wir erkennen also diese beiden Spielarten des modernen Selbstbezugs: Selbstbeherrschung und Selbsterkundung. Wir haben damit begonnen, uns als ›Ich‹ zu verstehen, und beziehen uns auf dieses Etwas, ohne weiter darüber nachzudenken. Obwohl beide Spielarten zur selben Kultur gehören, liegen sie auch in tiefem Widerstreit miteinander, und unsere Zivilisation setzt sich ständig damit auseinander. Wohin wir auch schauen, können wir dies sehen.

Ein gutes Beispiel ist heutzutage im Westen der Konflikt zwischen Menschen mit einer sehr streng technologischen Einstellung sich selbst und der Welt gegenüber und denjenigen, die ihnen im Namen ökologischer Gesundheit und Offenheit widersprechen, weil die technologische Herrschaft über das Ich jede Form von Selbsterkundung auszuschließen vermag.

Wir erkennen dies insbesondere an der Einstellung zur Sprache: Sie wird einerseits als ein bloßes vom Verstand kontrolliertes Instrument gesehen; auf der anderen Seite haben wir Konzeptionen von Sprache, die zu außerordentlichen Entdeckungen über die Natur des menschlichen Verstehens geführt haben, die Sprache als Lebensraum erkennen und das Geheimnis des Menschseins teilweise lüften.

Selbstbeherrschung und Selbsterkundung haben einen gemeinsamen Ursprung, der sie miteinander verbindet: ein Menschenbild, das auf die Abgeschlossenheit des Individuums ausgerichtet ist. Platon konnte das menschliche Wesen nicht außerhalb seiner Beziehung zum Kosmos begreifen und Augustinus nicht außerhalb der Beziehung zu Gott. Jetzt aber haben wir ein Menschenbild, in dem wir, wenn wir wollen, sowohl an Gott glauben als auch uns mit dem Kosmos verbinden können; durch die Fähigkeiten von Selbstbeherrschung und -erkundung jedoch können wir das menschliche Wesen in einer nur auf sich selbst bezogenen Weise erfassen.«

Wieder einmal klärte der Dalai Lama die Schlüsselfrage: »Gibt es da irgendwo eine versteckte Annahme, daß Selbstbeherrschung notwendigerweise ein selbst-existentes oder autonomes Selbst voraussetzt, wogegen dies für Selbsterkundung fragwürdig ist?« Die Antwort von Charles war, daß es nicht unbedingt der Fall sein muß und daß auch Selbsterkundung ein solches Selbst voraussetzt, allerdings eröffne sie die Möglichkeit, darüber hinauszugehen. In der Haltung der Selbstbeherrschung wird davon ausgegangen, daß es eine kontrollierende Instanz gibt, und dies wird überhaupt nicht in Zweifel gezogen. Beispielsweise beginnt Descartes' berühmter Satz mit der Gewißheit, daß er selbst, sein ›Ich‹, existiert. Das gesamte Gebäude wissenschaftlichen Weltverständnisses ruht auf dieser einen Gewißheit.

Die Wissenschaft und das Ich

Wir hatten nun ein Bild davon bekommen, was das moderne Verständnis vom Ich beinhaltet. Charles ging es nun darum, diese Konzepte in Hinblick auf die Tradition westlicher Wissenschaft zu betrachten, und dabei bestimmte wissenschaftliche Denkansätze zu beleuchten, die auch schon in früheren »Mind and Life«-Konferenzen Thema waren. »Nehmen wir zum Beispiel die in der Kognitionswissenschaft verbreitete Modellvorstellung, die menschliches Denken mit der Arbeitsweise des Digital-Computers vergleicht. Das ist eine außergewöhnliche Vorstellung, für einige von uns zugegebenermaßen eine verrückte Idee, aber sie hat enorme Wirkung auf die Imagination.

»Erinnern wir uns noch einmal an die Einstellung Descartes', die von einer instrumentellen Sicht des Ich ausgeht und es als eine Art Mechanismus sieht. Die Ansicht, daß wir letzten Endes ein bloßer Mechanismus sind, kommt dem Computer-Ansatz sehr entgegen. Gleichzeitig betont Descartes ein klares und berechnendes Denken. Mit anderen Worten, es wird davon ausgegangen, daß das Denken dann am klarsten ist, wenn es bestimmten formalen Regeln folgt, so daß man sich von einem gültigen Schritt zum nächsten absolut sicher sein kann. Die großartige Eigenschaft von Computern ist, daß sie die mechanischen Eigenschaften dieses völlig formalen Denkstils verkörpern. Einige Leute, die diese Seite der westlichen Kultur tief beeindruckt hat, sind von Computern so sehr fasziniert, daß sie nicht zögern, diese Sicht zur Grundlage ihres Modells vom menschlichen Geist zu machen.

Auf der anderen Seite haben wir Geisteswissenschaften, die aus der langen Tradition der Selbsterkundung hervorgegangen sind. Während sich der Gebrauch von Wörtern wie »Ich« einbürgerte, vollzog sich ein weiterer Wandel in der westlichen Sprache: es entwickelte sich ein reiches Vokabular von Ausdrücken der inneren Beschaffenheit. Bezeichnungen wie ›innere Tiefe‹ sind zu einem Bestandteil unserer Kultur geworden. Ich wüßte gerne, ob es etwas Ähnliches im Tibetischen gibt. Es ist die Vorstellung damit verbunden, daß jeder von uns eine lange und tiefe Untersuchung seiner selbst vornehmen muß; und daß die unverständlichen Dinge irgendwo tief unten sind. Diese Tiefe scheint für uns im Inneren zu liegen. Ein wissenschaftlicher Diskurs, der sich mit dieser Richtung beschäftigt, ist die Psychoanalyse.

Ein weiterer Weg der Selbsterkundung ist im Westen die Frage der *Identitätsfindung*. Das ist auch so ein Wort, das heute eine nie gekannte Wendung erfahren hat. Wir sprechen oft davon, unsere *›wahre Identität‹* entdecken zu wollen, oder daß unsere Jugend sich in einer Identitätskrise befindet – daß die jungen Leute ihre Identität nicht kennen und von dem Schmerz und Drama, sie zu entdecken. Meine Identität ist, wer ich eigentlich bin. Auf eine Art und Weise ist das eine Beschreibung meines geistigen Wesens, denn wenn Menschen von ihrer vermeintlichen Identität sprechen, sprechen sie von ihrem geistigen Bezugsrahmen, von dem aus sie beurteilen, was ihnen als Mensch und in ihrem Leben wichtig ist. Anders gesagt, ist der spirituelle Bezugsrahmen eines Menschen durch das definiert, was er als Person ist. Das spiegelt uns noch einmal die Suche danach wieder, was am einzelnen das Besondere ist. Es ist auf dieser Ebene, auf der neue Formen der Selbsterkundung im Westen stattfinden.

An dieser Stelle können wir einen sehr interessanten Berührungspunkt zwischen der westlichen und der buddhistischen Weltsicht bemerken. Der Diskurs der Identitätsfindung ermöglicht mir, daß ich mich völlig neu entdecke und beschreibe; ich kann entdecken, daß ich nicht wirklich der bin, für den ich mich bisher gehalten habe, so daß ich ein neues Selbstbild entwickle. Darüber hinaus haben einige westliche Philosophien in diesem Bereich begonnen, die Gewißheit eines Ich als abgrenzbarer Einheit in Frage zu stellen: ›Gibt es überhaupt ein einheitliches Ich?‹ Auf diesem Gebiet wird viel geforscht, in dieser Grauzone der Ungewißheit über die wahre Natur des Ich. Diese neue philosophische Bewegung versteht sich zum Teil als Reaktion auf das Konzept der Selbstbeherrschung, wonach man sich scheinbar stets über das Ich als Kontrollinstanz im Klaren war, ohne seiner Einheit je mißtraut zu haben. Als Resultat dieser kulturellen Auseinandersetzung ist ein Selbstverständnis entstanden, welches in Frage stellt, ob »wir« wirklich die Kontrolle über uns haben, ob es nicht tiefere psychische Quellen in uns gibt, von denen das Ich nichts weiß, so daß die Selbsterkundung uns vielleicht zu etwas ganz Anderem und Beunruhigenden führen kann, zu etwas Neuem und Seltsamen.«

Das Ich und der Humanismus

Die Präsentation kam damit zu einem natürlichen Ende, und unter den Teilnehmern begann eine angeregte Diskussion. Die folgende Frage des Dalai Lama war weniger klar und ein ausgezeichnetes Beispiel dafür, wie schwierig der Sprung zwischen zwei so unterschiedlichen Traditionen ist: »Gibt es nicht eine besondere Beziehung zwischen der starken Betonung des Ich und der Philosophie des Humanismus? Ich habe von zwei sehr verschiedenen Konnotationen des Begriffs *Humanismus* gehört. Zum einen gibt es eine recht positive Auffassung vom Humanismus als einer Kraft, die das Ich sozusagen adelt, indem sie es mit einer gewissen Entschlußkraft und Willensstärke ausstattet. Als Ergebnis erscheint es nicht mehr so sehr von Gottes Gnaden oder irgendeiner anderen äußeren Macht abhängig. Nach diesem Verständnis scheint der Humanismus doch etwas Positives zu sein. Andererseits und in einem ganz anderen Kontext, in dem er eher negativ erscheint, stellt der Humanismus mit der Betonung des Ich gleichzeitig die Umwelt als etwas dar, das vom Ich ausgebeutet und manipuliert werden kann. Wenn diese beiden Bedeutungsebenen tatsächlich zutreffen, wie passen sie dann zusammen und was ist das vorherrschende Verständnis von Humanismus?«

Charles antwortete: »In einer Auslegung des Begriffs Humanismus konzentriert man sich auf den Menschen als Einzelwesen. Wie ich schon vorher erwähnte, erlauben die beiden Modi von Selbstbeherrschung und Selbsterkundung den einzelnen Menschen abzugrenzen und sein Wesen getrennt zu sehen. Aber die Auslegung von Humanismus ist auch mannigfaltig und Teile davon stehen in Konflikt miteinander. In der Entwicklung des Westens sind die beiden Ansichten, von den Sie gehört haben, zwei Seiten derselben Medaille. Der frühe Affirmations-Humanismus der Renaissance war für die Beziehung des Menschen zum Kosmos relativ blind. Der Humanismus von heute hat dagegen eine gewisse Einsicht in die Verbindung von Ich und Kosmos gewonnen, aber das ist nicht der ursprüngliche.«

Der Dalai Lama wollte es genauer wissen: »Wenn Sie von Kosmos sprechen, meinen Sie dann nicht, daß Menschen Teil dieses Kosmos sind, anstatt etwas Abgetrenntes? Wenn sich das Wort Kosmos auf unsere äußere Umgebung bezieht und das Wort Mensch auf individuelle Agenten, die sich darin befinden oder sogar außerhalb davon, faßt man sie nicht dennoch als Produkt der natürlichen Elemente auf?«

»Doch! Aber der moderne Humanismus setzte uns als Benutzer in Beziehung zu Instrumenten; der uns umgebende Kosmos ist also etwas, das wir beherrschen können und auch sollen. Descartes vertrat noch einen strengen Dualismus, in welchem die menschliche Seele als abgetrennt vom Kosmos galt; später war das nicht mehr so streng, da haben Sie völlig recht. Andere Auslegungen des Humanismus beschreiben das Wesen des Menschen in Begriffen der natürlichen Elemente – eine sehr reduktionistische und arrogante Haltung von Herrschaft. Ich glaube, daß hier tatsächlich ein tiefer Widerspruch vorliegt. Dennoch kann diese widersprüchliche Position Bestandteil des Lebens sein, wenn sie in einer Kultur tiefe Wurzeln hat.«

»Das bedeutet also grundsätzlich, daß sowohl die Person als auch der Kosmos vom Begriff *Humanismus* erfaßt werden. Schließt das aber die Existenz eines Gottes aus?«

»Für gewöhnlich nicht. Aber es gibt einige Leute, die das so sehen«, antwortete Charles. »In England gibt es eine Humanistische Gesellschaft, deren Mitglieder einfach nur darin übereinstimmen, daß sie Atheisten sind. Andererseits gibt es einen großen katholischen Philosophen, der seinem Buch den Titel ›Christlicher Humanismus‹ gab.«

Nicht-Ich im westlichen Denken

Während uns Tee serviert wurde, ging der Dalai Lama weiter der Beziehung des Ich zum Kosmos nach, in dem er alle am Tisch Sitzenden fragte: »Es scheint, daß Descartes die Seele als unabhängig vom Kosmos im allgemeinen und vom Körper im Besonderen definiert hat. Was ist die heutige Ansicht davon? Wird das Ich als unabhängiger Agent und etwas vom Körper Verschiedenes angesehen? Was ist insgesamt seine Beziehung zum Kosmos? Nachdem das Ich säkularisiert wurde, ist es da vielleicht nicht mehr möglich, das Selbst als unabhängig vom Kosmos zu begreifen?«

Jeder im Raum erwartete, daß Charles antwortete: »Sowohl logisch als auch metaphysisch ist es sinnlos, das Ich als abgetrennt zu sehen, aber das ist hier gerade der interessante Punkt. Die ganze Art und Weise, wie wir uns selbst sehen, geht von einer »Person« des Wissenschaftlers oder Agenten aus, von etwas, das eine Kontrolle über den Körper und den Kosmos ausübt. Dieses implizite Selbstverständnis widerspricht fundamental dem expliziten Grundsatz der Naturwissenschaft. Das ist in der materialistischen Metaphysik des Westens einer der großen pragmatischen Selbst-Widersprüche. Die wissenschaftliche Doktrin besagt, daß alles im wesentlichen ein Mechanismus ist, das Ich eingeschlossen. Um aber diese Doktrin aufstellen zu können, müssen wir der Welt gegenüber eine kontrollierende Stellung einnehmen. Dadurch erhält der Beobachter engelsgleiche Züge oder auch göttliche Macht über die Welt. Da ist eine Spaltung im Bewußtsein, die zutiefst unlogisch ist, zugleich aber existentiell äußerst verständlich.«

Der Dalai Lama setzte fort: »Wenn man im modernen Westen ›Ich‹ denkt, oder ›Ich bin‹, muß das notwendigerweise beinhalten, daß dieses ›Ich‹ als unabhängig und autonom vorgestellt wird?«

Charles' Antwort hatte einen buddhistischen Beigeschmack: »Wenn Sie die Leute fragen, werden sie Ihnen mit Nein antworten. In der Art und Weise aber, wie es dann tatsächlich gelebt wird, muß die Antwort Ja lauten, sogar äußerst stark und bedeutend mehr als zu Zeiten unserer Vorfahren, die sich noch eher als Teil eines größeren Ganzen begriffen.«

Joan Halifax schob ein: »Hat es denn in der Evolution des Ich je die Idee des Nicht-Ich gegeben, ein Verständnis, daß das Ich des Menschen tatsächlich keine feste Selbst-Identität hat?«

»Solche Phasen hat es in der westlichen Kultur gegeben. Beispielsweise wurde von den mittelalterlichen Aristotelikern die Verstandeskraft als universell hervorgehoben und nicht partikularisiert. Ibn Ruschd Averroes, der große arabische Philosoph und Theologe des zwölften Jahrhunderts, der dies ebenfalls lehrte und dadurch Schwierigkeiten mit dem Islam bekam, hatte bewirkt, daß der Aristotelianismus nicht in das Christentum aufgenommen werden konnte. Das änderte sich erst mit Albertus Magnus und Thomas von Aquin, nachdem sie die Vorstellung eines persönlichen Intellekts wieder eingeführt hatten.«

Für eine ganze Weile ging die Diskussion in dieser fragenden Stimmung weiter, während ein jeder an seiner Teetasse nippte. Dann war es Zeit, den Schauplatz zu wechseln und mit der Präsentation des ersten wissenschaftlichen Themas zu beginnen: einer Darstellung des Gehirns beim Schlafen und Träumen.

2
Wenn das Gehirn schläft

Schlafforschung in der Neurowissenschaft

Ich wechselte den Platz mit Charles Taylor, setzte mich und lächelte dem Dalai Lama zu, der mich mit durchdringendem Blick ansah. Es war nicht das erste Mal, daß ich auf dem »heißen Stuhl« saß, doch als ich mich im Raum umsah, fühlte ich mich von dieser besonderen Situation tief bewegt. Nach einem Moment der Stille begann ich meinen Vortrag.

»Eure Heiligkeit, nachdem wir diese klare und lebendige Einführung in Vorstellungen vom Ich bekommen haben, möchte ich jetzt geradewegs zur neurologischen Erforschung des Schlafes übergehen. Ich stimme Professor Taylor darin zu, daß Wissenschaft die Hoffnung weckt, alle geistigen Vorgänge als einen Mechanismus begreifen zu können. Allerdings gibt es innerhalb der Wissenschaft auch eine andere Strömung, welche anerkennt, daß es Dinge gibt, die von den gängigen neuralen Mechanismen nicht vollständig erklärt werden, und diese werden gewöhnlich als Ich oder Bewußtsein bezeichnet. Bewußtsein ist dabei ein ›Begriffsbehälter‹, ein Wort, in das man alles hineinsteckt, was man noch nicht versteht, was sich der Vorstellung vom Geist in Begriffen von Computern oder neuralen Prozessen entzieht. In der wissenschaftlichen Sprache beschreibt das Wort Bewußtsein meist etwas, das tief verborgen liegt, etwas, zu dem wir noch nicht vorgedrungen sind. An dieser Stelle ist es wichtig, uns dieser ungelösten Spannung in der Wissenschaft bewußt zu bleiben.

Warum ist diese Erkenntnis für die Diskussion der Schlafforschung besonders wichtig? Wenn man den Schlaf erforscht, hat man es unweigerlich mit radikalen Veränderungen der Identität, des Ich und des Bewußtseins zu tun. Wenn wir einschlafen, sind wir plötzlich nicht mehr da. Damit stellt sich automatisch die Frage nach dem schwer faßbaren Konzept des Ich, vor der die meisten Neurowissenschaftler eher zurückschrecken, ganz zu schweigen von der noch mysteriöseren Frage nach den Träumen.

Frühe Ideen der Schlafforschung

»Schauen wir uns nun die Einzelheiten an: Die wichtigsten Entdeckungen der frühen Schlafforschung haben alle die Ansicht widerlegt, daß Schlaf ein passiver Vorgang ist. In der Gehirnforschung hatte man anfänglich die althergebrachte Vorstellung, Schlaf sei wie das Ausknipsen einer Lampe in einem Haus; man glaubte, ein Mensch, der nichts weiter zu tun habe, schlafe einfach ein.

Die Fortschritte in der Forschung haben schnell klar gemacht, daß der Schlaf ein aktives Phänomen darstellt. Er ist ein Bewußtseinszustand mit eigener Gesetzmäßigkeit. Es war Sigmund Freud, der dies als erster ausgesprochen hatte. Obwohl Freud seine Karriere als Neurologe begann, wendete er sich einer anderen Richtung zu, der Psychologie, über die wir später in dieser Woche noch mehr hören werden. Um 1900 versuchten die Forscher den Schlaf physiologisch zu definieren. Es war um das Jahr 1920, als der französische Wissenschaftler Henri Pieron die moderne Ansicht formulierte, nach der Schlaf drei Merkmale aufweist: Erstens ist Schlaf eine periodisch wiederkehrende, biologische Notwendigkeit. Zweitens hat er seinen eigenen, innerlich erzeugten Rhythmus. Drittens wird er durch die Abwesenheit motorischer und sensorischer Funktionen charakterisiert.

Ich übergehe einige andere Meilensteine der Forschung und springe vor zu der Entdeckung, die hier für uns von größter Wichtigkeit ist: 1957 beschrieb eine Gruppe amerikanischer Forscher ein Phänomen, das heute als REM-Schlaf bekannt ist. REM steht für *rapid eye movement* (engl. schnelle Augenbewegung). Diese Entdeckung markiert den Beginn der Hauptrichtung der Forschung, die bis heute sehr aktiv betrieben wird.«

Grundzüge des EEG

»In der Zeit zwischen 1900 und 1957 hatte man in der Gehirnforschung die elektrischen Phänomene des Gehirns erkannt, die die Entdeckung von REM möglich machten. Jetzt werden wir einen kleinen Umweg machen, d.h. den Schlaf einen Moment beiseite lassen und darüber sprechen, wie man mit Hilfe des *Elektroencephalogramms* (EEG) die elektrischen Ströme des Gehirns aufnehmen kann. Seit einem halben Jahrhundert ist das EEG die wichtigste nicht-invasive Methode, um beim Menschen die Gehirnaktivität zu untersuchen. (Seit kurzem gibt es auch andere Darstellungsverfahren, die eine wichtige Alternative und Ergänzung darstellen; wir wollen aber zunächst beim EEG bleiben.) Ohne daß wir die Technik und Biologie des EEG ein wenig verstehen, können wir die Neurobiologie des Schlafes nicht verstehen.

Das EEG kann das elektrische Potential an der Oberfläche des Kopfes nur deshalb messen, weil der Cortex (das ist die äußere Schicht des Gehirns) aus

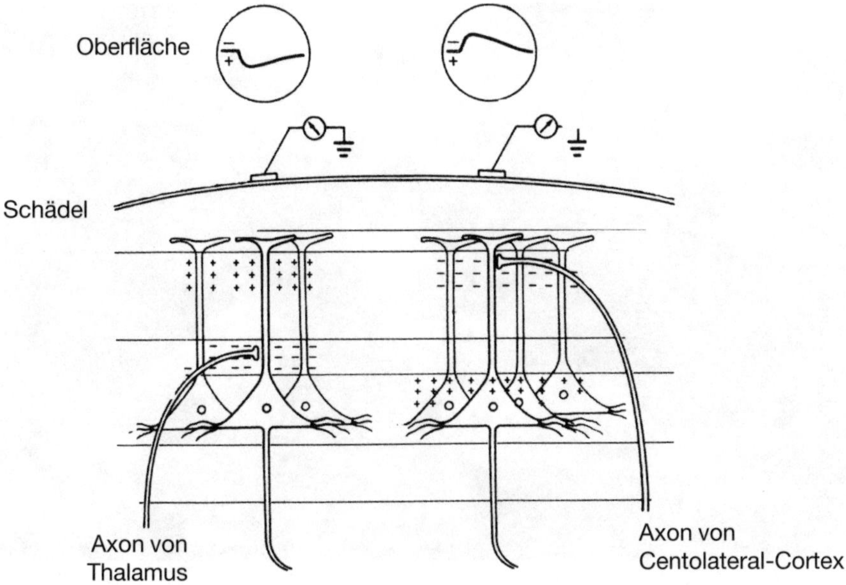

Abb. 1: Schematischer Querschnitt eines Teils von Schädelknochen und darunter liegendem Cerebral Cortex. Auf der linken Seite der Darstellung wird das Aktionspotential durch eine negative Ladung des Axons induziert, mit einer entsprechenden positiven Ladung am aufsteigenden Dendriten (Verzweigung). Eine an der Oberfläche angebrachte Elektrode zeigt eine Welle mit leichter Ablenkung. Rechts erregt eine andere Nervenfaser (Axon) aus einem anderen Gehirnteil das entgegengesetzte elektrische Muster. (Nach einem Diagramm von Kandel, Schwartz und Jessel: Principles of Neural Science. 3. Auflage Norwalk, CT: Appleton & Lange, 1991, S. 784.)

großen Pyramidal-Neuronen (Nervenzellen) gebildet wird, die gleichmäßig nebeneinander liegen. Die meisten Neuronen, aus denen sich die graue Substanz an der Oberfläche des Gehirns zusammensetzt, sind diese Pyramidenzellen. Sie erhalten durch die Axone der weißen Substanz Nervenimpulse aus anderen Bereichen des Gehirns. Axone (Nervenfasern) übermitteln Aktionspotentiale, schnelle elektrische Signale, die auf die Neuronen an den Synapsen, ihren Berührungspunkten, einwirken. Wenn sich die elektrische Aktivität mehrerer Neuronen zeitlich überlagert, ist das Potential groß genug, um es außen an der Oberfläche als eine schwache elektrische Spannung nachzuweisen (Abb. 1). Das elektrische Signal ist von der Größenordnung einiger Millionstel Volt.

Was passiert, wenn Nervenfasern mit entgegengesetztem elektrischen Muster zur selben Zeit aktiv sind? Da die positiven Anteile von den negativen ausgeglichen werden, ist das Ergebnis ist ein geringer Ausschlag. Das nicht-synchronisierte EEG gleicht dem Sprachgewirr auf einer Cocktailparty; beim synchronisierten EEG ist es dagegen wie bei einem Chor. Im synchronisierten EEG ändern viele Neuronen ihre Ladung von positiv nach negativ im Gleichklang miteinander, ohne sich gegenseitig auszugleichen.

Abb. 2: Vorführung einer EEG-Aufzeichnung mit dem tragbaren Meßgerät. Die Versuchsperson, Dr. Simpson, sitzt links mit angeschlossener Elektroden-Kappe, während S.H. der Dalai Lama den Bildschirm beobachtet.

Als Resultat ergibt sich bei der Messung an der Oberfläche eine Wellenform mit großer Amplitude.

Das EEG zeigt deshalb die räumliche Überlagerung der Aktivität sehr vieler Neuronen. Diese Summierung spiegelt ein lokales Signal und das Aktivitätsmuster im Cortex in der Nähe des Meßpunktes wider. Es ist ein lokales Signal und auch ein indirekter Nachweis: Viele verschiedene neuronale Muster können zu derselben Aufzeichnung führen. Erlauben Sie mir nun, meine abstrakten Ausführungen zu beenden, und Ihnen die echten Gehirnwellen unseres Kollegen Dr. Simpson zu präsentieren!«

Natürlich hatten wir das vorbereitet. Als ich meinen Satz beendet hatte, kam Greg Simpson herein, den Kopf mit einer Elektroden-Kappe bedeckt und voller baumelnder Kabel. Zwei Freunde schafften ein tragbares EEG-Meßgerät mit Farbmonitor herbei und stellten es auf den Tisch vor dem Dalai Lama. Greg setzte sich daneben und wurde gleich angeschlossen. Es ging alles glatt und rief in unserer Runde eine Menge Beifall und Belustigung hervor (Abb. 2). Sobald die Aufregung sich gelegt hatte, lehnte ich mich zu Seiner Heiligkeit hinüber und erklärte ihm, wie der Bildschirm die drei aktiven Meßpunkte darstellte. Die Verkabelung war recht gut, und so war es leicht, die verschieden Meßpunkte zu erkennen, die ein typisches, schnell veränderliches EEG zeigten. Ich bat Greg, die Augen zu schließen, um im (hinteren) Occipital-Cortex größere Amplituden zu erzeugen, im Gegensatz zu kleineren Ausschlägen, wenn die Augen offen gehalten werden. Seine

Heiligkeit war ziemlich beeindruckt: Er konnte sagen, ob Greg die Augen offen oder geschlossen hatte, ohne ihn dabei anzuschauen!

Nachdem er das Geschehen am Bildschirm wahrgenommen hatte, fragte mich der Dalai Lama: »Gibt es Unterschiede, zwischen einer Situation, in der man in einer nicht-diskursiven Weise sehr still dasitzt, ohne Konzepte, und dem Fall, daß man einsgerichtet an einem einzelnen Gedanken festhält?«

Ich mußte lächeln. »Sie haben gerade ein Forschungsprojekt für die nächsten zehn Jahre definiert. Wir können Ihnen die Frage nicht beantworten, weil es bisher kaum ein Interesse dafür gegeben hat, einen meditativ geübten, stabilen Geist zu untersuchen.« Seine Heiligkeit wollte dann wissen, was mit dem EEG während des Sprechens passiert. Ich erklärte ihm, daß die Muskeltätigkeit während des Sprechens elektrische Ladungen erzeugt, die die Gehirnwellen überlagern und dadurch zu einer falschen Messung führen. Noch einige weitere Fragen und Aufklärungen, dann war sein Zweck erfüllt, das Gerät wurde abgestellt und Greg von den Kabeln befreit. Wir nahmen wieder unsere Plätze ein, und ich fuhr mit der formalen Darstellung fort.

»Wie Sie gesehen haben, Eure Heiligkeit, kann man mit einem so einfachen Aufbau wie diesem hier zumindest zwei Zustände, den Wach- und Entspannungszustand einer Person unterscheiden. Wenn die Wissenschaftler mehr Elektroden benutzen und eine komplexere Analyse machen, dann können sie viele Gehirnwellen-Muster auffinden und einstufen, einschließlich solcher von Schlaf, Sprachverhalten, Lateralisierung (Funktion der rechten und linken Gehirnhälfte) und so weiter.«

Schlafmuster

»Die Biologen sind stolz darauf, entdeckt zu haben, daß es im Körper von Mensch und Tier viele verschiedene, innewohnende Rhythmen gibt: hormonale, circardiane, solche der Temperatur-Regelung, der Urin-Ausscheidung und viele andere. Sie wirken nicht unbedingt zusammen, sondern sind autonom. Nehmen wir beispielsweise die circadiane Rhythmik von Tag und Nacht. Sie konnte an Versuchspersonen untersucht werden, die sich für zwei oder drei Monate in völliger Abgeschlossenheit vom Rest der Welt in tiefen Höhlen aufgehalten haben. Ihr Tag-und-Nacht-Rhythmus war nicht mehr mit dem Sonnenlicht verbunden, trotzdem hielten sie einen Zyklus von Wachsein und Schlafen aufrecht, der frei und ohne jeden äußeren Einfluß verlief. Ein Erwachsener in dieser Situation neigt dazu, vom Sonnenrhythmus langsam abzuweichen und seinem eigenen, inneren Rhythmus zu folgen, der individuell variiert. Ein typischer Erwachsener hat etwa einen 25-Stunden-Rhythmus.«

Seine Heiligkeit fragte: »Verändert sich der Rhythmus wegen der Erwartungen, Gedanken und Vorstellungen der Person, oder ist er rein physikalischer Natur?«

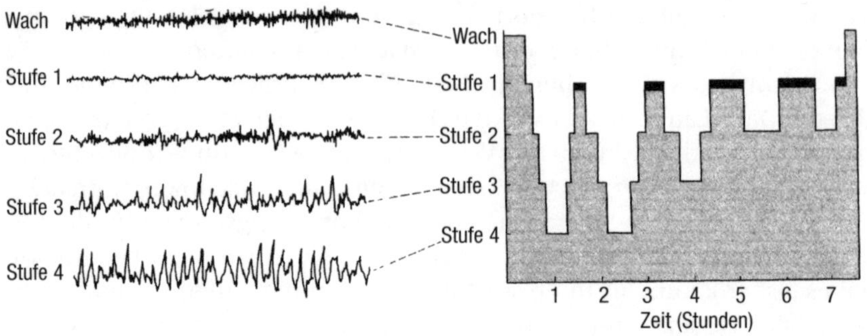

Abb. 3: Typische EEG-Aufzeichnungen im Verlauf einer Nacht für die unterschiedlichen Schlafphasen bei einem normalen Erwachsenen. (Aus Kandel, Schwartz und Jessel: Principles of Neural Science. 3. Auflage Norwalk, CT: Appleton & Lange, 1991, S. 794.)

Ich mußte wieder lächeln. »Es ist schwer, für einen solchen Versuch jemanden zu finden, der keine Erwartungen hat. In den Ergebnissen gibt es eine große Schwankungsbreite, die sicherlich von den persönlichen Eigenarten abhängt, aber diese Dimension ist schwierig zu beurteilen.«

»Legt sich denn die Versuchperson die ganze Zeit hin?«

»Nein. Solange sie wach ist, kann sie sich mit dem Inhalt der Höhle beschäftigen. Sie kann eine kleine Lampe anschalten und verschiedenen Aktivitäten nachgehen, wie zum Beispiel Kochen. Es gibt einige extreme Fälle, wo Leute in absolute Dunkelheit gegangen sind, einfach nur dasitzend wie ein Gefangener. All das trägt zu beträchtlichen Variationen bei. Aber ein durchschnittlicher westlicher Erwachsener hat ein Muster von etwa 25 Stunden, mit beachtlichen Schwankungen.

Bis vor kurzem glaubte man, daß Schlafen einfach nur bedeute, die Maschine abzustellen und sie, so wie sie ist, abkühlen zu lassen. Die moderne Schlafforschung begann jedoch mit der Entdeckung, daß Schlaf einen eigenen Rhythmus hat. Das hat wiederum dazu geführt, daß man die Feinstruktur in jeder Phase des Zyklus' genauer untersucht hat, wobei der Einsatz von EEGs von besonderer Wichtigkeit war.

An den zu verschiedenen Zeiten aufgezeichneten EEG-Mustern kann man erkennen, daß der Schlaf nicht zu allen Zeiten gleich ist: Im Schlaf gibt es verschiedene Stufen (Abb. 3). Ein EEG vom Wachzustand, wie wir es bei Dr. Simpson gesehen haben, zeigt eine Mischung von Rhythmen verschiedener Frequenz. Es gibt einige Abschnitte mit Wellen höherer Amplitude bei etwa 10 Hertz (1 Hz = eine Schwingung pro Sekunde). Das ist das sogenannte Alpha-Band der Gehirnwellen. Aus historischen Gründen hat man die verschiedenen Frequenzbänder mit griechischen Buchstaben bezeichnet; beispielsweise sieht man in einem normalen Wach-EEG nie hohe Amplituden bei gleichzeitig niedriger Frequenz aus dem Delta-Band (um 2-4 Hz). Wenn eine Person einschläft, verschiebt sich dieses Muster drastisch.

Auf der ersten Stufe des Schlafs reduziert sich die Amplitude um ein Vielfaches. Die vorherrschenden Rhythmen sind gemischt, aber immer noch Alpha-ähnlich, bei circa 12 bis 14 Hz. Im Durchgang durch die einzelnen Stufen nimmt die Frequenz kontinuierlich ab bis auf etwa 2 Hz (Delta-Wellen), während die Amplitude deutlich zu einem Maximum hin ansteigt, das typisch für den tiefen Schlaf ist, den diese Person etwa 50 Minuten nachdem sie zu Bett gegangen ist erreicht. Obwohl die Person schläft, bewegt sie sich noch und verändert ihre Lage, so daß weiterhin ein Muskeltonus besteht. Bis dahin träumt sie nicht. In diesem Zeitraum gibt es keinen REM-Schlaf.

Das nächste, was im Schlaf des Menschen passiert, ist, daß sich die Stufen umkehren und rückwärts durchlaufen werden, von Stufe vier zu drei, dann zu Stufe zwei. Danach kommt man in einen völlig anderen Zustand, den paradoxen oder REM-Schlaf, in dem man zu träumen beginnt. Während der ersten zwei bis drei Stunden der Nacht ist das Hinein- und Hinauswandern des Musters in und aus dem Tiefschlaf vorherrschend. Aber sobald wir uns der morgendlichen Dämmerung nähern, nehmen die REM Perioden zu und der Tiefschlaf verschwindet. So ist der Schlaf weder ein einheitlicher Zustand, noch sind seine Veränderungen zufällig. Er folgt einem zeitlich höchst geordneten Muster und beinhaltet deutlich getrennte Bewußtseinszustände.«

Es war Zeit für einige Klarstellungen. Seine Heiligkeit fragte: »Passiert das für jeden so? Welche Zeit braucht es, um von Stufe eins zu zwei zu drei und so weiter zu gehen?«

»Ja, das ist ein sehr grundlegender Mechanismus beim Menschen. Und die Übergangszeiten sind sehr kurz. Vom Wachzustand zur ersten Stufe des Schlafs kann man in fünf Minuten gehen, für einige Menschen sind es fünfzehn bis zwanzig Minuten. Manchmal kann der Übergang von Stufe eins bis zum REM-Schlaf sehr viel schneller vor sich gehen, aber immer durchläuft man die vier verschiedenen Stufen und wieder zurück. Man findet größere Schwankungen auf dem Weg vom Wachen zu Stufe eins als auf dem Rückweg von Stufe vier aufwärts.«

»Es gibt also diese Schwankungen beim Übergang vom Wachzustand zu Stufe eins, aber wenn man sich auf der Stufe eins befindet und dann nach zwei, drei und vier geht, gibt es dann eine übereinstimmende Regel für jeden, oder ist das von Person zu Person verschieden?«

»Die Übergangszeiten sind variabel. Invariant ist nur, daß man keine Stufe auslassen kann.«

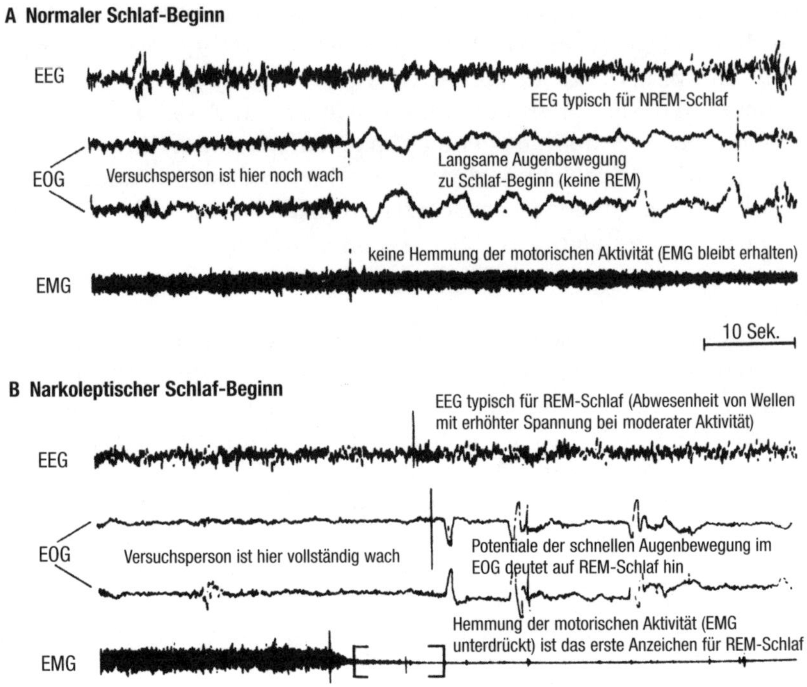

Abb. 4: Elektrische Signale von einer normalen und einer narkoleptischen Versuchsperson, aufgenommen am Beginn des Schlafes. (Aus Kandel, Schwartz und Jessel. Principles of Neural Science. 3. Auflage Norwalk, CT: Appleton & Lange, 1991, S. 814).

Kennzeichen des REM-Schlafes

Ich fuhr dann mit meiner Darstellung fort. »Lassen Sie mich noch genauer erklären, was mit REM gemeint ist. In Abb. 4 sehen wir die elektrischen Signale von zwei Versuchspersonen (A und B), aufgenommen, als sie gerade vom Wachzustand zu Stufe eins übergingen. Zusätzlich zum EEG wurden noch zwei andere Signale mitgeschrieben: Das EOG ist ein Elektrooculogramm, das die Augenbewegung aufzeichnet; das EMG ist ein Elektromyogramm, daß die Stärke der Muskelanspannung der Skelettmuskeln anzeigt.

Das Muster von A in Abb. 4 entspricht dem eines normalen Menschen. Beachten Sie, daß sich das EEG am Übergang kaum verändert. Die Amplitude ist gerade einmal etwas niedriger. Im Gegensatz dazu zeigt das EOG drastische Veränderungen, denn die Verlangsamung des Signals zeigt das träge Rollen der Augäpfel an. Der Muskeltonus ist kaum verändert.

Bei B sehen wir das Muster eines Menschen, der an Narkolepsie leidet. Nakoleptische Menschen können ihren Schlafdrang nicht steuern, noch nicht einmal während eines Gesprächs oder etwa bei Tisch. Das ist eine sehr unangenehme und sehr störende Sache. In diesem Fall zeigt das EOG gleich

Nicht-REM-Schlaf	REM-Schlaf	
EOG	Langsam rollende Augenbewegung	Schnelle Augenbewegung
EMG	Moderate Muskelaktivität	Erschlaffen der peripharen Muskulatur
Gehirnaktivität	Vermindert	Erhöht
Herz (Puls)	Verlangsamt	Unverändert
Blutdruck	Vermindert	Unverändert
Gehirndurchblutung	Unverändert	Erhöht
Atmung	Vermindert	Erhöht und variabel

Abb. 5: Eine Zusammenfassung der Unterschiede zwischen Nicht-REM- und REM-Schlaf.

nachdem der Schlaf begonnen hat das sehr schnelle Zucken, das als schnelle Augenbewegung (REM) bekannt ist. Die Muskeln verlieren ihre Spannung und werden schlaff, deshalb ist das EMG flach. Das EEG bleibt auf der anderen Seite fast unverändert, weshalb die frühen Forscher das den ›paradoxen Schlaf‹ genannt haben: Das EEG scheint einen Wachzustand anzuzeigen, aber die Person schläft. Diese drei Merkmale, wachzustandsartiges EEG, REMs und ein flaches EMG, sind typisch für den REM-Schlaf. Dieser Zustand wird nicht auf normalem Weg erreicht, wenn man nicht von der langsamen Stufe vier her aufwärts kommt, wie wir gesehen haben. Narkoleptiker gehen hingegen direkt in den REM-Schlaf, was nicht normal ist. Aber sie bieten eine ausgezeichnete Möglichkeit, um alle Bedingungen des Schlafs mit einer kontinuierlichen Messung zu erfassen!

»Um ein besseres Bild von den verschiedenen Bewußtseinszuständen beim Menschen zu bekommen, lassen Sie uns Nicht-REM und REM-Schlaf mit dem Wachzustand vergleichen (Abb. 5). Wenn man sich Merkmale wie Gehirnaktivität, Puls, Blutdruck, Gehirndurchblutung und Atmung anschaut, kann man sehen, daß diese beiden Schlafzustände grundverschiedene Konfigurationen des ganzen Körpers darstellen. Die Gehirnaktivität ist ein Maß für die globale elektrische Aktivität im Gehirn. Im Nicht-REM-Schlaf wird das Gehirn stiller. Interessanterweise ist es im REM-Schlaf aktiver als im Wachzustand. Das widerspricht völlig der veralteten Ansicht, daß Schlaf passiv sei. Relativ zum Wachen ist der Herzschlag im Nicht-REM-Schlaf etwas verlangsamt und unverändert bei REM-Schlaf. Die Gehirndurchblutung zeigt den gesamten Durchfluß von Blut durch das Gehirn als Maß dafür, wieviel Sauerstoff und Nährstoffe gebraucht werden. Im REM-Schlaf nimmt dies deutlich zu, wiederum ein Anzeichen dafür, daß es ein sehr aktiver Prozeß ist. Schließlich nimmt die Atemfrequenz im Nicht-REM-Schlaf etwas ab, während sie in REM sehr veränderlich ist. Insgesamt gibt es hier sehr klar unterschiedene Muster. Innerhalb der Nicht-REM-Phase hat man Stadien, die kontinuierlich ineinander übergehen, aber es gibt einen deutlichen Sprung von Nicht-REM zu REM-Schlaf.«

Träumen und REM

»Warum ist nun der REM-Schlaf-Zustand so wichtig? Die Gehirnmuster des REM-Schlafes entsprechen der Traumphase. Wenn man Leute aus dem REM-Schlaf aufweckt, können mehr als achtzig Prozent sagen, daß sie geträumt haben und wovon sie geträumt haben. Wenn man sie von Stufe vier aufweckt, können das nur weniger als die Hälfte.«

»Meinen Sie damit, daß Menschen auch während der Nicht-REM-Phase träumen können?« fragte Seine Heiligkeit.

Diese Frage hatte ich erwartet. »Ja. Es hängt allerdings davon ab, wie man den subjektiven Bericht der Person bewertet. Im allgemeinen wird davon ausgegangen, daß etwa die Hälfte der Menschen, die aus dem Nicht-REM-Schlaf aufgeweckt werden, von einem Traum oder von geistiger Aktivität berichten. Viele sagen, daß sie mehr gedacht als geträumt hätten. Meist sprechen sie von irgendeiner Form der Erfahrung oder geistigen Aktivität, aber für gewöhnlich hat es nicht die gleiche Qualität wie richtige Traum-Geschichten.«

»Gibt es nur eine schwache Verbindung von REM- und Traumzustand?«, wollte er weiter wissen.

Ich konnte nur eine recht ungefähre Antwort auf seine Frage nach Präzisierung geben. »Das hängt davon ab, welche Kriterien man ansetzt. Von Stufe vier könnten viele Menschen sagen ›Ich habe über etwas nachgedacht‹, oder ›Ich habe überlegt‹, aber normalerweise berichten sie vom Nicht-REM-Schlaf kaum eine zusammenhängende und lebendige Geschichte, wie etwa ›Ich flog wie ein Adler und sah mein Haus unter mir‹. Im Nicht-REM-Schlaf ist es eher ein einziger mentaler Inhalt, anstatt so etwas wie ein Film. Selbst wenn man einschläft, nimmt man manchmal kurze Bilder wahr, die hypnagoge Träume genannt werden. Solche plötzlichen Ausbrüche der Imagination, seien sie visueller oder auditiver Art, haben auch Menschen, die sich in absoluter Dunkelheit aufhalten. Es wäre also nicht ganz richtig zu sagen, daß Träume nur während des REM-Schlafs auftreten können, weil es traumähnliche Erfahrungen in allen Stadien gibt. Normalerweise treten aber lebendige, visuelle und mit einem Handlungsstrang versehene Träume nur in der klassischen REM-Phase auf.

Wir befinden uns etwa zu zwanzig bis fünfundzwanzig Prozent eines vollen circadianen Zyklus im REM-Schlaf. Vom Blickwinkel der Gehirnforschung aus gesehen, träumen wir also jede Nacht, obwohl wir oft auch nicht träumen. Die klassische Sequenz des Schlafmusters wiederholt sich gewöhnlich noch ein zweites Mal am Tag. Dies wird biphasischer Schlafzyklus genannt. Gegen neun Uhr morgens, nach einem guten Schlaf, braucht ein normaler, junger Erwachsener etwa fünfzehn Minuten, um noch einmal einzuschlafen. Jeder weiß aber, wie leicht es ist, um vierzehn Uhr zur Mittagszeit einzuschlafen. Auch ist die Einschlafzeit für alte Menschen typischer weise etwa fünf Minuten kürzer.«

Schlaf aus entwicklungsgeschichtlicher Perspektive

»Ich möchte nun zwei Argumente für die enorme Wichtigkeit anführen, die REM-Schlaf in der geschichtlichen Entwicklung im Tierreich hat. Wäre REM-Schlaf oder Träumen ausschließlich menschlich, dann würde es bei Tieren nicht auftreten. Faszinierend aber ist, daß andere Primaten fast das gleiche Schlafmuster haben, wie die Menschen. Sie haben dieselbe Art von Zyklus und durchlaufen die gleichen Stufen. Bei unseren nächsten Verwandten, den großen Säugetieren, ist die Situation noch interessanter, da sie so gut wie alle REM- als auch Nicht-REM-Schlaf-Phasen haben.«

Sofort wollte der Dalai Lama wissen, welche die Ausnahme sind. Ich sagte, daß die Ameisenbären keinen REM-Schlaf haben. »Das kommt wohl von ihrer Ernährung!« gab Seine Heiligkeit lachend zurück.

»Es ist bemerkenswert, daß Menschen gewöhnlich liegend schlafen. Katzen rollen sich zusammen. Die meisten Hunde strecken sich aus. Ein Tiger legt sich gern auf einen Baum. Der Elefant schläft im Stehen und das Nilpferd unter Wasser. Kühe können mit geöffneten Augen schlafen. Delphine schwimmen sogar weiter, da nur die Hälfte ihres Gehirns schläft! Einige Tiere schlafen nur sehr kurz. Der Elefant zum Beispiel schläft im Durchschnitt nur 3,2 Stunden pro Tag. Ratten dagegen schlafen 18-20 Stunden täglich. Es gibt hier ein interessantes Verhältnis: Je kleiner ein Tier ist, desto länger schläft es.

Einige Tiere, wie die Ratten, gehen sehr schnell durch die vier Stufen, und wechseln dann sehr rasch in den REM-Schlaf, wobei diese Abschnitte auch nur sehr kurz sind. Andere wiederum haben einen sehr langen REM-Schlaf. Hier gibt es große Schwankungen. Obwohl also die Existenz des REM- und Nicht-REM-Schlafes unter allen Säugetieren allgemein als gesichert gilt, paßt sich die Ausprägung an ihre besondere Lebensweise an. Für den Biologen heißt das, daß die Evolution unglaubliche Anstrengungen gemacht hat, das Gehirn so umzustrukturieren, daß REM- und Nicht-REM-Schlaf erhalten bleiben und die verschiedenen Erscheinungsformen zeigen können. Im Gehen, Stehen und in wechselnder Haltung: Immer finden wir REM und Nicht-REM, auch wenn das Muster variiert. Das Auftreten des gleichen grundlegenden Zustands in vielen verschiedenen Formen deutet darauf hin, daß er etwas sehr Wichtiges sein muß, weil die Evolution ihn bei allen Säugetieren – außer beim Ameisenbären – beibehalten hat.

Wie sieht es für andere Tiere jenseits der Säugetiere aus? Wie weit können wir in der Evolution zurückgehen und immer noch Muster von REM- und Nicht-REM finden? Sowohl Vögel als auch Säugetiere stammen von Reptilien ab. Vögel, die meistens stehend schlafen, haben REM-Schlaf. Einige Biologen vermuten, daß Zugvögel während ihres mehrtägigen Fluges in der Luft schlafen, so wie der Delphin beim Schwimmen. Sie träumen, während sie über den Planeten fliegen.«

Seine Heiligkeit öffnete die Augen weit und fragte: »Ist das eine gesicherte Tatsache?«

»Nein, eine Vermutung. Es ist ein logischer Schluß, denn sie haben REM-Zyklen, und einige fliegen tagelang. Offenbar haben Vögel den REM-Schlaf unabhängig neu entwickelt, weil er bei Reptilien nicht vorzukommen scheint. Obwohl es keinen Nachweis für REM in schlafenden Reptilien gibt, liegen hier die Dinge etwas komplizierter. Wir benutzen Elektroden im Cortex, um die typischen Gehirnwellen des REM-Schlafes zu erkennen, aber Reptilien haben, wie alle Vorfahren der Säugetiere, nicht die gleiche Art von Cortex, wie wir. Die ansonsten gleichen Zellen sind in einer anderen Weise angeordnet, so daß man nicht klar sagen kann, ob REM bei Reptilien auftritt. Aber von den Reptilien an aufwärts steht es außer Frage, daß jedes Lebewesen schläft und träumt mit Mustern von REM, Nicht-REM und Wachzustand.«

Warum schlafen wir?

Der Dalai Lama sprach den logisch nächsten Schritt an: »Weiß man denn genau, wofür REM-Schlaf, der sich in der Evolution als lebenswichtig erwiesen hat, eigentlich physiologisch steht?«

»Das ist der springende Punkt: Warum schlafen und träumen wir? Zu welchem Zweck geschieht das? Es gibt in den Neurowissenschaften eine aufgeregte Diskussion darüber, grundsätzlich kann man aber in zwei Richtungen darauf antworten. Einige Leute denken, daß Schlaf eine Art Wiederherstellung oder ein Auftanken ist. Während sich das intuitiv verstehen läßt, kann aber niemand bisher genau angeben, was es ist, das wir auftanken. Man verbraucht eine Menge Energie im Schlaf; tatsächlich braucht man während der REM-Phase mehr Sauerstoff als im Wachen; deshalb ist es nicht einfach nur so, daß man ›die Maschine abkühlen‹ läßt. Weil der REM-Schlaf solch ein aktiver Zustand ist, ist es nicht ersichtlich, wie wir auftanken, uns erfrischen oder wiederherstellen.

Die andere Antwort, die ich persönlich bevorzuge, ist, daß der REM-Schlaf eine grundlegende kognitive Aktivität ist. Es ist der Ort, an dem man sich einem imaginären Spiel hingeben, verschiedene Szenarios ausprobieren und neue Möglichkeiten erfinden kann; ein Raum der Erneuerung, wo neue Muster und Assoziationen auftauchen, und das Erlebte noch einmal bearbeitet werden kann. Das stimmt annähernd mit Ansichten der Psychoanalyse überein. Träumen stellt einen Raum zur Verfügung, wo man nicht einfach nur mit dem im Augenblick Gegebenen zurechtkommen muß, sondern sich alles neu ausdenken, überlegen und vorstellen kann. Es ist eine Art Probevorstellung, die einem erlaubt, mit neuen Möglichkeiten aufzuwarten. Ich würde allzu gerne wissen, ob im Buddhismus die Natur des Träumens auch so aufgefaßt wird. Für Reptilien und Insekten die nicht besonders schnell dazulernen oder ihr Verhalten ändern, ist Träumen vielleicht nicht so wichtig. Allerdings sollten wir hier sehr vorsichtig sein. Wir

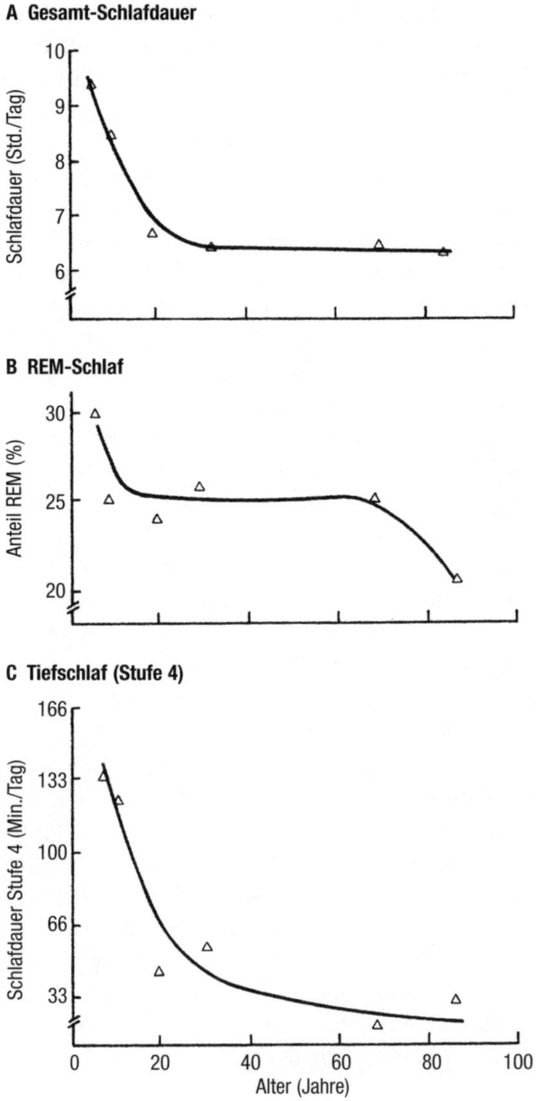

Abb. 6: Die Schlafdauer allgemein und in REM nimmt von der Geburt bis ins hohe Alter nach einem charakteristischen Muster ab. (Aus Kandel, Schwartz und Jessel: »Principles of Neural Science«. 3. Auflage Norwalk, CT: Appleton & Lange, 1991, S. 796.)

können nicht ermitteln, ob Insekten schlafen, weil sie keinen Cortex haben.

Ein weiterer Beweis, der die kognitive Interpretation zu stützen scheint, ist die Veränderung des Traummusters im Laufe des Lebens (Abb. 6). Frühgeburten schlafen bis zu achtzig Prozent der Zeit im REM-Schlaf und ein neugeborener Säugling verbringt immerhin noch fünfzig bis sechzig Prozent in diesem Zustand. Wie wir alle wissen, schlafen Babies fünfzehn bis zwanzig Stunden am Tag. So scheint der REM-Schlaf besonders während der Wachstumsphase physiologisch und geistig notwendig zu sein. Für mich ist das ein Argument für die Bedeutung der kognitiven Imagination beim Träumen. Im Alter über fünfundsechzig schläft und träumt man viel weniger.

Das ist eine verlockende Idee, aber es ist keineswegs eine einhellige, allgemein akzeptierte Antwort. Einige Leute haben noch ausgefallenere Vorstellungen: daß Träume einfach auf einer zufälligen Aktivität der Neuronen basieren und keinerlei Bedeutung haben, oder daß Schlafen und Träumen mit Energieeinsparung zu tun haben, weil man die Bewegung vermeidet. Das ist keine leichte Angelegenheit; ein Tier, das wach und aufmerksam ist, spart auch Energie. Diese Fragen werden lebhaft diskutiert.«

Ich mußte mit meiner Präsentation zu einem Ende kommen. »Die Schlafforschung ist ein großes und aktives Gebiet, und neue Entdeckungen haben die Phänomenologie, die wir erörtert haben, weiter differenziert.[4] Zum Beispiel zeigen neuere Forschungen, daß verschiedene Gruppen von Neuronen im Gehirn REM-Schlaf, Nicht-REM-Schlaf oder Wachheit aufweisen können. Die Neuronen befinden sich hauptsächlich im Gehirnstamm und dem Cortex, von dem Impulse ausgehen, die die Aktivität der Muskeln steuern. Wir können bei Tieren künstlich beeinflussen, welche Gruppen aktiv sind. Der Anfang von REM, Nicht-REM oder Wachen entspricht jeweils verschiedenen Transmitter-Substanzen; dennoch sind das komplexe Muster, nicht einfach nur Schalter.

In einem so komplexen Gehirn kann vieles schiefgehen. Es gibt drei Arten von Störungen: Insomnia, wo die Menschen dazu neigen, zuwenig zu schlafen und nicht leicht in die REM-Phase eintreten; Hypersomnia, wo Menschen zuviel schlafen, wie bei der Narkolepsie; und Parasomnia, was weder zuviel noch zuwenig bedeutet, sondern ein unterbrochenes Muster. Ein Beispiel ist das Schlafwandeln, der Somnambulismus. Einige dieser komplexen und verschiedenartigen Schlafstörungen sind physiologischer Natur, andere dagegen psychisch bedingt. Wenn man gestreßt oder depressiv ist, wird der Schlaf davon beeinflußt. Auch umgekehrt, wenn man Schlafprobleme hat, gerät man geistig leicht durcheinander.«

Träume in der tibetischen Tradition

Ich war fertig. Wir hielten für einen Moment inne, um Notizen zu machen und einen Schluck Tee zu trinken. Dann ging ich zum zweiten Teil unserer Sitzungen über, dem Abschnitt der Diskussion. Für mich war das ein besonders schwieriger Zeitpunkt, weil Wissenschaft von einer unpersönlichen Warte aus spricht, die zur wissenschaftlichen Methode gehört. Direkte Erfahrungen und individuelle Einsichten scheinen daher keine wissenschaftliche Objektivität im klassischen Sinn zu besitzen. Aus diesem Grund fühlen manche westliche Wissenschaftler ein Unbehagen, wenn sie mit Fragen des Bewußtseins zu tun bekommen, das ja ganz besonders und unreduzierbar eine direkte Erfahrung ist. Eine Bestrebung der »Mind and Life«-Konferenzen war es auch, herauszufinden, wie solche westlichen Reaktionen mit neuen Ideen und Methoden in undogmatischer Weise überwunden werden könnten, die sowohl die wissenschaftliche wie auch die erfahrungsmäßige Beobachtung respektieren.

Zehn Jahrhunderte lang haben sich die Tibeter mit der Phänomenologie des Träumens beschäftigt. Eine ihrer besonders wichtigen Traditionen wurde von dem indischen Yogi Nāropa (11. Jahrhundert) begründet; in Tibet wurde sie später unter dem Namen ›Die Sechs Yogas des Nāropa‹ weit verbreitet. Einer dieser Yogas macht ausgiebigen Gebrauch von Traum und Träumen. Von späteren Praktizierenden und Theoretikern wurde dieses Wissen ausgebaut und zu einer höchst subtilen Kunst entwickelt.

»Nachdem ich Eurer Heiligkeit diesen kurzen Bericht von der Schlafphysiologie gegeben habe, bin ich neugierig auf die Bedeutung von Schlaf und Träumen in der tibetischen Tradition. Gibt es die Vorstellung, daß unterschiedliche Bewußtseinsebenen verschiedene Arten von Traumzuständen hervorbringen? Gibt es eine Antwort darauf, warum wir träumen?«

Seine Heiligkeit antwortete: »Es heißt, daß es eine Verbindung zwischen Träumen einerseits und den groben und subtilen Ebenen des Körpers andererseits gibt. Aber es wird auch von dem ›speziellen Traumzustand‹ gesprochen. In diesem Zustand bringt der Körper einen ›speziellen Traumkörper‹ aus Geist und Lebensenergie (Sanskrit: *prāna*) hervor. Dieser spezielle Traumkörper kann sich vollständig vom groben physischen Körper lösen und woanders hingehen.

Eine Art, diesen speziellen Traumkörper zu entwickeln, besteht zunächst darin, den Traum, wenn er auftaucht, als Traum zu erkennen. Dann entdeckt man, daß der Traum formbar ist, und man bemüht sich, darüber Kontrolle zu erlangen. Wenn man allmählich geübter darin wird, nimmt die Fähigkeit zu, die Trauminhalte den eigenen Wünschen entsprechend zu beeinflussen. Schließlich wird es möglich, den Traumkörper vom grobstofflichen Körper abzulösen. Im Gegensatz dazu findet normales Träumen im Körper statt. Aber als Resultat einer besonderen Schulung kann der Traumkörper woanders hingehen. Diese erste Technik wirkt allein durch die Kraft des Wunsches oder der Bestrebung.

Es gibt eine zweite Methode, die mit Hilfe von Prāna-Yoga zum selben Ziel führt. Dies sind meditative Praktiken, die die feinstofflichen Lebensenergien des Körpers benutzen. Auch für diese Techniken ist es notwendig, den Schlafzustand im Schlaf als solchen zu erkennen.

Es scheint, daß einige Menschen eine natürliche Fähigkeit dazu besitzen, ohne daß sie eine besondere Praxis ausüben. Beispielsweise traf ich im letzten Jahr einen Tibeter, der in Nepal lebt; er erzählt mir eine Geschichte von seiner Mutter erzählte: Eines Tages sagte seine Mutter den Leuten um sie herum, daß sie einige Zeit lang unbeweglich sein würde, und daß man ihren Körper nicht berühren oder stören dürfe. Er erwähnte nicht, ob sie während dieser Zeit atmete oder nicht, aber eine Woche lang war ihr Körper regungslos. Als sie wieder aufwachte, sagte sie, daß sie viele Plätze besucht hätte, während ihr Körper still war. Mit anderen Worten: Sie hatte eine außerkörperliche Erfahrung mit ihrem Traumkörper. So scheint es, daß man im speziellen Traumzustand einen sehr subtilen Körper hat, der sich vom groben Körper abkoppeln und unabhängig auf Reisen gehen kann.«

Die Antwort schien mir zu schnell in Grenzbereiche der Erfahrung zu gehen, verbunden mit ungewöhnlichen Konzepten wie ›außerkörperliche Erfahrung‹ und ›Traumkörper‹. Die meisten von uns im Westen haben noch nie die Erfahrung eines körperunabhängigen Traumkörpers gemacht, und ich fürchtete, wir könnten auf kulturspezifische Weise aneinander vorbei reden. Eine der wesentlichsten Bemühungen unserer Zusammentreffen war es, einen gemeinsamen Grund abzustecken, auf dem beide Traditionen unabhängig zu stehen in der Lage sein würden. Dies ist eine der größten Herausforderungen für die gesamte Reihe von Treffen, und die letzten Äußerungen machten dies vollkommen unmöglich. Instinktiv lenkte ich daher die Diskussion wieder auf eine mögliche Gemeinsamkeit: »Kann man einen Unterschied erkennen, ob ein Traum im REM-Schlaf oder im Nicht-REM-Zustand auftritt?«

Die Antwort Seiner Heiligkeit bezog sich nun auf fortgeschrittene buddhistische Lehren, die als *Vajrayāna* oder Diamantfahrzeug bekannt sind. »Sie haben vorher von den vier Stadien des Nicht-REM-Schlafes gesprochen, die dem REM-Schlaf vorangehen«, sagte er und fuhr fort: »Im tantrischen Buddhismus, dem Vajrayāna, spricht man von vier Stadien im Prozeß des Einschlafens, die in das sogenannte Klare Licht des Schlafes einmünden. Aus diesem Klaren Licht des Schlafes taucht man in den Traumzustand des REM-Schlafes auf.« Ein amüsierter Ausdruck erschien auf seinem Gesicht, gefolgt von einem ansteckenden Lachen, das auf uns alle überging. »Sie haben gesagt, daß die vier Stufen in einer festen, unveränderbaren Reihenfolge auftreten. Eine in Meditation ungeübte Person wird nicht beurteilen können, ob die vier Stadien, die im Vajrayāna Buddhismus beschrieben werden, unveränderlich sind. Jedoch kann ein Mensch, der sich in der Vajrayāna-Meditation geübt hat, eine feststehende Reihenfolge in den vier Stadien des Einschlafens erkennen, und er ist auf die analogen Erfahrungen im Sterbeprozeß gut vorbereitet. Es ist leichter, den Traum als Traum zu erkennen, als traumlosen Schlaf als traumlosen Schlaf. Wenn man den Traumzustand erkennen kann, während man sich darin befindet, dann kann man visualisieren und das grobe Bewußtsein vorsätzlich verringern, um wieder in den Schlaf des Klaren Lichtes zurückzukehren. An diesem Punkt ist das subtilste Bewußtseins, das Klare Licht des Schlafes, leichter zu erkennen.«

»Aber wenn wir einschlafen«, schob ich ein, »dann treten normale Menschen einfach weg, und keine Art von Erkennen ist mehr möglich.«

»Das ist wahr«, antwortete er. »Ohne Verlust des Gewahrseins durch diese Übergänge zu gehen, ist eine der höchsten Verwirklichungen für einen Yogi. Es mag aber eine Differenz zwischen Schlafphysiologie und der tibetischen Tradition geben. Nach dem Vajrayāna-Buddhismus sagt man, daß sich diese vier Stadien beim Aufwachen aus dem Traumzustand in umgekehrter Reihenfolge wiederholen. Das geht ziemlich rasch. Etwas Ähnliches haben Sie aus der neurologischen Schlafforschung nicht erwähnt. Sie haben gesagt, daß man vom REM-Zustand in den Wachzustand geht, aber was weiß man darüber, ob sich dazwischen die verschiedenen Zyklen wiederholen?«

Das war eine interessante Beobachtung in bezug auf die Daten, die ich vorgelegt hatte. Ich legte das Diagramm, das die einzelnen Sequenzen zeigt, noch einmal auf (Abb. 3). »Man wacht direkt aus REM auf. REM ist dem Wachen am nächsten, was wir aus Erfahrung wissen. Im Schlafzyklus geht man im späteren Verlauf der Nacht nicht mehr in den tiefen, langsamen Schlaf. Man bleibt im leichten Schlaf und wechselt einfach nur von REM hinunter zu Stufe zwei, und dann wieder hinauf in REM und zurück in Stufe zwei. Nach der wissenschaftlichen Ansicht muß man durch die Stufen drei und zwei gegangen sein, wenn man sich in Stufe vier befindet. Wenn man sich in Stufe drei befindet, muß man durch die Stufen zwei und eins gegangen sein, aber von REM aus kann man leicht zu Stufe eins wechseln und von Stufe eins zu REM.«

»Vielleicht kommen die Ansichten der Physiologie dem nahe, was von frühen tibetischen Gelehrter einer älteren Schule behauptet wurde«, sagte der Dalai Lama und erinnerte uns damit daran, daß der Buddhismus, wie viele andere heute aktive Traditionen, sich von den Ursprüngen her weiterentwickelt hat. »Die vier Stadien haben ihren Höhepunkt im Klaren Licht, dann kommen die ersten drei in umgekehrter Reihenfolge während man vom Klaren Licht in den Traumzustand zurückkehrt. In den späteren Schriften scheint sich diese Ansicht verändert zu haben, insbesondere in Hinsicht auf den Zwischenzustand, Bardo, und die Tradition der Sechs Yogas des Nāropa, dessen Quellen auf Marpa zurückgehen.«

Nāropa war ein berühmter tantrischer Yogi, der im elften Jahrhundert in Indien lebte. Er war der Lehrer von Marpa, einem Tibeter, der zweimal nach Indien reiste, um Unterweisungen zu erhalten und sie in sein Heimatland zu bringen. Später wurde Marpa zum Gründer der Linie der »Neuen Übersetzer« im tibetischen Buddhismus, die sich seitdem in viele weitere Schulen aufgefächert hat, von denen einige heute noch aktiv sind. Die erwähnten Unterschiede in der Auslegung buddhistischer Lehren erinnern mich daran, daß auch in der Welt der Wissenschaften unterschiedliche Ansichten für längere Zeit ohne Auflösung nebeneinander existieren.

»Gelegentlich wird im tibetischen Buddhismus Schlaf als eine Form der Nahrung angesehen«, sagte seine Heiligkeit, »wie Essen, das den Körper erhält und auffrischt. Eine andere Art der Nahrung ist *Samādhi*, oder meditative Versenkung. Wenn man in der Übung der meditativen Versenkung ausreichend erfahren ist, dann stärkt und ernährt sie den Körper auch. Obwohl Schlaf eine Quelle für die Erhaltung des Körpers darstellt, ist es nicht klar, wie Träumen dem Individuum dient, außer im Nutzen für die meditative Praxis. Im Buddhismus kommen Träume dort zustande, wo sich Körper verschiedener Feinheit – die grobstoffliche Ebene, die feinstoffliche Ebene und die sehr feine Ebene – berühren. Wenn aber gefragt wird, warum wir träumen, dann gibt der Buddhismus darauf keine Antwort.«

Dann wandte er sich einer Frage zu, die seine Neugier erregt hatte: »Wir unterscheiden zwischen REM-Schlaf und der vierten Stufe des Nicht-REM-Schlafes. Ist, während wir uns im REM-Schlaf befinden, der Bewußtseinszustand der vierten Stufe des Nicht-REM-Schlafes erhalten geblieben oder unterbrochen?«

»Es sind verschiedene Zustände«, antwortete ich. »Im REM-Schlaf habe ich einen bestimmten Modus des Bewußtseins. Wenn sich dann der Gehirn-Geist verändert, habe ich einen anderen. Ich muß nicht annehmen, daß der vorige bleibt. Ich bevorzuge die Ansicht, daß es sich um emergente Eigenschaften bestimmter Gehirn-Körper-Konfigurationen handelt.«

»Muß denn der REM-Phase notwendig Nicht-REM-Schlaf vorausgegangen sein?«, beharrte er. »Nach dem tibetischen Buddhismus setzt Schlaf das Vorhandensein des Geist-Faktors Schlaf voraus, und Schlaf kann es mit und ohne Träumen geben. In einem Text wird von einem tibetischen Gelehrten die fast paradoxe Aussage gemacht, daß es im Tiefschlaf keinen Schlaf gibt, weil kein Gewahrsein oder Bewußtsein vorhanden ist. Schlaf als Geist-Faktor kommt daher im Tiefschlaf nicht vor.«

Er schaute mich fragend an. »Gehirnforscher würden sagen, daß man vielleicht zwei mentale Faktoren definieren muß, REM- und Nicht-REM-Schlaf. Wenn wir allerdings spontane geistige und visuelle Bilder Träume nennen, dann tritt Träumen in allen drei Zuständen auf: im Wachen, REM und Nicht-REM. Man kann wach sein und Halluzinationen haben; man kann beim Einschlafen hypnagoge Bilder haben; man kann Träume und mentale Erlebnisse im Nicht-REM-Schlaf haben; und man kann klassische Träume im REM-Schlaf haben. Wenn man aber Träume als lebhafte Geschichten mit einer zusammenhängenden Handlung definiert, dann ist es mehr ein REM-Phänomen.« Seine Heiligkeit nickte und schien bei diesem Vorschlag darüber nachzudenken, wie Wissenschaft und *Abhidharma*, die buddhistische Theorie der geistigen Funktionen, sich gegenseitig befruchten können.

Auflösungserscheinungen in Schlaf und Tod

Pete Engel, der begierig war, Traum, Schlaf und Tod in allgemeineren Begriffen zu diskutieren, verwies auf das Buch *Stufen zur Unsterblichkeit. Tod, Zwischenzustand und Wiedergeburt im tibetischen Buddhismus*, von Lati Rinpoche und Jeffrey Hopkins (Köln: Diederichs, 1983). Ich hatte zur Vorbereitung unseres Treffens ein dickes Paket mit Lesematerial in Umlauf gegeben, mit Veröffentlichungen unserer Konferenzteilnehmer, einigen tibetischen Quellen und weiteren thematisch interessanten Texten. Das Buch von Lati Rinpoche und Hopkins untersucht die umstrittene Vorstellung von Nachtod-Erfahrungen im Zwischenzustand, auf Tibetisch *Bardo* genannt, zwischen Tod und der folgenden Wiedergeburt.

In seiner tiefen Stimme begann Pete zu sprechen: »In dem Buch werden die Stadien des Todes beschrieben, die im Bardo-Zustand beim Übergang zu einer neuen Geburt in umgekehrter Reihenfolge wiederum durchlaufen werden. Es heißt, daß Schlaf im wesentlichen eine Probe für diesen Prozeß darstellt, und ich war von den Ähnlichkeiten von Schlaf und Tod verblüfft. Ferner werden zwei andere Umstände genannt, bei denen die gleichen Schritte ablaufen: im meditativen Zustand und beim Orgasmus. Darüber möchte ich gerne mehr wissen, denn neurologisch ist der meditative Zustand vom Schlaf sehr verschieden. Beim Orgasmus verstehe ich das gar nicht! Ich bin beeindruckt davon, daß es in der buddhistischen Beschreibung von Schlaf und den wissenschaftlichen Beobachtungen vergleichbare Schritte gibt. Aber welche Schritte sind es im meditativen Zustand, der aus buddhistischer Sicht dem Schlaf ähnlich sein mag, und wie paßt das mit Orgasmus zusammen?«

»Die Erfahrungen, die man beim Einschlafen und während des Sterbens macht, kommen von der Auflösung der verschiedenen Elemente her«, antwortete der Dalai Lama. »Es gibt unterschiedliche Weisen, wie dieser Auflösungsprozess abläuft. Zum Beispiel kann er auch als Ergebnis bestimmter Meditationen auftreten, bei denen man die Imagination verwendet. Die Auflösung oder das Zurückziehen der Elemente entspricht Bewußtseinsebenen von unterschiedlicher Feinheit. Wo immer es zu dieser Auflösung kommt, gibt es ein gemeinsames Element: Die Unterschiede in der Feinheit des Bewußtseins entstehen aus den Veränderungen der Lebensenergien.«

Er erklärte die Methoden hinter diesen Konzepten. »Zur Veränderungen der Lebensenergien kann es auf dreifache Weise kommen. Die erste ist ein ganz natürlicher, physiologischer Prozeß, der von der Auflösung der verschiedenen Elemente herrührt, nämlich der Erde (Festigkeit), des Wassers (Flüssigkeit), von Feuer (Wärme) und Luft (Beweglichkeit). Dies passiert im Schlaf und im Sterbeprozeß auf ganz natürliche Weise und ist unwillkürlich. Eine analoge Veränderung der Lebensenergien entsteht als Resultat von Meditation durch die Kraft der Konzentration und Imagination. Durch die Veränderung der Energien verschiebt sich das Bewußtsein von grob zu subtil. Ein dritter Weg besteht in der sexuellen Vereinigung. Allerdings entsteht die Verschiebung der Energien und von grobem zu subtilem Bewußtsein nicht in der gewöhnlichen Kopulation, sondern in einer speziellen Praxis, in der sowohl der Mann als auch die Frau bei der Vereinigung Kontrolle über die Bewegung der regenerativen Flüssigkeiten ausübt.

Pete wollte es genau wissen: »Ist das Endresultat – die Auflösung von Erde, Wasser, Feuer und Luft – in diesen Praktiken verschieden oder dasselbe?«

»Es ist nicht genau gleich«, sagte der Dalai Lama. »Es gibt viele Unterschiede in der Feinheit der Erfahrung des Klaren Lichtes. Zum Beispiel ist das Klare Licht des Schlafes nicht so intensiv wie das Klare Licht im Tod. Der Vajrayāna-Buddhismus spricht von fünf primären und fünf sekundären Arten von Lebensenergie, ebenso wie von groben und feinen Aspekten dieser beiden Fünfergruppen. Im Klaren Licht des Schlafes lösen sich die gröberen Formen dieser verschiedenen Energien auf, sie ziehen sich zurück, aber die feineren tun dies nicht. Ein Anzeichen dafür ist, daß die Person weiterhin durch die Nase atmet.«

Da wir das Thema Tod im zweiten Teil unserer Woche diskutieren wollten, war ich besorgt, daß wir schon zu weit vorgreifen würden, und bat daher Pete, mehr bei den Fragen von Schlaf und Traum zu bleiben. Er stimmte zu und fragte: »Mich interessieren die Ähnlichkeiten von Schlaf und Meditation. Wenn es mit Übung möglich ist, durch die Stadien des Schlafes hindurch das Klare Licht des Schlafes zu erreichen, wie unterscheidet sich das von der Meditation?«

Seine Heiligkeit antwortete: »Es ist wichtig, sich klarzumachen, daß es viele Formen der Meditation gibt. In den drei unteren Tantra-Klassen werden diese Dinge noch nicht einmal diskutiert, sondern nur im höchsten Yoga-Tantra. Traum-Yoga ist wiederum eine ganz eigene Disziplin.«

Das machte mich neugierig. »Heißt das, man kann sich tatsächlich damit befassen ohne die ganzen Grundlagen zu kennen, auf denen er aufbaut?«

»Ja, es ist ohne große Vorbereitungen möglich. Traum-Yoga könnte von Nichtbuddhisten genauso geübt werden wie von Buddhisten. Wenn ein Buddhist Traum-Yoga praktiziert, dann bringt er oder sie eine besondere Motivation und Absicht mit. Im buddhistischen Kontext zielt die Praxis auf das Erkennen der Leerheit. Die gleiche Praxis könnte aber auch von Nichtbuddhisten durchgeführt werden.«

Was entspricht dem subtilen Bewußtsein?

Ich sprach eine Frage aus, die sich wahrscheinlich mehrere von uns stellten: »Nehmen wir einmal an, wir hätten jemanden, der bewußt durch die Stufen des Schlafes gehen und dauerhaft im Klaren Licht verweilen könnte. Wenn wir mit ihm dieselbe Art von Experiment, wie vorhin beschrieben, machen würden, glauben Sie, daß wir äußere Veränderungen erwarten könnten? Würden die Anzeichen, an denen wir REM- und Nicht-REM-Schlaf erkennen, verschieden sein? Würde Stufe vier anders aussehen?«

In seiner Antwort auf diese und weitere Fragen, benutzte Seine Heiligkeit wiederholt den Begriff *Prāna,* was besser mit »Lebensenergie« als mit »subtile Energie« übersetzt wird, wie uns unser Übersetzer Alan Wallace sagte. Obwohl das erste Wort fälschlicherweise an *vis vita* und *élan vital* der mittelalterlichen Renaissance denken läßt, scheint dieser Begriff doch Prāna genauer wiederzugeben als einfach nur »subtile Energie«. Darüber hinaus gibt es drei Ebenen von Prāna – grob, subtil und sehr subtil – was die Sache zusätzlich komplizieren würde. Da von Prāna außerdem nur bei lebenden Organismen gesprochen wird, scheint die Qualifizierung als *Lebens*energie völlig angemessen.

»Es ist schwer zu sagen, ob es äußere Entsprechungen des Klaren-Licht-Zustands gibt. Wir würden nur sehr geringe Störungen der Lebensenergien des Körpers erwarten, wenn eine Person im Klaren Licht des Schlafes im vierten Nicht-REM-Zustand ruht. Ich denke, daß der Begriff Klares Licht des Schlafes von der meditativen Erfahrung herrührt. Im Schlaf-Yoga und anderen Praktiken, die die sehr subtilen Bewußtseinszustände benutzen, um Einsicht in die Leerheit zu gewinnen, gibt es Erfahrungen von Klarheit und Leuchten.«

Charles Taylor unterbrach ihn: »Diese Übung soll also zu der Fähigkeit führen, im Bardo zu bleiben und nicht von den verschiedenen Stufen hinweggetragen zu werden? Oder habe ich das ganz falsch verstanden?«

Wie immer lächelte Seine Heiligkeit. »Das müssen Sie im Kontext umfassenderer Lehren vom buddhistischen Pfad sehen. Wir sprechen von verschiedenen Verkörperungen eines Buddha, zu denen der *Sambhogakāya* – der sehr subtilen Körper eines erwachten Wesens – und der *Dharmakāya* – der erwachte Geist eines erleuchteten Wesens – gehören. Die Praxis, mit der man den speziellen Traumkörper entwickelt, also der Traum-Yoga, zielt letztlich auf das Erreichen des Sambhogakaya. Das Ziel der Praxis des Erkennens des Klaren Lichtes liegt im Erreichen des Dharmakāya. Der Sambhogakāya ist ein Erscheinungskörper oder eine physische Form, in der ein Buddha anderen erscheint, während der Dharmakāya selbst-referentiell und nur für einen Buddha zugänglich ist.«

Alan schlüpfte für einen Moment aus der Rolle des Übersetzers und stellte die Frage: »Inwiefern hängt REM-Schlaf für einen Menschen – selbst einen Erwachsenen – davon ab, ob er mit Sprache vertraut ist oder nicht?

Arbeitet vielleicht das Bewußtsein anders, wenn es keine auf Sprache basierenden Konzepte kennt?«

»Das wäre schwer zu überprüfen. Wenn jemand Sprache nicht kennt, kann man ihn nicht fragen«, antwortete ich und alle lachten. »Hier geraten wir in die Schranken der gegenwärtigen Methode. Wir wissen aber, daß Kleinkinder und andere Säugetiere ähnliche Muster haben.«

Seine Heiligkeit fuhr fort: »Eine der fünf primären Lebensenergien wird durchdringende Energie genannt. Es könnte sein, daß die Stärke dieser durchdringenden Energie im Körper während des REM-Schlafes zunimmt und im Nicht-REM-Schlaf abnimmt. Es wäre gut möglich, daß dies einen Einfluß auf das Entstehen von Konzepten haben könnte.«

»Durchdringende Energie ist kein der Wissenschaft geläufiger Begriff«, sagte ich. »Aber daß die Durchblutung von Herz und Gehirn während REM zunimmt, könnte ein Anhaltspunkt dafür sein, was mit durchdringender Energie gemeint ist.«

Alsdann schlug Seine Heiligkeit ein interessantes Experiment vor: »Wurden von Ihnen jemals EEG-Messungen an Sterbenden vorgenommen? Wissen Sie, wie lange der REM-Schlaf dauert, wenn sich eine Person im Sterbeprozeß befindet?«

»Das Abflachen und schließlich das Aufhören der EEG-Ausschläge sind Kriterien für das Eintreten des Todes. Es gibt dann keine Oszillationen mehr, mit denen man REM von Nicht-REM unterscheiden könnte«, sagte ich.

Er fuhr fort: »Wenn die Gehirnaktivität erloschen ist, dann ist es eine offene Frage, ob es immer noch die durchdringende Energie gibt oder nicht. Es scheint drei Kriterien für den Tod zu geben: Herzschlag, Atmung und Gehirnaktivität. Wieviel Minuten arbeitet das Gehirn noch, nachdem der Herzschlag aufgehört hat?« Wir alle stimmten darin überein, daß es nur einige wenige Minuten sind. »Kann REM während dieser wenigen Minuten auftreten?«

Pete übernahm die Antwort darauf und sagte: »Ich glaube nicht, daß so etwas jemals beobachtet oder überprüft wurde. Zu diesem Zeitpunkt wird der Blick starr oder die Augen rollen nach oben, die Pupillen werden weit, und es gibt keine Gehirnaktivität. Der Zeitraum, innerhalb dessen der Tod eintritt, nachdem das Herz aufgehört hat zu schlagen, kann verlängert werden, indem man den Körper kühlt. Ertrunkene, die in sehr kaltem Wasser waren, können manchmal noch fünfzehn bis zwanzig Minuten später wiederbelebt werden, obwohl ihr EEG flach ist und sie weder Atmung noch Herzschlag haben. Ebenso können Drogen ein flaches EEG hervorrufen, ohne daß der Patient tot ist.«

Offenbar erreichten wir die Grenze des Vorstellbaren. Aber auch das Fehlen von Antworten war interessant. Ich fügte noch hinzu: »Wir sollten an dieser Stelle nicht vergessen, daß Messungen mit dem EEG ein sehr grobes Bild liefern. Es besteht kein Widerspruch in der Annahme, daß im Menschen während des REM-Schlafes eine mehr sprachliche, assoziative, semantische Aktivität vorhanden ist. In Tieren, die keinen REM-Schlaf haben, mag es eine andere kognitive Aktivität sein, die man aber nicht erkennen könnte, weil das EEG dafür ein zu grobes Maß liefert. Wenn also jemand stirbt und sein EEG flacht ab, dann muß das nicht heißen, daß in ihm nichts mehr vorgeht. Da könnte eine Menge geschehen. Das gleiche gilt auch für die frühere Frage nach dem Unterschied zwischen einem normalen Menschen auf Stufe vier und jemandem, der im Klaren Licht des Schlafes verweilt. Vielleicht zeigen EEG-Messungen das nicht, aber feinere Methoden, die wir in Zukunft haben werden, könnten das.«

Intention und Anstrengung in der Praxis des Traum-Yoga

Als sich Jayne Gackenbach in das Gespräch einschaltete, lenkte sie in eine Richtung, die zu ihrer Arbeit in direkter Beziehung stand. »Besteht die Intention im Erkennen des Traums und dann seiner Kontrolle darin, ihn an einem gewissen Punkt loszulassen?«

»Ich bin nicht sicher, ob man die Kontrolle aufgibt«, antwortete Seine Heiligkeit. »Natürlich braucht man in der Praxis des Traum-Yoga eine gewisse Anstrengung und Ausrichtung, und diese Ausrichtung muß erhalten bleiben. Je mehr man mit der Praxis vertraut wird, desto weniger Anstrengung braucht man, da man mit der Zeit immer geübter darin wird. Es gibt aber andererseits buddhistische und auch nicht-buddhistische Meditationspraktiken bei denen man die Anstrengung völlig aufgibt. Ein gutes Beispiel dafür ist die Praxis des *Dzogchen*, oder der Großen Vollendung, die eine ganz spezielle Art von Aufgeben der Anstrengung mit sich bringt. In einer anderen Praxis, die sowohl Buddhisten als auch Nicht-Buddhisten kennen, verweilt man einfach in Gleichmut. Das Aufgeben der Anstrengung ist darin aber von dem der buddhistischen Dzogchen-Praxis verschieden.«

»Ist dieses Verweilen in Gleichmut das Ziel der Anstrengung? Oder führt die Kontrolle eines Traums schließlich zu einer Gelassenheit, in der ein Traum einfach nur da ist?« Jayne ließ nicht locker.

»Die Praxis des Loslassens von Anstrengung in Gleichmut ist wieder eine Übung für sich. Wir sprechen hier von zwei verschiedenen Formen der Praxis. In der ersten muß man den Traumzustand erkennen und dann den Traum kontrollieren. Man tut dies mit der besonderen Absicht, den subtilen Traumkörper hervorzubringen, der vom groben Körper abgelöst werden kann. In der zweiten Praxis kultiviert man die Fähigkeit, das Klare Licht des Schlafes zu erfahren. Dafür ist keine Kontrolle notwendig. Die beiden Übungsformen unterscheiden sich tatsächlich erheblich und werden für verschiedene Zwecke benutzt. Die Absicht der ersten Praxis, in der man sich bemüht, den Traum zu erkennen und seinen Inhalt willentlich zu beeinflussen, ist das Hervorbringen des speziellen Traumkörpers. Diesen Traumkörper kann man dann für eine Vielzahl von Zwecken verwenden. Die Praxis entspricht dem Erkennen des Zwischenzustands (Skrt: *antarabhava*, tib. *bardo*). Die größte Herausforderung besteht darin, die Erkenntnis des Zwischenzustandes aufrechtzuerhalten und nicht überwältigt zu werden, wenn einem die verschiedensten Erscheinungen auftauchen. Das ist eine Herausforderung. Andererseits sind die Praktiken, mit denen man das Klare Licht des Schlafes verwirklicht, eine Vorbereitung, um das Klare Licht des Todes zu erkennen.«

Schlaf, Orgasmus und Tod

Eine interessante Bemerkung kam von Joyce McDougall aus ihrer Erfahrung als professionelle Psychologin. »Psychoanalyse könnte eine Erklärung zum Verhältnis von Schlaf und Orgasmus beisteuern, die beide mit dem Tod in Zusammenhang gebracht werden können. Menschen, die an Schlaflosigkeit leiden und auch keinen Orgasmus bekommen, entdecken manchmal im Laufe einer Analyse, daß ihre Unfähigkeit einschlafen zu können oder sich mit dem Geliebten erotisch zu vereinigen aus der Furcht kommt, sie könnten sich dabei verlieren. Interessant ist auch, daß im Französischen der Orgasmus als der kleine Tod bezeichnet wird, *la petite mort*. In der griechischen Mythologie sind Schlaf und Tod Brüder, Morpheus und Thanatos. Sich in den Schlaf fallen zu lassen, bedeutet, seine persönliche Vorstellung vom Ich aufzugeben und sich in die ursprüngliche Verbindung mit der Welt, der Urmutter oder dem Mutterschoß hinein aufzulösen. Sein alltägliches Ich zu verlieren wird als Verlust statt als Bereicherung empfunden. Das gleiche kann für Menschen zutreffen, die keinen Orgasmus bekommen können. Es steht mit dem in Beziehung, was Professor Taylor gesagt hat. Die Bereitschaft, unser Ich aufzugeben, erlaubt uns sowohl in den Schlaf zu sinken wie auch die orgastische Vereinigung zu erleben und kann uns ebenso die Furcht vor dem Sterben nehmen. Wir könnten sagen, daß Schlaf und Orgasmus sublimierte Formen des Sterbens sind.«

Seine Heiligkeit sagte lachend, daß in Tibet für Menschen mit solchen Ängsten die beste Lösung darin bestehe, Ordination zu nehmen. Dann fügte er in ernsterem Ton hinzu: »In der tibetisch-buddhistischen Literatur wird erwähnt, daß man eine kurze Erfahrung des Klaren Lichtes bei mehreren Gelegenheiten machen kann, etwa beim Niesen, Gähnen, Ohnmächtig-Werden, sexueller Vereinigung und Schlaf. Normalerweise ist unser Ich-Bewußtsein oder Ego recht stark, und wir haben die Neigung, uns auf die Welt in dieser Subjektivität zu beziehen. In den genannten Ausnahmesituationen ist dahingegen dieses starke Ich-Bewußtsein etwas gelöster.«

Joyce ging darauf weiter ein: »Gibt es eine Verbindung zwischen der Schwierigkeit, das Ich in die offene Weite hinein zu entlassen, und der Unfähigkeit oder dem Widerstreben, seine Vorstellungen vom grobstofflichen

Körper aufzugeben und damit das spirituelle Bild vom Körper zuzulassen? Würde ein Festhalten am groben Körperbild diese Loslösung unmöglich machen?«

Seine Heiligkeit entgegnete: »Ich denke, hier könnte es eine Verbindung geben, weil sich unser Ich-Bewußtsein meist sehr stark auf unsere körperliche Existenz bezieht. Tatsächlich gibt es zwei Arten von Ich-Bewußtsein, ein grobes und ein subtiles. Das grobe erscheint in Abhängigkeit vom groben, physischen Körper. Wenn man allerdings das subtile Ich-Bewußtsein erfährt, dann wird der grobe Körper unbedeutend, und die Angst, sein Ich zu verlieren, schwindet.«

Bewußtheit und Diskontinuität

An diesem Punkt bemerkte Joan Halifax, daß die Existenz unterscheidbarer Zustände zugleich Übergänge zwischen ihnen impliziere. »All diese Zustände beinhalten ein momentanes Aufhören oder ein Verblassen der Bewußtheit, so daß es tatsächlich scheint, als stürbe etwas. Ob auf der groben oder der subtilen Ebene des Körpers, es gibt diesen Bruch in der Kontinuität des Bewußtseins, eine Lücke, nach der sich die Kontinuität wiederherstellt. Ist es nicht ein Aspekt der Praxis, diese Kontinuität über die grobe und auch die subtile Ebene hinaus wahrzunehmen – auf einer Ebene, die keine Bedingtheit kennt? Das würde bedeuten, die Kontinuität von etwas zu bewahren, das nichts ist.« Wir mußten alle lachen, wie sie darum rang, diesen schwierigen Sachverhalt auszudrücken. »Wir haben dafür keine Worte in unserer Sprache.«

Seine Heiligkeit antwortete: »Es gibt in der Meditation Zustände, in denen man nur ein Gefühl von Leere hat, und dann hat man nicht einmal ein subtiles Ichbewußtsein. Obwohl man zu dieser Zeit kein Bewußtsein vom ›Ich‹ hat, heißt das nicht, daß es dann gar kein ›Ich‹ mehr gibt. Der tibetische Ausdruck für Bewußtsein ist *shes-pa,* was wörtlich genommen ›Wissen‹ oder ›Gewahrsein‹ bedeutet. Die Etymologie des Wortes schließt ›Gewahrsein von etwas‹ ein, und damit definiert sich Bewußtsein auf der groben Ebene. Auf der subtilen Ebene jedoch muß es kein Objekt des Gewahrseins geben. Dies entspricht dem paradoxen Zustand vom ›gedankenlosen Denken‹. Es ist ein konzeptueller Zustand von Gewahrsein, der frei ist von bestimmten Gedankentypen oder gewissen Ebenen des Denkens; dennoch meint hier ›gedankenlos‹ nicht, daß er völlig ohne Denken ist.«

»Meinen Sie die Abwesenheit von Bewußtheit?«, wagte ich zu fragen. Seine Heiligkeit wartete einen Moment und fragte dann zurück: »Können Sie, Francisco, zwischen Gedanke, Gewahrsein und Bewußtheit unterscheiden?«

»*Bewußtheit* bezieht sich auf Wahrnehmung und Unterscheidung. Man kann diese Qualität erfahren, ohne dabei notwendiger weise einen *Gedan-*

ken zu haben, der immer einen bestimmten semantischen Inhalt hat. Gewahrsein hat viele Bedeutungen; die eine ist die von Bewußtheit, es kann aber auch in feinere Schichten hineinreichen. Sowohl Bewußtheit als auch Gewahrsein scheinen sich im Gegensatz zu *Gedanke* und *Denken* mehr auf die subtilen Ebenen des Bewußtseins zu beziehen, wie etwa auf spontanes Denken oder Denken ohne Objekt. In den Kognitionswissenschaften schrecken die Leute vor der Verwendung des Wortes *Gewahrsein* zurück und ziehen es vor, über *Bewußtheit* und *Kognition* zu sprechen, solange es einen Inhalt des Erkennens gibt.«

Charles hatte eine genauere Interpretation: »Nach meinem Verständnis haben *Bewußtheit* und *Wissen* die Bedeutung, daß es irgend etwas gibt, das man wissen oder begreifen kann. Im Unterschied dazu kann ich einer Sache *gewahr sein*, ohne ein Wissen davon zu haben. *Bewußtheit* ist eine Errungenschaft. Aus diesem Grund finde ich eine objektlose Bewußtheit schwer verständlich.«

»Es ist ein Zustand, der keinen Inhalt und kein vor-gestelltes Objekt hat«, sagte Seine Heiligkeit.

Charles ließ sich nicht entmutigen. »Schwer, es sich ohne ein Objekt zu denken, obgleich ich mir einen paradoxen Zustand vorstellen kann, den wir dann ›Gewahrsein von Nichts‹ nennen müßten. Vielleicht machen wir einen Fehler, wenn wir versuchen, über die gewöhnlichen menschlichen Bewußtseinzustände hinauszugehen. Die Worte sind doch nur für die gewöhnlichen Bewußtseinszustände bestimmt, in denen es kein inhaltsfreies Gewahrsein und keine inhaltsfreie Bewußtheit gibt.« Ich konnte nur darauf hinweisen, daß uns das nicht abhalten sollte zu postulieren, daß solche menschlichen Eigenschaften existieren könnten. Charles gab nach und sagte: »In allen Traditionen muß man die gewöhnliche Sprache verdrehen und Worte hin- und herschieben, um Zustände zu erfassen, die nicht gewöhnlich sind.«

Seine Heiligkeit stimmte dem zu, in dem er schloß: »Das gilt auch für den Buddhismus. Das liegt in der Natur der Sprache.«

Der Tag war wie im Flug vergangen. Schon war es fünf Uhr. Seine Heiligkeit dankte und verließ uns mit einem kurzen Gruß. Es war dann Zeit, in unser Landhaus zurückzugehen, um in informeller Atmosphäre weiter den vielen Ansätzen zu folgen, die wir aufgedeckt hatten.

3
Träume und das Unbewußte

Psychoanalyse in der westlichen Kultur

Ob man nun ein Bewunderer oder Kritiker der psychoanalytischen Kultur ist, eines ist gewiß: Durch Freud und seine Anhänger hat sich unser westliches Bild des Geistes, davon, was es heißt, eine Person zu sein, und von der therapeutischen Intervention ganz grundlegend verwandelt. Psychologische Theorien und klinische Ansätze existieren heute in großer Zahl. Einige sind sehr hochentwickelt, andere eher oberflächlich. In Nordamerika hat es bei der Suche nach Alternativen eine wesentlich größere Vielfalt gegeben als in Europa oder Südamerika, wo psychologische Theorie und Praxis weitgehend psychoanalytisch blieben.

Es lag in meiner Verantwortung als Organisator der Konferenz, daß der Dalai Lama und die Tibeter eine sachgerechte Beschreibung davon erhielten, wie die Schattenbereiche des Ich vom westlichen Standpunkt aus betrachtet werden. Wenigstens zwei Schlüsselbegriffe, die für unser Treffen von Belang waren, sind von der Psychoanalyse in das Allgemeinverständnis eingeführt worden: der Begriff des Unbewußten und seiner Tiefe sowie die zentrale Rolle, die Träume bei der Erkundung der menschlichen Psyche spielen. Zugegeben, Psychoanalyse ist weder eine Wissenschaft im strengen Sinne, noch nimmt sie dies für sich in Anspruch. Dennoch ist sie aus Neurologie und Psychiatrie heraus entstanden und stellt nach wie vor für viele Behandlungszentren der westlichen Welt eine wichtige Grundlage dar. Darüber hinaus hat das Auftauchen der Kognitionswissenschaften viel dazu beigetragen, daß die Verbindungen zwischen psychoanalytischem Pragmatismus, Theorie und Wissenschaft erneuert wurden.[5]

Sucht man nach jemandem, die diese Schulrichtung mit Erfahrung und Autorität vertreten könnte, fällt einem natürlich Joyce McDougall ein. Sie stammt aus Neuseeland, wo sie in Erziehungswissenschaften promovierte. Für eine Ausbildung in Psychoanalyse ging sie nach London und studierte mehrere Jahre an der Hampstead Klinik für Kinderpsychotherapie; dort hatte Anna Freud einen wesentlichen Einfluß auf sie. Die Arbeit ihres Mannes führte sie nach Paris, wo sie ihre Ausbildung in Erwachsenenpsychoanalyse fortsetzte und bis heute am Lehrstuhl für Theorie und Lehre ihrer Disziplin tätig ist. Ihre Bücher sind von einer beispielhaften Klarheit und Aufgeschlossenheit, Qualitäten, die man in der Psychoanalyse nicht immer antrifft. In einer kürzlich erschienen Arbeit von ihr verbindet sie verschiedene Stränge psychoanalytischer Praxis zu dem, was sie die »Theater« von Körper und Geist nennt.[6]

Am zweiten Tag unseres Treffens, einem wunderbar sonnigen Morgen, nahm Joyce den Platz der Referentin ein. Es sollte die erste von zwei Gelegenheiten sein, bei der wir uns nicht mit der harten Gehirnforschung beschäftigen wollten, sondern mit Bereichen, in denen menschliche Erfahrung zentral ist.

Freud und Co.

Joyce begann mit den Worten: »Es ist mir eine Ehre und Freude, Ihnen etwas über die Wissenschaft und Kunst der Psychoanalyse mitteilen zu dürfen.« Die Gegenüberstellung von Kunst und Wissenschaft war sicherlich etwas sehr Notwendiges. »Sigmund Freud war der Begründer dieser Wissenschaft und ihrer therapeutischen Kunst. Am Ende des letzten Jahrhunderts, das ein Jahrhundert des Konservatismus und dominierender Klassen war, die ihre etablierten Werte nur ungern hinterfragten, lebte Freud als Arzt in Wien in einer wissenschaftlich geprägten Umgebung und suchte alles in Frage zu stellen. Er fragte immerzu ›Warum?‹ Warum werden die Menschen krank? Wie werden sie wieder gesund? Warum haben wir Kriege? Warum versagt die Zivilisation? Warum werden die Juden verfolgt?«[7]

Joyce wies darauf hin, daß Psychoanalyse aus der westlichen Zivilisation heraus entstanden war und einen riesigen Einfluß auf die westliche Welt hatte, insbesondere auf die Seelenheilkunde. Nach Freud haben sämtliche Heilberufe damit begonnen, körperliches Leiden mit dem Geist in Verbindung zu sehen. Freud selbst war immer darum bemüht, die Verbindung von Psyche und Soma zu verstehen. Er war sich völlig darüber im klaren, daß jeder körperliche Zustand auf die geistigen Bilder einwirkt und daß alles, was im Geist oder der Psyche vor sich geht, auch körperliche Folgen hat. Er sah Körper und Psyche zwar als eng miteinander verbunden an, meinte aber, daß sie von verschiedenen Gesetzen regiert werden. Die Gesetze der psychischen Funktionen waren keine Gesetze biologischer Systeme, doch wirkten sie dauernd zusammen und beeinflußten sich gegenseitig.

»Freuds Einfluß auf die westliche Welt geht weit über die Psychologie hinaus. Er hat sowohl auf das Bildungswesen einen massiven Eindruck gemacht, als auch viele kreative Bereiche nachhaltig beeinflußt. Besonders Künstler und Philosophen haben sich stark von Freuds Philosophie und seinen Entdeckungen inspirieren lassen.« Joyce machte eine kurze Pause, um dann hinzuzufügen: »Auf die Musik hat Freud allerdings wenig gewirkt. Er gab zu, daß ihm der Zauber der Musik völlig fremd war, und bedauerte, daß ihm diese Welt verschlossen blieb. Allerdings war er um so mehr an Wörtern und Sprache interessiert. Für ihn war es das Wichtigste, Wörter für menschliche Phänomene zu finden, die bisher noch unbenannt waren. Man könnte sogar sagen, daß Freud dem Wort huldigte. Während man davon ausgehen kann, daß die Menschheit in der Sprache lebt, ja vom Wort versklavt ist, liegt vieles, das für die menschliche Existenz zentral ist, auch unterhalb der verbalen Ebene. In einem gewissen Sinn stellt Sprache den Vater dar, die externe Welt. Sowohl in der hebräischen als auch der christlichen Bibel finden wir den Satz: ›Am Anfang war das Wort.‹ Ist das vielleicht ein Erbe einer paternalistischen Religion? Ich möchte jedenfalls vorschlagen, daß am Anfang die Stimme war, denn selbst ein Embryo hört im Mutterleib bereits Geräusche und Rhythmen (vielleicht einen Anbeginn von Musik?).«

Eine Topographie des Geistes

Joyce führte uns als nächstes in Freuds grundlegende Begriffe ein. »Er suchte nach einem Ausdruck für die Lebenskraft, die jedem Menschen angeboren ist – einer Kraft, die das Leben mit Sinn ausstattet, den anderen anspricht und berührt; einer Kraft, die ihren Ausdruck ebenso in Liebe, Sexualität und religiösen Gefühlen findet wie in sämtlichen Formen von Kreativität. Er stellte sich diese Kraft als einen Energiestrom vor, den er *Libido* nannte. Später kam er nach jahrelangen klinischen Beobachtungen und Überlegungen zu der Ansicht, daß es eine zweite, gleich starke Kraft geben müsse, die den Tod sucht – Selbstzerstörung und/oder die Zerstörung von anderen – und daß es in der menschlichen Psyche einen immerwährenden Kampf zwischen der Lebenskraft und der Todeskraft (*Mortido*) gibt. Jedoch sollten die Todesimpulse aus der Libido hervorgehen. Mit anderen Worten, dieser starke Lebensquell kann zum Guten und Bösen gewendet werden – auf die Seite des Lebens oder zu Vernichtung und Tod.«

Freud hat mehr als fünfundzwanzig verschiedene Modelle der Psyche entworfen. Joyce wollte sie nicht alle in ihrem Vortrag erklären, sondern sich vielmehr auf einige wesentliche Aspekte konzentrieren, wie auf die Theorie der Lebens- und Todesinstinkte, auf sein Modell der Speicherung von Gedächtnisinhalten und auf die Art und Weise, wie die Psyche Wissen strukturiert. »Freud sah die psychische Struktur in drei Schichten angelegt. Die oberste oder Cortex-Ebene nannte er das *Bewußtsein*. Die nächste ist ein Wissen, das uns nicht ständig bewußt ist, das aber jederzeit hervorgeholt werden kann – das nannte er das *Vorbewußte*. Die dritte, größte und geheimnisvollste Schicht ist das *Unbewußte*, das, was wir nicht wissen und in unserem Wachbewußtsein nicht vorfinden können, das aber dennoch im Leben einen umfassenden Einfluß auf unser Verhalten ausübt.

»Das Unbewußte ist im Innern der Psyche ständig aktiv und treibt uns an, die Befriedigung instinktiver Triebe zu finden (die oft im Konflikt stehen mit den Erfordernissen der äußeren Welt). Freud würde sagen, daß das Unbewußte die gesamte Menschheit ist – alles das, was wir von zahllosen vorausgegangenen Generationen geerbt haben. Er nannte dies unser *phylogeneti-*

sches Erbe im Gegensatz zum *ontogenetisch* Ererbten, das aus den Erfahrungen einer Person seit ihrer Geburt besteht. (Die Moderne psychoanalytische Forschung geht hier sogar noch weiter und beweist die Bedeutung von Ereignissen für das vorgeburtliche Gedächtnis.) Demnach ist die Erinnerung an die frühe Kindheit und sogar an die Erfahrung im Mutterleib, zusammen mit den Lebensimpulsen aus Libido und Mortido im Unbewußten enthalten.«

Das Träumen und das Unbewußte

Nachdem wir so in die grundlegenden Vorstellungen der Psychoanalyse eingeführt worden waren, wandte sich Joyce dem vorgegebenen Thema zu: dem Träumen. »Das geschilderte topographische Modell des Geistes ist wichtig, um Freuds Theorien darüber zu verstehen, wie und warum man Träume hervorbringt, wie und warum wir einschlafen – oder eben nicht schlafen können.

Das erste Rätsel, dem Freud seine Aufmerksamkeit zuwandte, war unser Zeitgefühl. Die Zeit, die wir während des Schlafes erleben, unterscheidet sich stark von der im Wachen erlebten. Er sagte, das Unbewußte sei zeitlos und im Schlafen und Träumen finde es seinen deutlichsten Ausdruck – ein riesiges Alles-und-Nichts, das wir nur schwerlich im Wachzustand erreichen können. Wenn uns jemand von einem Traum erzählt, sagt er immer ›Ich hatte einen Traum‹. Niemals sagt er ›Ich träume‹. Träume sind daher immer ›außerhalb der Zeit‹. Selbst wenn man einen Traum hat, der sich zu wiederholen scheint, ist er nie identisch mit dem vorigen, viel weniger noch als jedes andere Ereignis, das sich wiederholt. Deshalb könnten wir sagen, daß jeder Traum, ob erinnert oder nicht, eine wichtige Begebenheit darstellt.

Nur zwei der insgesamt dreiundzwanzig Bände, die Freud veröffentlichte, handeln vom Schlafen und Träumen. Sein Hauptwerk, »Die Traumdeutung«, war im wesentlichen 1896 beendet. An den unzähligen darin enthaltenen Ideen arbeitete Freud allerdings noch mehr als dreißig Jahre lang weiter. Dieses Werk hielt Freud selbst für seinen wichtigsten Beitrag zum Verständnis der menschlichen Psyche. Tatsächlich entwickelte er seine gesamte Theorie aus dem Studium der Träume. In einer Diskussion der mentalen Funktionen führte er an, daß eine träumende Person nicht wirklich ›schläft‹, selbst wenn es so scheint. Obwohl dies in den Ohren derer, die mit der neurobiologischen Erforschung von Schlafmustern nicht vertraut waren, merkwürdig klang, spürte Freud bereits, daß der Geisteszustand des Schlafens nicht derselbe ist wie der Traumzustand. Er entwickelte Konzepte darüber, was Neurobiologen erst fünfzig Jahre später als REM und Nicht-REM-Schlaf entdecken sollten. Er vertrat auch die Hypothese, daß das Träumen die Handlung ersetzt, während der Körper im Schlaf oder Traum ›wie gelähmt‹ zu sein scheint. Für ihn war dies ein wichtiger Baustein in der Erforschung der Frage, warum wir träumen.«

Der Dalai Lama war dem Bericht aufmerksam gefolgt und verlangte nun das erste Mal nach einer Erklärung. Wie üblich, richteten sich seine Fragen auf besonders heikle Punkte: »Wenn Träume das Handeln ersetzen sollen, auf welche Weise tritt dann das eine an die Stelle des anderen? Geschieht das eine gerade, während das andere aussetzt? Warum benutzen Sie das Wort *ersetzen*?«

Joyce antwortete: »Wenn wir träumen anstatt etwas zu tun, existieren wir in einem anderen Zustand: einem Seinszustand ohne *äußere* Aktivität, also ohne motiviertes, physisches Tun. Im Träumen geschieht etwas sehr Aktives, obwohl wir uns weder körperlich bewegen noch auf irgendwelche äußeren Ereignisse reagieren. Im Geist findet ein besonderer Prozeß statt. Freud war der Ansicht, daß dieser eng mit dem Körper zusammenhängt. Tatsächlich konnte Freud nicht ganz begründen, warum wir nicht ständig träumen.«

»Dann muß der Körper also in einem gewissen Sinne aktiv sein, um zu träumen?«, fragte er weiter.

»Ja, genau. Freud nahm an, daß Traumgedanken und -bilder Botschaften aus dem Körper sind. Daraufhin entwickelte er die Vorstellung, daß Träume immer mit verborgenen Wünschen (häufig aus instinkthaften Impulsen des Körpers heraus) verbunden sind, und daß Träume ein Weg sind, diese Wünsche zu erfüllen. Was aber sind diese Wünsche? Er sagte, es beginne mit dem simplen Wunsch zu schlafen und dem Bedürfnis, von der äußeren Welt loszulassen. Außerdem postulierte er einen Wunsch, weiterzuschlafen, der dazu führt, daß wir Träume produzieren, wenn störende Gedanken und andere Wünsche aus dem Unbewußten auftauchen und Konflikte verursachen.«

Das Modell erweckte offenbar das Interesse des Dalai Lama, der, wie die meisten von uns, mit den klinischen Details der Theorie Freuds nicht vertraut war. Er fragte: »Das Unbewußte, Vorbewußte und das Bewußtsein liefern also den Antrieb zum Träumen? Andererseits sagten Sie, der Körper sende während des Schlafes Botschaften an den Geist. Wie gehört das zusammen? Meinen Sie damit, daß alle Impulse vom Körper herkommen?«

»Wir berühren damit den dynamischen Kern dessen, was Freud als Ziel des Unbewußten ansah«, erklärte Joyce und fügte hinzu, daß der Körper tief mit dem Unbewußten verbunden sei. »Die aufsteigenden instinktiven Impulse nannte Freud ›Botschaften des Körpers an den Geist‹, wie zum Beispiel ›Ich brauche Liebe‹, ›Ich bin wütend‹, ›Ich habe Hunger‹, ›Ich habe Angst‹ und so weiter. Daher ist es schwer zu unterscheiden, was vom Körper und was aus dem Unbewußten kommt. Wenn eine Botschaft des Unbewußten oder Vorbewußten eine Person aus dem Schlaf aufzuwecken droht, dann ist es die vorrangige Funktion des Träumens, dies zu verhindern. Dieses Konzept führte ihn dazu, Träume als ›Hüter des Schlafes‹ zu bezeichnen.«

Ein Moment der Stille lag im Raum, während wir diesem schönen Ausdruck nachspürten. Dann fuhr der Dalai Lama fort in seiner Art, genaue

Unterscheidungen anzustreben: »Wenn Sie behaupten, das Vorbewußte sei ein Antrieb des Träumens, lokalisieren Sie es auch im Körper?«

»Beides, sowohl im Körper wie im Geist«, antwortete Joyce. »Da das Vorbewußte aus abrufbaren Erinnerungen besteht, erhalten sie eine zusätzliche Bedeutung, wenn sie mit libidinösen, körperlichen Bedürfnissen zusammenhängen. Täglich wird unser Bewußtsein neben flüchtigen Gedanken und Gefühlen mit Tausenden von Wahrnehmungen einer äußeren Welt bombardiert (wesentlich mehr als wir beachten können, denn dann wären wir nicht fähig, unserem Leben nachzugehen). Den Überschuß verschieben wir in das Kurzzeitgedächtnis, dessen Inhalte in der darauffolgenden Nacht oftmals den Keim der Träume bilden. Die Wahrnehmungen des Tages erscheinen besonders dann als Ausstattung des Traumes, wenn sie mit Sinnesempfindungen oder starken Emotionen verknüpft waren. (Emotionen sind ein sowohl körperliches wie geistiges Phänomen.) Freud nannte solche Ereignisse ›Tagesreste‹. Die Botschaften aus somatischen und psychischen Quellen geben daher Anlaß zu Bildern, die, in eine Geschichte verwoben, das Erlebnis des Traumes bilden. Um also die Frage Eurer Heiligkeit zu beantworten, könnten wir sagen, daß das Unbewußte den schlafenden Geist auf eine Art dazu bringt, dem Körper über das Vorbewußte zuzuhören.

Freud machte geltend, daß das Unbewußte nie direkt erfahren werden kann und daß wir eine Erkenntnis dieses Unwißbaren am ehesten über die Träume erlangen – aber auch in bestimmten Stadien psychischer Erkrankung. Menschen, die an Psychosen leiden, benutzen auch Teile ihres Unbewußten, um Halluzinationen und Selbsttäuschungen hervorzubringen. Und ich würde noch hinzufügen, daß Menschen, die aus *psychischen* Gründen körperlich krank werden, ebenfalls auf unbewußte Art ihren Körper sprechen lassen. Darüber hinaus transformieren und entwickeln auch kreative Künstler – Maler, Schriftsteller, Musiker, wissenschaftliche Erfinder und so weiter – ihre Werke aus Botschaften des Unbewußten. In Hinblick auf Träume gebraucht das Unbewußte das Vorbewußte weitgehend durch seine Verbindung mit der Sprache.

Für Freud war der offensichtlich ›fremdartige und unverständliche‹ Charakter der Träume ein kompliziertes Thema. Er bezeichnete den Prozeß der Ansammlung von Botschaften, Tagesresten und anderen Faktoren, die in eine Geschichte hinein gewebt werden, als Traumarbeit und betonte, daß es harte Arbeit sei, das erstaunliche Phänomen des Träumens überhaupt hervorzubringen.«

Narzißmus

»Ein weiterer wichtiger Teil seiner Traumtheorie betrifft die Frage, wie man überhaupt einschläft. Die Libido kann sowohl auf andere bezogen, als auch in Fürsorge auf das eigene Ich und den Körper gerichtet sein. Letztere nannte Freud ›narzistische Libido‹. Das kann ein ganz gesundes Phänomen sein, aber es kann auch krankhaft sein.« In Erwiderung auf eine Frage Seiner Heiligkeit, erklärte Joyce: »Der Begriff *Narzißmus* stammt aus der griechischen Mythologie von einem Knaben namens Narziß, der sich in sein eigenes Spiegelbild verliebte und so lange in die Reflexion im Wasser starrte, daß er daneben starb. Der Mythos legt nahe, daß ausschließlicher Narzißmus dem Tode gleich kommt. Wenn wir aber schlafen gehen wollen, dann müssen wir ein wenig wie Narziß sein. Wir müssen alle Anhaftung an die äußere Welt loslassen, von allen Menschen, die uns wichtig sind, von allen Dingen, die uns tagsüber beschäftigten – gewissermaßen nehmen wir sie wieder in unseren Körper-Geist herein. Die Loslösung von der äußeren Welt bedeutet, daß die Libido vollends narzißtisch werden muß und unter Ausschluß aller geistigen und physischen Beschäftigung ganz in der Person aufgeht, damit der Schlaf erfolgen kann. Freud postulierte einen regressiven Zustand, ›primärer Narzißmus‹ genannt, den er mit dem geistigen Zustand eines Babys in der Gebärmutter verglich. Er suchte nicht nach einer *biologischen* Schlaftheorie, sondern nach einer *psychologischen* Theorie, um die Bedeutung von Trieben (die Körper und Geist miteinander verbinden) im Schlafzustand zu begründen.«

Von den letzten Bemerkungen ließ sich der buddhistische Philosoph faszinieren und fragte: »Unterscheidet sich nicht diese narzißtische Tendenz beim Einschlafen ziemlich von der narzißtischen Libido in Selbstversunkenheit? Letztere ist doch förmlich beabsichtigt, während der narzißtische Rückzug im Prozeß des Schlafes ganz natürlich und absichtslos ist.«

»Völlig richtig, tief natürlich und über Jahrhunderte eingeboren. Es ist nicht intentional in dem Sinne, in dem wir eine narzißtische Selbstliebe im Wachen als intentional ansehen würde«, erwiderte Joyce ohne Zögern. »Wenn wir einschlafen, ziehen wir uns in einen archaisch narzißtischen, vorgeburtlichen Zustand zurück, und scheinbar fühlen wir uns dort sehr wohl, aber irgend etwas bringt uns da wieder heraus, wenn wir anfangen zu träumen. Heute würde man sagen, daß der REM-Zustand die neurale Funktionsbedingung darstellt, in der Träumen am leichtesten möglich ist. Für Freud waren es jedoch von unbewußten und vorbewußten Botschaften verursachte Konflikte, die uns, damit wir nicht aufwachen, zu Träumen anregen.«

Träume – der Königsweg zum Unbewußten

»Ein wichtiges Argument für die Vorstellung, daß Traumarbeit sehr viel lebendiger und mühseliger als Tagesarbeit sein kann, war Freuds Aussage, daß die Psyche alles in einer einzigen Geschichte oder in mehreren einheitlichen Bildern unterzubringen trachtet, die für eine Reihe komplizierter Ereignisse stehen. Vielleicht deckt diese Geschichte ein ganzes Leben ab; vielleicht wird sie von Gedanken und Gefühlen des Wachbewußtseins gesteuert, und so weiter. Oft scheint es, daß Träume ein Versuch sind, Lösungen für Alltagskonflikte anzubahnen. Deshalb ist ein Traum eine verkleidete Geschichte, die einige oder alle diese Elemente enthalten kann.

Ich werde nun Freuds Forschungsweg in die verborgene Bedeutung der Träume schildern. Untersuchungen an Patienten unter Hypnose führten ihn zu einigen grundlegenden Konzepten über den unbewußten Prozeß. Er entdeckte, daß das Unbewußte viele Erinnerungen enthält, die oft über das Vorbewußte hinaus verdrängt wurden – meist Ereignisse, Gedanken und Phantasien, an die man sich nicht erinnern wollte. Sie können unter Hypnose ebenso wie im Traum wieder ans Licht kommen. (Die moderne Forschung hat gezeigt, daß Erinnerungen unter Hypnose suggeriert sein können, anstatt mit der Realität etwas zu tun zu haben. Doch macht dies den Großteil von Freuds theoretischen Schlußfolgerungen keinesfalls ungültig.)«

»Können Sie uns ein Beispiel für eine Erfahrung geben, die man vergessen möchte und deshalb verdrängt?« bat seine Heiligkeit.

»Ja. Ich denke dabei an einen meiner Klienten. Aus Neid war er einem Freund gegenüber sehr unfreundlich und wollte sich daran nicht erinnern. In jener Nacht führten ihn diese vorbewußten Elemente zu anderen von Neid und Unfreundlichkeit belasteten Erinnerungen, die in seiner fernen Vergangenheit lagen, vergessenen Dingen aus seinem tiefen Unbewußten. Er hatte verdrängt, daß er einst seinen kleinen Bruder (den er innig liebte) aus Geschwisterneid vom Dreirad stieß und dabei schwer verwundete. Die Tat war zu einem unbewußten Gedächtnisinhalt geworden. Aber in dieser Nacht träumte der Mann nicht von harten Worten gegen seinen Kollegen oder brutalen Handlungen mit seinem kleinen Bruder, sondern von einem Tiger, der einen armen kleinen Hund jagte. Im Traum versuchte er den Hund zu schützen und gegen den Tiger anzukämpfen, der stärker und stärker wurde – bis er schließlich in Panik aufwachte. Die verschleierte Bedeutung seines Traums wird erst dann klarer, wenn der Patient in einer analytischen Sitzung beginnt, die verschiedenen Traumbilder frei zu assoziieren.

Die Traumerzählung des Patienten nannte Freud den *manifesten* Traum, das, was sich während der Sitzung oberflächlich offenbart. Doch sein Hauptinteresse galt dem *latenten* Trauminhalt, der verborgenen Bedeutung hinter den Bildern, in denen bestimmte Themen um Ausdruck ringen.

Obgleich Freud die Träume den Königsweg zum Unbewußten nannte, war er sich im klaren, nur an der Oberfläche des Unbewußten zu kratzen.

Das meiste würden wir nie erkennen können. Dennoch war er der Ansicht, daß Traumanalyse eine wesentlich bessere Methode zur Selbsterkenntnis darstelle als Hypnose. In einer Hypnose vermögen sich Menschen an lange vergessene Dinge zu erinnern, aber wenn man ihnen sagt, nachdem sie aufgewacht sind: ›Sie haben Ihren kleinen Bruder vom Dreirad gestoßen als er erst zwei war‹, dann werden sie antworten, ›Oh, habe ich das? Wie interessant‹, sie werden sich aber nicht selbst daran erinnern oder es unbedingt glauben. Freud schloß daraus, daß ein durch Hypnose bewußt gemachter Inhalt kein echtes Wissen darstellt im Sinn einer für den Patienten überzeugenden Erfahrung. Wahres Wissen vom Ich und alledem, was man von sich nicht wissen möchte, wird besser durch die Erfahrung der Traumanalyse erreicht. Die Gesamtheit der Assoziationen, die mit den eigenen Gedanken über sich selbst gekoppelt sind, ob annehmbar oder nicht, ob sie im Leben lange zurückliegen oder nicht, tragen dazu bei, die unbewußten Dimensionen des Ich zu entdecken.

Freud studierte auch viele Jahre lang seine eigenen Träume, von denen man etliche in seinen Büchern beschrieben findet. Er versuchte durch seine Träume hindurch bestimmte Phobien zu verstehen sowie aggressive und eifersüchtige Gefühle, die er solange unterschlagen hatte, bis ihn Träume darauf aufmerksam machten. Er bestand darauf, daß jeder Analytiker seine eigenen Träume untersuchen müsse, um seinen unangenehmen Wirklichkeiten auf die Spur zu kommen, die andernfalls seine Arbeit mit Patienten gefährden könnten. Umgekehrt ist es in der Analyse nicht notwendig, für lange Zeit jede Einzelheit in den Träumen der Patienten zu untersuchen. Patienten sollten, wenn sie es wünschen, selbst auf ihre Träume achten und sich assoziativ mit ihnen auseinandersetzen.«

Auf einmal brach der Dalai Lama in Lachen aus, schlug sich die Schenkel und witzelte: »Das sieht nach schrecklich viel Arbeit aus. Wenn man alle Träume zu analysieren hätte, wäre zum Träumen gar keine Zeit mehr.« Auch wir mußten herzlich mit ihm lachen, und Joyce fügte lächelnd hinzu: »Es ist tatsächlich eine Menge Arbeit. Analytiker versuchen immer, ihrer eigenen psychischen Wahrheit näherzurücken. Trotzdem hören sie nicht auf, zu träumen.« Während sie dies sagte, bemerkten wir, daß Seine Heiligkeit seine Aufmerksamkeit woandershin gewendet hatte und mit der Konferenzbroschüre einem kleinen Insekt half, von der Mitte des Kaffeetisches zu einem sichereren Platz zu gelangen!

Joyce fuhr fort: »Um an die hinter den Träumen liegenden Wahrheiten zu gelangen, arbeitete Freud mit der Methode des *freien Assoziierens*. Er ermunterte seine Klienten, zu den verschiedenen Teilen des Traumes spontan zu äußern, was ihnen in den Sinn kam. Die tragende Idee dabei war, einen Zustand von Öffnung und Aufgabe der Kontrolle zu provozieren, in welchem man sich nicht mehr an das intellektuelle Denken klammert, sondern statt dessen Gedanken, Wahrnehmungen, Erinnerungen und Bilder ungehindert aufsteigen läßt, selbst wenn sie zusammenhangslos, durcheinander oder inakzeptabel erscheinen. Seinen Patienten, so fand er, half er mit dieser Methode, herauszufinden, wie ihr Geist arbeitet – und wie tief unbewußte Inhalte durch vorbewußte, sprachliche Verbindungen zu den Traumthemen führen. Die Patienten sollten dadurch angeregt werden, die verborgene Bedeutung des Traumes durch bewußtes Nachdenken zu entschlüsseln.

Um zu illustrieren, wie unbewußte Erinnerungen mit Erfahrungen des Vortages in Zusammenhang gebracht werden, möchte ich noch einmal zu dem Beispiel zurückkehren, bei dem der Klient von einem Tiger träumte. Als er den Traum nacherzählt hatte, sagte er plötzlich: ›Ich weiß nicht warum, aber das erinnert mich daran, daß ich gestern eine sehr zornige Diskussion mit einem Kollegen hatte. Hinterher hat es mir leid getan. Schließlich ist er noch ein junger Mitarbeiter und schaut zu mir auf, aber manchmal sagt er einfach solchen Unsinn! Ich hätte nicht so unfreundlich sein sollen.... Dabei fällt mir mein Bruder ein, der achtzehn Monate jünger ist als ich. Ich mochte ihn wirklich gern, wir hatten so viel Spaß zusammen. Ach je! Ich erinnere mich da an gemeinsame Ferien. Er fuhr einen schmalen Weg auf dem Dreirad hinunter, und ich stieß ihn, so daß er fiel – er schlug sich beide Knie auf, hatte am Kinn eine große Platzwunde und schrie fürchterlich. Wie schrecklich! Warum habe ich das Bobby nur angetan?‹ Als ich ihn dann fragte, ob er nach der Geburt seines Bruders unglücklich gewesen sei, nicht mehr der einzige gewesen zu sein, sagte er: ›Ja! Ich mußte *alles* mit ihm teilen. Bald liebte ich ihn aber so sehr, daß es mir nichts mehr ausmachte.‹ ›Liebten Sie ihn so sehr, daß Sie ihn vom Dreirad stießen?‹ ›Nun ja, ich glaube, ich war sauer auf meine Mutter. Sie hatte keine Zeit mehr für mich, und dann wurde sie auch noch schwanger mit meiner Schwester... Ich weiß nicht, warum sie unbedingt drei Kinder haben mußte!‹ – Das wird freies Assoziieren genannt. Wie Sie sehen, ist Psychoanalyse der einzige Ort, an dem man sich erlauben kann, so undiszipliniert zu sprechen. Wenn wir es woanders täten, hätten wir wohl bald keine Freunde mehr!«

Wir lachten alle bei der Vorstellung, unser Leben mit freiem Assoziieren zu verbringen und unsere Umwelt durch diese bewußten oder unbewußten Ambivalenzen zu verstören.

Joyce fuhr fort: »Im freien Assoziieren kommt man dazu, Gefühle und Gedanken zu äußern, die man eigentlich nie jemandem mitteilen wollte – nicht einmal sich selbst. Dabei nähert man sich auf einer gewissen Stufe seiner eigenen Wahrheit, ebenso wie der Art und Weise, wie man zu anderen und dem Leben im allgemeinen in Beziehung tritt.«

Ich konnte sehen, daß der Dalai Lama über diese Konzepte nachdachte, bis er schließlich mit der Frage unterbrach: »Gibt es denn neurowissenschaftliche Entsprechungen zu den drei Ebenen, dem Bewußten, Vorbewußten und Unbewußten?«

Joyce erwiderte ohne Zögern: »Nicht die geringsten, vermute ich«, und lächelte.

Meine Rolle als Koordinator verpflichtete mich, den Kontext wieder herzustellen. »In den Neurowissenschaften hat man kein besonders klares Bild vom Unbewußten. Einige Leute sagen, daß es mit dem Gehirnstamm zusammenhänge, dem Teil des Gehirns, den wir mit einigen Wirbeltieren und Reptilien gemeinsam haben und der etwas mit Instinkten zu tun haben könnte. Aber dieser Vergleich steht auf wackeligen Beinen, denn das Unbewußte ist ziemlich intelligent. Deshalb ist diese Ansicht heute nicht weit verbreitet. Es sieht eher so aus, daß Psychoanalyse und Neurowissenschaften zwei unabhängige Züge der westlichen Kultur darstellen.«

Joyce fügte noch hinzu, daß es dennoch einen gemeinsamen Grund gebe. Neurobiologen hätten bestimmte Vorstellungen von Ursachen, und Psychoanalytiker hätten einen anderen Kausalitätsbegriff, aber sie ergänzten einander. »Niemand kann sagen, er hätte den einzigen Schlüssel zur Wahrheit.« Sie leitete dann in ihrem Vortrag von der Theorie zu klinischen Erfahrungen über. »Ich hoffe klargemacht zu haben, daß das Unbewußte, Vorbewußte und Bewußte ständig zusammenwirken, nicht nur in unseren Träumen, sondern auch im Wachzustand. Die Menschen waren schockiert, als Freud erklärte ›Wir sind nicht die Herren im eigenen Haus. Wir glauben zwar, zu wissen, was wir tun, wer wir sind und was wir fühlen – aber in Wirklichkeit wissen wir nicht viel, wir erkennen nur die Spitze des Eisbergs‹. Die Leute haben ihn zur Rede gestellt, wie er behaupten könne, daß der Mensch nicht grundsätzlich ›gut‹ sei, und daß die Kräfte des Zorns, der Mordlust und des Hasses (ganz zu schweigen von sexueller Begierde) schon sehr stark und von Anfang an in kleinen Kindern stecken. Die Kultur des neunzehnten Jahrhunderts sah Kinder als unschuldig und rein an, als völlig bar jeglicher Leidenschaften, deren Kontrolle für den erwachsenen Menschen lebenswichtig sind: Liebe, Haß, inzestuöses und todessüchtiges Verlangen. Mutig arbeitete er weiter, obwohl er wegen dieser schockierenden Äußerungen vielfach angegriffen und bedrängt wurde.

Abgesehen von seinem brillanten Forschergeist, glaube ich, daß der Wille zur Weiterführung seiner Arbeit unter dem öffentlichen Druck für Freud selbst ein Weg war, mit den eigenen Leiden fertig zu werden. In seiner frühen Jugend starben sein Vater und einige seiner besten Freunde. Im Ersten Weltkrieg kamen sein Halbbruder, den er sehr liebte, und seine Schwester Sophie ums Leben. Seine späteren beruflichen Hoffnungen, ein bekannter Neurologe zu werden, erfüllten sich nicht. Schließlich verließ ihn auch, nach vielen Jahren gemeinsamen Schaffens, sein engster Schüler, Carl Gustav Jung, den er wie einen Sohn liebte. Jahre später folgten das Hitler-Regime und der Holocaust. Freuds Familie war mit dem Tode bedroht, doch er blieb verbissen bei der Arbeit. Er konnte sich vor dem Holocaust retten und wurde nach London gebracht, wo er bis 1937 lebte und schließlich an einem schmerzhaften Krebs starb. Ich glaube, daß ihm angesichts all der Tragödien in seinem Leben neben dem wissenschaftlichen Interesse an Träumen seine Entdeckungen auch dabei halfen, seine Lebenskraft und seine Menschlichkeit zu bewahren.«

Die Geschichte von Marie-Josée

Die Stimmung im Raum war angesichts der vielen Eindrücke von ruhiger Nachdenklichkeit geprägt. Aber die kurzen Einblicke in Freuds persönliches Schicksal hinterließen bei uns aber auch ein Gefühl der Ratlosigkeit. Wir begrüßten es daher, daß Joyce nun daran ging, ein anschauliches Beispiel aus der analytischen Praxis vorzustellen.

»Vielleicht interessiert es Sie, den Traum einer meiner Klientinnen zu hören und zu erfahren, wie er bei mir einen eigenen Traum hervorrief. Ich habe dieses Beispiel ausgewählt, um Freuds Auffassung von Schlaf und Traum zu untermalen und einen Einblick in den psychoanalytischen Prozeß zu geben. Dabei werde ich mich auf den kleinen Ausschnitt der Analyse beschränken, der zu unserem Thema gehört. Marie-Josée, wie wir die Klientin nennen wollen, war fünfunddreißig Jahre alt, als sie zu mir in die Sprechstunde kam und über Schlafstörungen klagte. Immer wenn sie des Nachts allein zu Hause war, fürchtete sie sich so sehr, daß sie nur mit einer hohen Dosis Schlaftabletten zur Ruhe kam. Ihren Ehemann liebte sie von Herzen, doch war er oft unterwegs, so daß sie allein blieb. Es kam oft vor, daß sie zum Schlafen zu ihren Eltern ging. Jedoch erschien es ihr in ihrem Alter unpassend. Sie litt außerdem an Platzangst und Klaustrophobie, so daß sie sowohl weit offene als auch enge Räume mied. Sie ging gern zu Konzerten, mußte sich aber immer an den Rand setzen, um schnell den Saal verlassen zu können, wenn sie sich plötzlich ›eingeschlossen‹ fühlte. Auch wenn sie zum Frisör ging, mußten ihr Fahrzeug in Sichtweite geparkt und die Schlüssel schnell greifbar sein, damit sie im Fall plötzlicher Angstzustände augenblicklich flüchten und nach Hause fahren konnte. Diese Symptome bereiteten ihr geistige Qualen, und sie wollte wissen, woran sie litt und was es zu bedeuten habe. In unserem zweiten Vorgespräch, nachdem sie mir von ihrem familiären Hintergrund erzählt hatte, eröffnete sie mir freimütig: ›Es gibt da noch ein kleines Problem, aber es ist eigentlich nicht so schlimm.‹ (Ich fragte mich: Ist das vielleicht das wahre Problem?) Sie mußte viele Male am Tag zur Toilette. Zwei Urologen hatten ihr bereits bestätigt, daß sie körperlich gesund sei. Sie fügte hinzu: ›Es ist nichts Psychisches. Meine Blase ist einfach kleiner als bei anderen Frauen.‹ Nachdem sie fortgegangen war, notierte ich mir: ›Denkt sie, daß sie die Blase eines kleinen Mädchens hat und nicht die einer erwachsenen Frau?‹

In den ersten beiden Jahren der Analyse sprach sie ihr Problem mit dem Harndrang kaum an. Einmal erwähnte sie, daß ihr die Aussicht auf einen schönen Opernabend verdorben war, da sie fürchtete, keinen Platz am Gang zu bekommen, um mehrmals während der Vorstellung zur Toilette laufen zu können. Sie hatte das Gefühl, daran nichts ändern zu können, im Gegensatz zu ihrer Schlaflosigkeit. Deswegen hörte ich viel darüber, bis sie mir schließlich erzählte, was sie sich vorstellte, wenn sie nicht einschlafen konnte. Sie sagte, sie hätte Angst, ein Mann könne zum Fenster hereinkommen und versuchen, ihr Gewalt anzutun. Natürlich würde sie sich wehren, und dabei würde er sie umbringen. Ich fragte sie, wer dieser Mann wohl sein könnte, aber sie brachte es nicht heraus, auch nicht, warum er ausgerechnet dann kommen sollte, wenn sie allein war. Ich sagte: ›Er existiert nur in Ihrer Phantasie; Sie haben ihn sich ausgedacht und draußen vor das Fenster gestellt.‹ Sie lehnte das ab, verwies darauf, daß diese Dinge tagtäglich passieren, und brachte mir Zeitungsausschnitte über Frauen, die von Männern überfallen wurden; allerdings fand sie nie einen, in dem ein Mann durchs Fenster einer Frau kletterte, um sie zu vergewaltigen und zu ermorden.

Um sie zur Analyse ihrer phobischen Vorstellungen anzuregen, erzählte ich ihr schließlich einen Witz, in dem eine Frau davon träumt, daß sich ihr ein hübscher, großer Mann nähert. Die Frau schreit auf: ›Was haben Sie mit mir vor?‹ Und der Mann antwortet: ›Das weiß ich noch nicht, gnädige Frau – es ist ja *Ihr* Traum.‹ Zum allerersten Mal konnte sie über ihren Unhold lachen und sagte: ›O ja! Es ist *meine* Geschichte!‹ Mit der Zeit wandelte sich ihre Phantasie zu einer *erotischen*: ›Ich ging schlafen und stellte mir vor, wie der Killer durch das Fenster kam, mich küßte und dann liebte.‹ (Erotisierung ist eine der wirksamsten Methoden, um ängstigende Erfahrungen und Phantasien zu überwinden!) Endlich gab Marie-Josée die Schlaftabletten auf. Statt dessen fing sie an zu masturbieren, um einschlafen zu können. Es plagte sie nun, daß sie das Gefühl hatte, es nicht lassen zu können.

Ihr anderes Thema war die Mutter. ›Sie ruft mich dauernd an, lädt mich zu Konzerten ein und versucht ständig, mich zurück nach Hause zu holen. Schrecklich! Sie läßt mich einfach nicht in Ruhe.‹ Wir sprachen darüber eine Weile, und ich bekam den Eindruck, daß ihr Ehemann sie bemutterte. Es gab noch etwas anderes, das sie beschäftigte, was sie nicht als Problem empfand – sie wollte keine Kinder. Auf eine Weise war sie selbst noch ein Kind, und es schien, als glaubte sie, es könne nur eine Mutter geben, nämlich *ihre*; sie mußte das kleine Kind bleiben, mit der Blase eines kleinen Kindes.

Eines Tages war sie ärgerlich mit mir und sagte: ›Ich glaube, Sie sind sehr zufrieden, daß ich nun leichter schlafen kann, aber meine Tagesprobleme sind so schlimm wie eh und je, geradeso wie mich meine Mutter weiterhin nervt.‹ Ich sagte: ›Vielleicht bin ich eine schlechte Mutter für Sie, weil ich Ihnen nicht geholfen habe, Ihre Probleme zu lösen.‹ Sie antwortete: ›Ja, Sie helfen mir nicht genug.‹ Ich fragte sie dazu nach ihren Gefühlen, und sie erzählte: ›Gestern ging ich zu Suzanne, einer älteren Freundin meiner Mutter, die ich sehr mag. Ich fand keinen Parkplatz, und so *mußte* ich versuchen, den Wagen direkt vor ihrem Haus abzustellen, weil ich Angst hatte, die leere Hauptstraße zu überqueren. Eine halbe Stunde lang fuhr ich suchend um ihr Haus. Sie sehen, es hat sich nichts geändert! Da es eine Einbahnstraße war, hatte ich den Einfall, *rückwärts* hineinzufahren, um dann direkt vor Suzannes Eingang zu parken. Als ich zu ihr kam, sagte sie: »Du bist spät.

Ich dachte schon, du kommst nicht mehr.« Ich schämte mich sehr, weil ich ihr nicht sagen konnte, warum. In der folgenden Nacht hatte sie einen Traum: ›Ich befand mich im Sturm auf See und fürchtete mich sehr. Die Wellen wurden immer höher, und obwohl ich mich umsah und dachte, wie schön es sei, war es auch sehr bedrohlich. Ich war mir sicher, daß ich untergehen und sterben würde, wenn ich nicht etwas fände, um mich daran festzuhalten. Da sah ich einen dieser Pfeiler, an denen man Boote festbindet; ich erinnere mich nicht, wie man sie nennt. Ich streckte mich danach und hängte mich daran. Er war aus Stein.‹ Stein heißt auf Französisch *pierre*, und ihres Vaters Name war José-Pierre. Deshalb dachte ich: ›Hält sie sich am Vater fest?‹ Dann fuhr sie mit der Erzählung fort: ›Erschrocken wachte ich auf. Ich glaube, daß es etwas mit meiner Mutter zu tun hat.‹ Nun sind im Französischen die Worte für Mutter, *la mère*, und für das Meer, *la mer*, sehr ähnlich, weshalb es verständlich ist, daß durch diese sprachliche Verbindung in ihrem Traumbild die Mutter durch den wogenden Ozean repräsentiert wird. Marie-Josée hatte dieselben Assoziationen, denn sie sagte: ›Es ist alles gleich. Es handelt von meiner übermächtigen Mutter – ich bekomme jedesmal Panik, weil sie so erstickend und besitzergreifend ist.‹ Ich fragte sie: ›Was verbinden Sie mit dem Pfeiler, an dessen Namen Sie sich nicht erinnern können?‹ Plötzlich meldete sich ihr Vorbewußtes. ›Jetzt weiß ich, es heißt *bitte à amarrer*.‹ Während *bitte* im Französischen für den Schiffspoller steht, ist das Wort *bite*, mit der gleichen Aussprache, ein umgangssprachlicher Ausdruck für Penis. Der *bitte à amarrer*, an dem Boote sicher festgemacht werden, um sie vor der stürmischen See zu schützen, könnte also ihren Vater repräsentieren, symbolisiert durch sein Sexualorgan und seinen Namen – als ob sie sich an ihn klammerte, um sich gegen die überwältigende Mutter zu schützen. Ihre darauffolgende Gedankenverbindung überraschte mich dennoch.

Sie erzählte: ›Mir fällt gerade der Tag ein, an dem ich meinen Vater im Bad antraf. Ich sah seinen Penis und wußte, daß ich das nicht durfte. ich war sehr erregt, und ich fürchtete, meine Mutter könnte mit mir böse sein.‹ Von da an begann sie zu denken, daß der Traum ihre Mutter darstellte, die böse war, weil sie in ihrer Kindheit sexuell erregt wurde, als sie einen Blick auf den Penis ihres Vaters erhascht hatte.

Es gehört zu den paradoxen Eigenschaften des Unbewußten, daß man bei allem, was einem selbst angetan wird, auch das Gefühl hat, es dem anderen anzutun. Der *Zusammenhang* zweier Personen ist von Bedeutung. Deshalb könnte man sich fragen, ob der Traum sagt, daß Marie-Josée ihre Mutter ertränken möchte. (Schließlich ist sie die Träumerin, die dieses gewaltsame Traumbild erfunden hat.) Ich fing an, über ihre Blasenschwäche nachzudenken. Kleinkinder haben allerlei Phantasien über Ausscheidungen des Körpers und stellen sich oft vor, daß die Eltern darüber eine sexuelle Beziehung haben: Sie tauschen Speichel oder Exkremente aus oder urinieren miteinander. So fragte ich mich, ob es wohl eine Verbindung zwischen ihrem Harndrang und ihren Kindheitsphantasien gäbe. Auch haben Kinder zu ihren körperlichen Ausscheidungen zwei gegensätzliche Haltungen: Einerseits werden sie als Geschenk angesehen – eine Art Liebesbeweis; andererseits erscheinen sie als schlecht und schädlich. Guter Urin gibt der Mutter etwas; ansonsten bestraft er sie (erstickt sie vielleicht in einem wilden Ozean?). Ich dachte mir: Vielleicht spült sie mit jedem Urinieren ihre Mutter aus sich heraus oder ertränkt sie in Urin. Ich sagte ihr aber nichts dazu, da sie mir keine Assoziationen in dieser Richtung gab, die mir solche Deutungen erlaubten.

Am Ende dieser Sitzungen war ich enttäuscht. In meine Aufzeichnungen schrieb ich, daß sich keine neuen Aspekte ergeben hatten. Immer noch wehrte sie sich gegen die starke Mutter und sehnte sich nach dem tröstenden Schutz ihres Vaters. Darüber hatten wir viele Male gesprochen, doch was überhörte ich? Ich hatte nicht sofort bemerkt, daß die ältere Freundin – die eine Mutterfigur war – keine bedrohliche und ängstigende, sondern eine geliebte Mutter darstellte; sie hatte sogar gegen das Gesetz verstoßen und war rückwärts in die Einbahnstraße gefahren, um sie zu erreichen.

In jener Nacht hatte *ich* einen Traum, der aus diesen Tagesresten stammte. Dieser Traum machte einen solch merkwürdigen Eindruck auf mich, daß ich mitten in der Nacht aufwachte und nicht wieder einschlafen konnte. Ich schrieb alles auf, weil es mich so durcheinander brachte.

Ich sollte in einem unübersichtlichen Stadtteil von Paris, der als ziemlich gefährlich galt, jemanden treffen. Ständig kam mir jemand in die Quere, so daß ich rief: ›Bitte laßt mich durch, ich habe eine Verabredung!‹ Es öffnete sich eine Tür, und eine exotisch aussehende Orientalin sagte zu mir ›Komm herein‹. Sie war in glänzende Seide gekleidet. Ich sah sie an, und sie sagte zu mir: ›Du kommst recht spät, weißt du.‹ Es war mir peinlich, weil ich ungern zu spät komme, und so streckte ich meine Hand aus und strich ihr über das Seidengewand in der Hoffnung, daß sie mir vergeben würde. Mit einem Male wurde mir klar, daß ich dafür alles tun mußte, was diese Frau von mir wollte. Mir war, als berührte und umarmte sie mich. Es erschien mir, als hätte ich eine Art erotischer Beziehung mit ihr, und ich war mir sicher, nichts dagegen tun zu können; ich mußte alles zulassen, was dieses exotische Geschöpf von mir wollte. Es regte mich so sehr auf, daß ich erwachte. Das Traumbild war deutlich homosexuell, und soweit ich mich erinnern konnte, hatte ich nie zuvor einen solchen Traum gehabt. Meine beiden Analytiker, beides Männer, hatten bei mir niemals homoerotische Gefühle entdeckt (vielleicht waren sie derart unbewußt, daß ich ihnen keine Hinweise darauf gab?).

Unfähig, diesen Traum zu verstehen, begann ich frei zu assoziieren. Durch die verbale Verbindung zu den Worten der Freundin ihrer Mutter, ›Du kommst spät‹, fiel mir sofort wieder Marie-Josées Sitzung ein. Dieses vorbewußte Fragment hatte offenbar tief unbewußte Seiten in mir berührt. Welche Beziehung gab es zwischen meinem Traum und Marie-Josées Besuch bei ihrer geliebten, älteren Freundin? Ich erinnerte mich daran, daß sie nur über die verbotene Straße zu ihr gelangen konnte. Natürlich stand die Freundin für die Mutter – und jeder weiß, daß eine sexuelle Beziehung zu der eigenen Mutter eine verbotene Sache ist. Wer war nun in meinem Traum die schöne Orientalin? Eine andere vorbewußte Erinnerung stieg in meinem Geist auf – ich hatte vor sechs oder sieben Jahren eine chinesische Klientin, die nur kurz bei mir war und Hilfe suchte, weil sie verschiedene schwierige Verhältnisse mit ihren weiblichen Kolleginnen und Freundinnen hatte. Ich erinnerte mich, daß ihr Vater drei Ehefrauen hatte. Die erste war die ›echte, die sich um alles kümmerte‹; von ihrer eigenen Mutter aber sagte sie klagend, sie sei ›mehr eine Schwester, als eine Mutter‹ für sie gewesen. Sie tauschten flüsternd Geheimnisse aus und sprachen über den Vater und die erste Frau wie kleine, spielende Kinder.

Das war alles, was ich noch von dieser Patientin wußte. Ich fühlte mit ihr in ihrer Traurigkeit darüber, keine ›richtige Mutter‹ gehabt zu haben und statt dessen eine Art Schwester-Mutter akzeptieren zu müssen. Warum ist es mir nie in den Sinn gekommen, daß es auch ganz schön sein könnte, eine Mutter zu haben, die auch wie eine Schwester ist, mit der man spielen und Geheimnisse austauschen konnte? Ein ganz besondere Mutter-Tochter-Bindung. Irgendwie versuchte ich, mich an den Namen ihrer Mutter zu erinnern, und da war er plötzlich: Lili. Da ging mir ein Licht auf. Meine eigene Mutter heißt Lillian! Die schöne Orientalin war also eine Traumgestalt für meine Mutter. Wünschte ich mir insgeheim eine ›Schwester-Mutter‹? Mir fiel auf, daß meine eigene Mutter in vielerlei Hinsicht das genaue Gegenteil von Marie-Josées Mutter war, und so wurde mir plötzlich klar, daß ich *eifersüchtig* auf deren enge Beziehung zueinander sein könnte. Warum hatte ich nicht selbst eine Mutter wie diese – die mich anruft und am Wochenende nach Hause einlädt und mit mir in Konzerte geht? Ich gab meinen Assoziationen freien Lauf. Meine Mutter war eine sehr aktive Frau. Sie spielte Croquet und Golf, nahm Gesangsstunden, liebte es, für die Familie Essen zu kochen, schneiderte meiner Schwester und mir hübsche Kleider und arbeitete hingebungsvoll für ihre Kirchengemeinde. Sie hatte ständig etwas zu tun und ließ uns Kinder in Ruhe. Meine Schwester und ich schätzten uns glücklich, verglichen mit einigen Freunden, soviel Freiheit zu genießen. Dann kam mir eine andere Erinnerung: Ich muß ungefähr sechs Jahre alt gewesen sein, als Vater und Mutter uns ins Bett brachten, weil sie ins Konzert gehen wollten. Meine Mutter trug ein wunderschönes, schillerndes Kleid aus apricotfarbener Seide – dieselbe Art Seide, wie die Frau in meinem Traum. Nun gleicht meine Mutter einer Orientalin in keiner Weise, aber als ich Sechs war, dachte ich sicher, daß sie unendlich schön war. Liebend gern hätte ich ihr über das Seidenkleid gestrichen. Und obwohl ich glaubte, mit meinem Vater überall hingehen zu wollen, denke ich jetzt, daß ich wohl damals auch den Wunsch hatte, daß meine Mutter *mich* dem Vater vorziehen würde. Dann hätte ich auch ein kleines Seidenkleidchen bekommen, eins wie ihres, wir wären zusammen ins Konzert gegangen und hätten meinen Vater verstoßen.

Mit diesen neuen Einsichten ging ich gespannt in die nächste Sitzung mit Marie-Josée. Sie berichtete: ›Meine Mutter rief mich schon wieder an und will mit mir ins Konzert gehen.‹ Und ich sagte: ›Sie beschweren sich oft über sie, aber genauso bestehen Sie darauf, daß sie wünscht, viel mit Ihnen zusammenzusein. Auch wenn es Sie belästigt, versuchen Sie mir damit etwa zu zeigen, wie sehr Ihnen ihre Zuneigung schmeichelt?‹ Nach einem Augenblick erschrockener Stille sagte sie, ›Ja,... und ich habe Ihnen vermutlich noch nie erzählt, daß ich sie ebensooft anrufe wie sie mich.‹ Dann begann sie zu weinen. ›Meine Mutter rief mich vor einigen Tagen an und sagte, daß sie mit meinem Vater für eine Woche in den Urlaub fahre. Sie sagte, daß sie hoffe, ich würde mich nicht einsam fühlen ohne sie. Sie wollten für sich sein und sich über mich hier in Paris keine Sorgen machen müssen!‹ Ich fragte sie, ob sie denke, ihre Mutter solle nicht wegfahren. ›Doch, das soll sie. Aber es ist auch wahr, daß ich mehr bei ihr sein möchte, als ich es mir zugestanden habe.‹ Mein Traum half mir also dabei zu verstehen, was sie und ich bisher überhört hatten: wie sehr sie diese enge Beziehung zu ihrer Mutter auch *wollte*.

In den folgenden Wochen untersuchten wir die unbewußten homosexuellen Sehnsüchte von Marie-Josées Kleines-Mädchen-Ich und die vielen verschütteten Phantasien, die sich nur in ihren phobischen Symptomen ausdrücken konnten. Ihre heftigen Ängste vor offenen Räumen und engen Örtlichkeiten legten sich langsam. Mit ihrem Ehemann war sie glücklich, andererseits konnte sie nun ebensogut allein sein. Die Symptome des übermäßigen Harndrangs blieben allerdings, und so suchte ich deren Bedeutung auf der Ebene ihrer tief unbewußten Phantasien zu begreifen.«

Ich konnte sehen, daß der Dalai Lama dieser Fall-Geschichte aufmerksam zuhörte und ihr mit einer Mischung aus Achtung und Verwunderung folgte. Er war es nicht gewohnt, den Geist als psychologisches Objekt zu betrachten, ganz zu schweigen davon, sich mit den neurotischen Verdrehungen eines modernen Stadtlebens zu befassen. Nachdenklich fragte er: »Wie erklären Sie sich, daß ihre Platzängste und Klaustrophobien verschwunden sind?«

Joyce antwortete lächelnd: »Dafür gibt es sicher viele Gründe. Das Wichtigste war wahrscheinlich, daß sie ihre Mutter nicht länger als vereinnahmendes Ungeheuer ansah. Auch fürchtete sie nicht mehr, ihre Mutter würde sie umbringen, weil sie als Kind ihren Vater sexuell erregend fand. Schließlich erkannte sie, daß sie ihre Mutter ebenso liebte wie ihren Vater. Ihre phobischen Ängste vor einem Mann, der durch ihr Fenster steigt (was ihren eigenen Körper symbolisierte), um sie zu töten, verwandelten sich in Gefühle zu einem Mann, der sie liebte – den Vater, den sie liebte. Sie hatte gedacht, dies sei verboten, und so arbeiteten wir heraus, daß die leeren oder engen Räume sowohl unbewußt ihre übermächtige Mutter symbolisierten, als auch Räume, in denen ihre zornige Mutter plötzlich auftauchen könnte, um sie zu bestrafen. Diese unbewußten Phantasiegebilde wurden jetzt bewußte Gedanken, die der Patientin anschließend so absurd erschienen, daß sie ihre Macht über sie verloren. Sie verstand auch, daß ihre Mutter, obwohl sie auch sehr fordernd war, für ihre einzige Tochter Liebe und Fürsorge zeigte – und daß es auch nicht verboten war, den eigenen Vater zu lieben. Marie-Josée konnte immer noch wütend auf sie werden, aber sie wußte auch, daß sie sich liebten, und daß es völlig in Ordnung war, ein und derselben Person gegenüber gegensätzliche Gefühle zu haben. Sie hatte dabei auch verstanden, daß kleine Kinder beide Eltern brauchen und lieben, wodurch ›ödipale Sehnsüchte‹ und eine ›primäre Homosexualität‹ entstehen. Wir hatten zwar noch nicht an ihren kindlich erotischen Gefühlen zu ihrer Mutter gearbeitet, aber ihre Beziehung zu ihr und zu anderen war wesentlich einfacher geworden. Sie mußte sich nicht mehr gegen ihre Angstvorstellungen wehren, die die unbewußte Ursache ihrer schwerwiegenden phobischen Symptome waren.

In einem analytischen Prozeß passieren neben der Traumdeutung viele Dinge, von denen einige noch nicht einmal benannt werden. Das Einzigartige an der psychoanalytischen Beziehung ist, daß zwei Menschen daran arbeiten, einen von beiden zu verstehen. Sie nutzen ihr Bewußtsein sowie alle zur Verfügung stehenden Mittel, um über die eigene Wahrheit etwas zu lernen, das der anderen Person bei ihrer Wahrheitsfindung hilft. Das hat heilende Wirkung an sich. Marie-Josée hatte immer noch das Symptom häufigen Harndrangs. Ich nahm an, daß es noch etwas geben müsse, das wir bisher noch nicht besprochen hatten, vielleicht in Verbindung mit ihren inzwischen zwanghaften Selbstbefriedigungsphantasien, ohne die sie nicht schlafen konnte. Mir fiel auf, daß ich sie nie dazu eingeladen hatte, ihre autoerotischen Phantasien zu untersuchen. Als sie sich wieder einmal über die Zwanghaftigkeit ihrer nächtlichen Masturbation beschwerte, wies ich sie darauf hin, daß dies ihre frühere Schreckensvorstellung von einem Vergewaltiger-Killer ersetzt hatte, der zu einer erotischen Phantasie geworden war. Vielleicht würden uns ihre Phantasien helfen, zu verstehen, was hinter ihrer Zwanghaftigkeit lag. Ohne Zögern gab sie zu: ›Oh, in meiner Vorstellung gibt es Männer und Frauen, die mich alle anfassen und lieben.‹ Sie hielt einen Moment inne und sagte dann: ›Aber es gibt da noch etwas. Eigentlich will ich es nicht sagen. Es ist eine dumme Sache; ich habe da ein Gerät zum Zähneputzen mit einem Wasserstrahl. Ich benutze den Apparat dazu, mich sexuell zu erregen.‹ Ich bat sie, mir mehr über diesen Apparat zu erzählen, und sie sagte, daß sie ihn von ihrer Mutter bekommen, aber nie zum Putzen der Zähne benutzt hätte. Ich fragte: ›Vielleicht ist es die Phantasie Ihres kleinen Mädchens, daß Sie Sex mit Ihrer Mutter haben?‹ Sie sagte, daß sie noch nie daran gedacht hätte, daß es aber zutiefst wahr sei. Sie erinnerte sich dann daran, daß sie als kleines Kind das Bett näßte. Daraufhin kamen ihr noch mehr vorbewußte Erinnerungen aus der Kindheit: wie ihre

Mutter sie nachts aufweckte und zur Toilette brachte, damit sie das Bett nicht naß machte. Als sie dann in die Toilette pinkelte, sagte sie zu ihr: ›Bist ein gutes Mädchen‹ und brachte sie wieder zurück ins Bett. Dies waren sehr zärtliche Erinnerungen. Dann rief Marie-Josée plötzlich aus: ›Jetzt weiß ich! Das kleine Mädchen in mir wollte es nicht wahrhaben, wie sehr es die Mutter liebte. Jetzt verstehe ich, was Sie mir zu zeigen versuchten – daß ich als kleines Kind erotische Phantasien über meine Mutter haben mußte, damit ich eine Frau wie sie werden konnte.‹ Die Symptome, ständig urinieren zu müssen, nahmen allmählich ab, außer einer gelegentlichen Rückkehr bei äußeren Verhältnissen, die sie ängstigten oder ärgerlich machten.

All dies nahm fünf Jahre harter Arbeit in Anspruch. Ihr Sexualleben wurde befriedigender, und sie begann zum ersten Mal daran zu denken, daß sie gern ein Kind haben wollte. Sie begann auch, mit ihrem Mann zu reisen, da sie sich nicht länger vor offenen Räumen fürchtete und ihre Angst vor Flügen über Wasser überwunden war. Ich fühlte, wie sie in jeder Hinsicht in ein Frau-Sein hineinwuchs. Sie glaubte nicht mehr, daß es nur eine Mutter gebe, und sie war auch kein ängstliches Kind mehr, mit der Sexualität und der Blase eines kleinen Mädchens. All diese Eigenschaften waren schon im Kern ihres Traumes vom mächtigen stürmischen Ozean angelegt. Es hatte viel psychoanalytische Arbeit gebraucht, um zu entdecken, daß der todbringende Ozean in Wahrheit ein Sturm von Liebe war, eine Liebe zum Vater, verbunden mit dem Wunsch nach einer kindlich verschmelzenden Beziehung mit ihrer Mutter, um selbst zu einer Frau und Mutter werden zu können. Das wilde Meer ihrer Innenwelt wurde so langsam zu einem ›Ozean der Weisheit‹.«

Jenseits von Freud

Nach der einnehmenden Schilderung von Marie-Josées Heilungsprozeß, machte Joyce eine kurze Pause und kehrte dann zu ihrem Vortrag zurück. »Viele Menschen haben seit Freuds Tod vor siebenundfünfzig Jahren die Forschungen an Traum und Schlaf weitergeführt. Einige Forscher entwickelten die wesentlichen Konzepte weiter; andere kritisierten sie, nachdem neue klinische Einsichten neue Fragestellungen aufwarfen. Bezüglich Freuds Traumtheorien war der Psychoanalytiker und Anthropologe Geza Roheim, einer der ersten und wichtigsten Kritiker. Mit seinem psychoanalytischen Hintergrund untersuchte er primitive Völker, um zu einem besseren Verständnis der Anthropologie zu gelangen. Nach längeren Forschungen bei den australischen Aborigines wies er darauf hin, daß Psychoanalytiker von der Anthropologie lernen könnten und daß sich Psychoanalyse und Anthropologie gegenseitig bereichern können. Sein letztes Buch, »The Gates of the Dream«, beschreibt die Erkenntnis, daß in den Träumen aller Völker und Kulturen die gleichen Traumbilder auftauchen – diese ›Ewigen Träume‹ erscheinen im Okzident ebenso wie bei jeder anderen Zivilisation.[8] Er zog daraus die Schlußfolgerung, daß der Schlüssel zum Verständnis anderer Kulturen im Verstehen ihrer Träume liegt.

Im Anschluß an Freuds Vorstellung, daß man im Traum zu einem frühen Gefühl körperlicher Einheit mit der Mutter zurückkehrt, bemerkte Roheim, daß dies auch eine Art Todessehnsucht sei. Aus dem immerwährenden Kampf der Lebens- und Todesinstinkte hatte Freud die Dimension eines jenseits des Wunsches nach Leben liegenden *Todestriebs* abgeleitet – ein Wunsch nach Rückkehr zu einem vorgeburtlichen Seinszustand, den Freud das *Nirvāna-Prinzip* nannte. Roheim interpretierte diesen Wunsch nach dem Nichts als Antriebskraft für den Tiefschlaf, der den Verschmelzungswunsch mit der Mutter ausdrückt. Nach Roheim gibt es aber noch eine andere Kraft: Der Körper erwacht mit einem unbewußten und vorbewußten Drängen in das Leben hinein. Er glaubte, daß dies den Vater repräsentiere; und der Körper – alles andere als ›paralysiert‹ – stelle einen Phallus dar. Er ging davon aus, daß der Traumzustand einem andauernden Konflikt entspricht, der zwischen dem Verschmelzungswunsch mit der Mutter und der Sehnsucht nach Identifikation mit dem kraftvollen Phallussymbol des Vaters besteht. Er folgerte, daß diese beiden entgegengesetzten Kräfte aufeinanderprallen und dadurch zur Ursache der Träume würden. Er postulierte auch, daß uns das Träumen mit den Quellen männlicher und weiblicher Lebensenergie in Verbindung bringe, die dem Leben dienen. Roheims Forschungen führten ihn zu einer Kritik an Freuds Behauptung, daß Träume nur aus visuellen Bildern bestehen, und er kritisierte Freuds Ansatz, Träume als Text zu behandeln, der nur mit speziellem Wissen entschlüsselt werden könne.

Zwar stimmt es, daß der Patient einen Text quasi neu formuliert, wenn er von seinem Traum als von etwas berichtet, das in einem anderen Geisteszustand und in einem anderen zeitlichen Bezug steht. Die Elemente an lebendiger Erfahrung, die einen Traum ausmachen, sind darin nicht mehr enthalten. Deshalb versucht man im Prozeß der Analyse die verborgene Bedeutung herauszufinden, aber die Interpretation ist nicht der Traum. Eine Anzahl von Autoren hat daher Freuds hermeneutischem Ansatz widersprochen. Doch war es Freud selbst, der als erster darauf hinwies, daß wir *Träume nicht produzieren, um sie zu deuten*.

Wiederum andere machten den Vorschlag, daß die Lebens- und Todesimpulse *vom* Traum hervorgebracht werden, daß der gesamte Prozeß des Träumens Libido *erzeugt*, und nicht wie Freud es sah, der Traum lediglich ein Ausdruck von Libido ist.

Es gibt dann noch die interessante Frage der Menschen, die anscheinend unfähig sind, zu träumen. Sie glauben, daß sie nur schlafen und aufwachen, ohne daß sie dabei die Erfahrung einer Zwischenwelt machen, die Zeit und Zeitlosigkeit miteinander verbindet. Über die Unfähigkeit zu träumen wissen wir einiges durch den Analytiker D. W. Winnicott, der auch Kinderarzt war.[9] Winnicott hat sein Leben lang das Verhalten von Kindern studiert sowie den kindlichen Anteil bei Erwachsenen. Er hat beobachtet, daß besonders kleine Kinder friedlich einschlafen, wenn sie ihr ›Übergangsobjekt‹, wie Winnicott es nannte, bei sich haben: einen Teddybären, ein bestimmtes Spielzeug oder ein Kleidungsstück der Mutter; und dieses kostbare Objekt befähigt sie zum Wechsel von einer Welt zur anderen. Sobald Kleinkinder anfangen zu sprechen, brauchen sie gewöhnlich kein Übergangsobjekt mehr. Wenn sie ›Mama‹ sagen und an ihre beruhigende Nähe denken können, ersetzt die Sprache das Objekt. Winnicott sah das Übergangsobjekt als eines der ersten Mittel an, einen *Raum* zwischen sich und den anderen zu erschaffen. In diesem Raum, so behauptete er, entstehen Kreativität, Kunst, Religion und alle kulturellen Errungenschaften. Umgekehrt sind diese mit dem *wahren Ich* verbunden, wie Winnicott das nannte – einer Dimension des Ich, die das Individuum dazu führt, sich erneuert, lebendig und in Kontakt mit seiner eigenen inneren Realität und der von anderen zu fühlen. Er brachte die Ansicht vor, daß mit der Abwesenheit dieses Übergangsbereiches (eines Raumes, der die Fähigkeit impliziert, zwischen Ich und Nicht-Ich zu unterscheiden), die *Fähigkeit zu träumen* gestört sein kann. Obgleich jeder ein wahres Ich hat, kann es für bestimmte Menschen, die in ihrer Kindheit sehr gelitten haben, unter einem falschen Ich verborgen sein. In dieser Hinsicht kritisierte er diejenigen Analytiker, die Träume immer nur nach dem Schema ›Dies bedeutet dies, und das heißt das‹ interpretieren; sie bringen Klienten damit in die Gefahr, dem Analytiker nur das zu sagen, was sie denken, daß er hören möchte, und damit ein um so größeres falsches Ich aufzubauen, das ihnen nicht erlaubt, ihre rationalen Gedanken ›loszulassen‹, aus Furcht vor Leere. Für Winnicott ist das Nichts ein kreativer Raum, in dem man für neue Ideen, für neue Bedeutungen von sich und der Welt, aus seinem Inneren heraus empfänglich ist.

Es ist nun Zeit für mich, zu schließen. Zusammenfassend könnten wir sagen, daß Träume die vertraulichste Form von Beziehung darstellen, die wir mit uns selbst haben. In unseren Träumen kehren wir zu unseren ersten Liebesobjekten zurück, sowie zu unseren frühesten und verborgensten Konflikten mit dem menschlichen Dasein. Als Psychoanalytiker verbringen wir viel Zeit mit der Beobachtung unserer Patienten und dem Versuch, ihre Traumberichte zu verstehen. Wir müssen uns daher ständig selbst daran erinnern, daß wir etwas anrühren, das für den Träumenden unendlich kostbar ist. Mögen wir deshalb an die Zeilen des irischen Dichters W. B. Yeates denken: ›Tritt sanft auf, denn du trittst auf meine Träume.‹«

Gibt es ein Unbewußtes in der buddhistischen Lehre?

Die Zeit war um, und Seine Heiligkeit würdigte Joyces Bemühen mit einem breiten Lächeln. Sie verlor auch nicht eine Sekunde Zeit, bevor sie ihm die Frage stellte, die ihr – wie vielen von uns – sichtlich auf den Nägeln brannte: »Ich möchte Eure Heiligkeit fragen, ob es eine Entsprechung zum Freudschen Konzept vom Unbewußten in der buddhistischen Philosophie gibt?«

Er antwortete ohne Umschweife. »Zunächst einmal kennt man im tibetischen Buddhismus manifeste und latente Bewußtseinszustände. Darüber hinaus kann man von latenten Neigungen oder Eindrücken (Skrt.: *vāsanā*, tib.: *bag chags*, ausgesprochen: *bakchak*) sprechen. Diese speichert das Bewußtsein als Resultat seines früheren Verhaltens oder früherer Erfahrung. Innerhalb der Kategorie latenter Bewußtseinszustände gibt es solche, die durch Bedingungen ausgelöst werden können, und solche, die nicht von Bedingungen ausgelöst werden. Schließlich wird in den buddhistischen Schriften auch gesagt, daß man tagsüber durch sein Verhalten und die Erfahrungen einige latente Neigungen ansammelt und diese Eindrücke im Geist-Kontinuum abgelegt und in Träumen aktiviert oder manifestiert werden können. Dadurch besteht eine Beziehung zwischen Tageserfahrung und Träumen. Es gibt bestimmte Arten latenter Neigungen, die sich auf unterschiedliche Weise manifestieren können, zum Beispiel, in dem sie das Verhalten beeinflussen, ohne daß man sich an sie bewußt erinnern kann.

»Innerhalb des tibetischen Buddhismus gehen darüber aber die Ansichten auseinander, und so behaupten einige Schulen, daß man diese Arten von latenten Neigungen erinnern kann. Mit diesen Angelegenheiten hat man besonders im Zusammenhang mit dem Thema geistiger Trübungen (Skrt.: *āvarana*; tib.: *sgrib pa*) zu tun und hier insbesondere den Trübungen des Wissens (Skrt.: *jñeyāvarana*; tib.: *shes bya'i sgrib pa*). Es gibt zwei Kategorien von diesen Trübungen: emotionale Trübungen (Skrt.: *kleshāvarana*; tib.: *nyon mongs pa'i sgrib pa*) und Wissenstrübungen. Emotionale Trübungen beinhalten geistige Plagen (Skrt.: *klesha;* tib.: *nyon mongs*) wie Verwirrung, Ärger, Anhaften und dergleichen. Gestörte Intelligenz fällt auch unter diese Kategorie, denn die Intelligenz selbst ist nicht notwendigerweise heilsam. Sie kann unheilsam sein; sie kann gestört sein.

Bezüglich der Wissenstrübungen behauptet eine Lehrmeinung, daß diese Trübungen im Bewußtsein nie manifest werden, sondern stets latente Neigungen bleiben. Selbst innerhalb der philosophischen Schule der *Prāsangika Mādhyamika* gibt es zwei Positionen. Die eine behauptet, daß alle Wissenstrübungen latente Neigungen sind und niemals als bewußte Zustände manifest werden. Daneben gibt es eine abweichende Ansicht, nach der bestimmte Wissenstrübungen als bewußte Zustände auftreten können.

In einem Mādhyamaka-Text wird eine Unterscheidung zwischen der Erinnerung und gewissen Aktivierungsformen dieser Neigungen gemacht. Eine Erinnerung ist in einem gewissen Sinn die erneute Ausführung des

Wahrnehmungsaktes, den man vollzogen hat; es gibt auch eine Aktivierung von Neigungen, die keine Erinnerung ist. Das im Text gegebene Beispiel bezieht sich auf das Sehen einer attraktiven Frau im Wachzustand bei dem man sich von ihr angezogen fühlt, ohne ihr aber besondere Beachtung zu schenken. Im Traum taucht diese Frau dann im Geist auf. Diese Art der Erinnerung wird dem gewöhnlichen Gedächtnis gegenübergestellt, weil sie allein aus der Anregung latenter Neigungen kommt. Die Neigungen werden stimuliert und manifestieren sich im Traum; dabei ist dieser Vorgang anders als eine direkte Erinnerung. Es gibt noch einen weiteren Fall, der auch Neigungen betrifft: Man führt bestimmte Handlungen aus, seien sie heilsam oder unheilsam, und sammelt dadurch Neigungen im Geist-Kontinuum an, bis diese zur Reife kommen. Bis das so weit ist, kann man sich nicht daran erinnern.«

Joyce sprach aus, was jeder von uns dachte: »Das klingt genauso kompliziert wie Freuds Theorie der Auslöser von Gedächtnisinhalten und Träumen. Ich bin sehr daran interessiert, was Sie über geistige Eindrücke sagen, die ein Kind mitbringt. Die Vorstellung, daß ein geistiger Eindruck über Jahrhunderte der Menschheitsgeschichte weitergegeben werden könnte, faszinierte Freud; er nannte das unser phylogenetisches Erbe. Bei der Erforschung des vorgeburtlichen Gedächtnisses beobachtet man Eindrücke aus der Zeit, in der sich ein Baby im Bauch der Mutter befindet. Sind diese Eindrücke dem in irgendeiner Weise ähnlich, was Sie *bakchak* nennen?«

»Das ist sehr interessant«, antwortete Seine Heiligkeit. »Auf den ersten Blick scheint sich der Begriff des phylogenetischen Erbes von den Vorstellungen des Buddhismus zu unterscheiden, in welchem die Neigungen als aus vorigen Leben stammend angesehen werden und über das Geist-Kontinuum von einem Leben zum nächsten getragen werden. Hingegen wird in einer Abhandlung des berühmten indischen buddhistischen Philosophen Bhāvaviveka erwähnt, daß Kälber und viele andere Säugetiere instinktiv wissen, wo sie Milch saugen müssen, und daß dieses Wissen aus den Neigungen stammt, welche sie aus früheren Leben mitgebracht haben. Die buddhistische Theorie spricht allerdings von diesen latenten Neigungen in Begriffen von mentaler Aktivität im Gegensatz zu der physiologischen Konstitution eines Wesens. Dennoch scheint es, als gäbe es eine Menge Impulse und Instinkte in uns, die gewissermaßen biologisch sind und ganz spezifisch für den Körper sind, den man hat.

Der Buddhismus teilt fühlende Wesen in verschiedene Existenzbereiche ein, und unsere menschliche Existenz wird dem *Begierde-Bereich* zugeordnet. In diesem Bereich ist die körperliche Konstitution der Lebewesen so beschaffen, daß Verlangen und Anhaften die vorherrschenden Impulse darstellen. Diese können in einem gewissen Sinne als biologisch angesehen werden. Andere Neigungen werden ebenfalls mit der physischen Beschaffenheit in Verbindung gebracht. Beispielsweise wird vom 5. Dalai Lama gesagt, daß er von einer Familienlinie abstammte, in der es große tantrische

Meister gab, die Visionen und andere mystische Erfahrungen hatten. Er selbst hatte ziemlich oft außergewöhnliche Erfahrungen. Diese könnten, zum Teil zumindest, aus dem genetischen Erbe seiner Vorfahren resultieren, anstatt aus seiner eigenen spirituellen Entwicklung. Sehr tiefgehende tantrische Praxis transformiert nicht nur den Geist, sondern auch den Körper auf sehr subtilen Ebenen. Man kann sich vorstellen, daß diese Merkmale von den Eltern auf das Kind übergehen. Es scheint wohl möglich, daß der eigene Körper etwas verändert wird, wenn die Eltern und früheren Vorfahren die subtilen Kanäle, Zentren und Lebensenergien ihres Körpers umgewandelt haben.

Außerdem wird im Buddhismus die *äußere* Umwelt als das Produkt eines *kollektiven Karma* angesehen. Die Existenz einer Blume zum Beispiel ist mit den karmischen Kräften der Wesen verbunden die in der Umgebung der Blume leben. Aber warum nun einige Blumen mehr Wasser als andere brauchen; warum einige Arten nur in bestimmten Regionen vorkommen; oder auch warum Blumen verschiedene Farben haben und so weiter – diese Dinge können nicht auf der Grundlage der Karma-Theorie begründet werden. Sie müssen im wesentlichen durch die Naturgesetze und die Biologie erklärt werden. Ähnlich ist die Neigung eines Tieres, sich von Fleisch oder Pflanzen zu ernähren, nur indirekt mit Karma verbunden und hängt hauptsächlich von der physischen Konstitution ab. Erinnern wir uns an die Aussage von Bhāvaviveka über Kälber, die wissen, wo sie Milch bekommen. Solches Verhalten, das wir für instinktiv halten, kommt in der Tat vom Karma. Das muß aber nicht die vollständige Erklärung sein. Es kann auch andere Einflüsse geben als Karma allein.«

Das komplexe Erbe geistiger Tendenzen

»Was Sie sagen, kommt bestimmten psychoanalytischen Konstruktionen sehr nahe und entspricht auch dem seither zunehmenden Interesse an generationsübergreifender Vererbung«, schob Joyce ein. »Im Laufe von langen Analysen kommt es vor, daß die Menschen ein unbewußt aufgenommenes Wissen bei sich entdecken, das ihre Großeltern oder Urgroßeltern betrifft – oft genug handelt es sich dabei um Erfahrungen, über die nie jemand gesprochen hat. Es hat beachtliche Forschungen über die psychischen Probleme bei Kindern von Holocaust-Überlebenden gegeben. Die Kinder der Überlebenden, oder deren Enkel, zeigen in ihren Geschichten, Zeichnungen und Träumen ein Wissen von den traumatischen Erfahrungen ihrer Großeltern, zu dem sie keinen verbalen Zugang hatten. Ähneln diese psychischen Eindrücke, die im persönlichen Stammbaum übertragen wurden, vielleicht dem *bakchak* vom Karma früherer Generationen? Dann gibt es natürlich noch die rein biologische Genetik, durch die man den Eltern ähnlich sieht und oft sogar einem früheren Verwandten.«

Es war meine Sorge, daß unwissenschaftliche Konzepte von Zeit und Vererbung mit dem wissenschaftlichen Gebrauch der Begriffe durcheinander kommen könnten. »Sie deuten damit an«, sondierte ich, »daß Psychoanalytiker glauben, die Mutter würde auf ihr Baby unabsichtlich Einflüsse übertragen. Wie ich Seine Heiligkeit verstehe, sagt er aber gerade, daß sich etwas im Geistesstrom des Individuums fortsetzt, das nicht aus dem Zusammenhang mit den Eltern stammt. Würden Analytiker die Idee akzeptieren, daß etwas langfristig durch den Geistesstrom übertragen wird, das weder aus der Genetik noch aus der frühkindlichen Erziehung stammt?«

Joyce antwortete: »Tatsächlich kommen wir damit der Definition des Unbewußten bei Carl Gustav Jung nahe, die aber nicht der klassischen Ansicht von Freud entspricht. Dennoch könnten wir es mit dem Freud'schen Begriff des *Unwißbaren* in Verbindung bringen, von etwas, das wir nie wissen werden, das aber zur ganzen Menschheit gehört.«

»Könnten Sie eine genaue Definition des Unwißbaren angeben?« bat der Dalai Lama, der stets auf die Präzisierung von Begriffen achtet, ein Kennzeichen seiner Schulung, die dem Bemühen um technische Strenge der analytischen Philosophen im Westen gleicht.

»Lassen Sie mich Freuds Metapher für das Unwißbare in Hinblick auf den Prozeß des Träumens anführen. Wenn der Patient mit Hilfe von Träumen, Assoziationen und Erinnerungen versucht, seine Psyche zu verstehen und zu rekonstruieren, gleicht das Ganze dem Abwickeln eines Wollknäuels. Wie viel man auch abwickelt, in der Mitte gibt es einen Knoten, in den man nie hineinsehen kann und der das ganze Knäuel zusammenhält. Dies nannte er das Unwißbare und glaubte, es sei undefinierbar.« Wir kamen nicht umhin zu sehen, das dies wohl kaum eine Definition war, sondern vielmehr den metaphorischen, fast literarischen Stil psychoanalytischer Arbeit reflektierte.

Seine Heiligkeit bestand auf einer Klärung: »Ich hörte Sie sagen, daß es einerseits ein phylogenetisches Erbe auf einer rein physiologischen Basis gibt. Da möchte ich Sie fragen, ob es auch eine geistige Grundlage gibt. Würden Sie sagen, daß das Kind etwas von den beiden Bewußtseinsströmen der Eltern erbt?« Das wurde von Joyce bejaht: »Von beiden Eltern, und dann gibt es noch die beiden anderen Aspekte der Familienlinie, die sehr verschieden sind: der eine rein physisch, der andere geistig.« Nachdem er über diesen doch sehr erstaunlichen Austausch nachgedacht hatte, fuhr Seine Heiligkeit fort: »Wir könnten hier zwischen *gröberen* und *subtileren* Geistesebenen unterscheiden. In Hinblick auf den gröberen Geist könnte es eine Verbindung von den Eltern zum Kind geben, zum Beispiel, wenn ein Elternteil oder beide sehr stark von Aggression oder Anhaften geprägt sind und aufgrund dieser mentalen Tendenzen physiologische Veränderungen in ihrem Körper auftreten. In diesem Fall würde der Geist den Körper beeinflussen. Daraufhin zeugen sie ein Kind, dessen Körper vom Körper der Eltern beeinflußt ist. Wiederum könnte der Körper des Kindes, der von den

Eltern abstammt, den Zustand seines Geistes dahingehend beeinflussen, daß es ähnliche Erfahrungen von starkem Ärger oder Anhaften macht. In einem solchen Fall würde man einen groben Geist, sei es nun Ärger oder Anhaften, von einer Generation zur nächsten gehen sehen. Das ist eine Möglichkeit, keine reine Geist-zu-Geist-Beziehung, sondern eine Geist-zu-Körper- und Körper-zu-Geist-Abfolge.«

»Vom biologischen Standpunkt aus«, warf ich ein, »besteht die einzig mögliche Vererbung auf der Ebene eines physiologischen und morphologischen Organismus. Die Vorstellung, wir könnten von unseren Eltern erben, was sie erlernt haben, wird Lamarcksche Evolution genannt, und diese wird von der Standard-Biologie als falsch angesehen. Von meinen Eltern kann ich nur Konstitution und Grundzüge erben, alles andere muß ich als junges Kind im Kontakt mit den Eltern lernen. Es wäre eine biologische Fehlbezeichnung, dies Vererbung zu nennen. Der Begriff *Vererbung* ist für die strukturelle, elterliche Abstammung reserviert, die nur eine Prädisposition für die Eindrücke darstellt, die wir durch das frühe Zusammensein mit den Eltern bekommen. Wir unterscheiden in der Biologie zwischen Phylogenese (der genetischen Abstammung) und Ontogenese, die das beschreibt, was wir erlernen, sobald unser Leben einmal begonnen hat. Wie es scheint, hat die buddhistische Vorstellung von einem Geistesstrom weder mit Phylo- noch Ontogenese zu tun, sondern mit einer anderen Art der Abstammung, da sie von einem transindividuellen Zusammenhang ausgeht. In der gegenwärtigen Wissenschaft macht das wenig Sinn. Ich frage mich, ob diese dritte Kategorie, in der es weder Lernen noch physiologisches Erbe gibt, für die Psychoanalyse akzeptabel wäre?«

»Wenn man bis zu einem gewissen Grad Charakterzüge wie Reizbarkeit und so weiter für erblich hält, würden Biologen das in ausschließlich biologischen Begriffen beschreiben?«, fragte der Dalai Lama.

»Das ist eine sehr heikle Frage, die als Streit um Veranlagung oder Erziehung bekannt ist. Die meisten Biologen würden wohl sagen, daß man bestimmte Tendenzen, beispielsweise zur Gemütsaufwallung, erben kann, daß aber das eigentliche Temperament von dem Umfeld abhängt, in dem man aufgewachsen ist. Man kann es nicht auf rein genetische Faktoren reduzieren oder nur auf Erlerntes, weil immer beides beteiligt ist.«

Seine Heiligkeit fuhr fort: »Um noch einen Punkt zu klären: Lehnt die Biologie die Möglichkeit ab, daß sich etwa die Disposition zum Ärger auf den Körper einer Person auswirkt; und dann, falls diese Person ein Kind bekommt, daß auch der Körper des Kindes davon beeinflußt sein könnte; und schließlich noch, daß die physische Verfassung des Kindes dazu führen könnte, daß es selbst eine solche Veranlagung zu Aggression hat?«

Ich sagte, daß sich dies unschwer biologisch formulieren ließe. Zum Beispiel könnte man sagen, daß große Anspannung oder Depressionen einer schwangeren Mutter physiologisch einen Einfluß auf die Umgebung des Fötusses hätte, und das könnte so stark sein, daß er oder sie nicht das gleiche Individuum werden würde, als wenn die Mutter ausgeglichen gewesen wäre. Aber Biologen würden das zur Ontogenese rechnen.

Das Gespräch war inzwischen auch für andere Teilnehmer genügend spezifisch geworden, so daß sie ihre Ansichten beizusteuern begannen. Pete Engel machte auf der biologischen Linie weiter. »Die ganze Debatte darüber, was genetisch vererbt und was umweltbedingt ist, hat sich in den letzten Jahren sehr gewandelt, weil man neue Erkenntnisse aus der Erforschung von getrennt lebenden Zwillingen hat. Heute glaubt man, daß wesentlich mehr von dem, was das ›Ich‹ ausmacht, vererbt wird und weniger von der Umwelt kommt, als man zuvor in der westlichen Wissenschaft gedacht hatte. Die Untersuchungen wurden an eineiigen Zwillingen durchgeführt, die von Geburt an aus verschiedenen Gründen getrennt wurden, die in verschiedenen Ländern aufwuchsen, bei verschiedenen Eltern, zum Teil ohne zu wissen, daß sie Geschwister haben. Als man sie zusammenbrachte, zeigten sich wesentlich mehr Ähnlichkeiten als Unterschiede, und zwar wesentlich mehr als man je erwartet hätte. Sie mochten beispielsweise dieselben Kleider tragen oder hatten die gleichen Frisuren, die gleichen Berufe oder heirateten Menschen mit demselben Vornamen.« Seine Heiligkeit sagte, daß er diese Studien kenne, aber auch, daß die Ähnlichkeiten nicht ausnahmslos vorhanden waren. Genaugenommen zeigten die Studien eine gewisse Betonung, ohne direkt beweisen zu können, daß man Charakterzüge erbt, die auf etwas von den Eltern Erlerntes zurückgehen.

Die Psychoanalytikerin kam darauf zurück. »Ich bin da nicht so sicher«, sagte Joyce. »Wir erben auf einem vorsprachlichem Weg viele Charakterzüge und Tendenzen, die für unsere bestimmte Familiengeschichte und Reaktionsweisen innerhalb der Familie kennzeichnend sind. Die heutige psychoanalytische Forschung behauptet, daß Kinder mit einem sogenannten Kern-Ich geboren werden, das auch Charakteristika enthält, die nicht von den Eltern stammen. Sie sind kein völlig unbeschriebenes Blatt mit einem genetischen Erbe, dem die Eltern dann die ersten Spuren ihres Geistes einprägen. Sie haben bereits ein eigenes Bewußtsein. Einmal von vorgeburtlichen Prägungen abgesehen, scheinen diese zwar von zurückliegenden Generationen herzukommen, doch nicht von einem Geistesstrom von Wissen, der weder mit Generationen noch Ontogenese etwas zu tun hätte. Bestimmte analytische Schulrichtungen könnten dem Konzept einer ›dritten Kategorie‹ von angeborenem Wissen allerdings zustimmen – besonders die von Jung inspirierten.«

Das Speicherbewußtsein und das Unbewußte

Die Diskussion über Abstammung schien nun lange genug gedauert zu haben, und ich war daran interessiert, zu den Parallelen mit dem Unbewußten in der buddhistischen Theorie zurückzukehren. Jeder, der den als *Abhidharma* bekannten buddhistischen Theorien begegnet ist, kennt den Begriff des *Ālayavijñāna*, was meist mit Speicherbewußtsein oder Grundbewußtsein übersetzt wird. Es stellt den existentiellen Hintergrund dar, aus dem alle Manifestationen unserer täglichen Erfahrung aufzusteigen scheinen, und ist der direkten Introspektion in der Meditation zugänglich. Ich war neugierig darauf, ob man vielleicht dieses *Ālayavijñāna* zum Unbewußten in Beziehung setzen könnte.

Seine Heiligkeit gab eine faszinierende Antwort. »Im Prāsangika-System, das Tibeter gewöhnlich als höchstes philosophisches System des Buddhismus erachten, wird die Existenz des Speicherbewußtseins abgelehnt. Kurz gesagt, wird dieses Grund- oder Speicherbewußtsein als das Lager sämtlicher Eindrücke oder *bakchak* angesehen, der latenten Neigungen und Gewohnheiten, die man in diesem und früheren Leben angesammelt hat. Von diesem Bewußtsein heißt es, daß es moralisch neutral sei, weder tugendhaft noch untugendhaft, und dennoch ist es immer die Basis latenter Neigungen. Schließlich ist es auch nicht-feststellend; das heißt, es kann zwar Objekte zum Inhalt haben, aber es stellt sie nicht fest, das heißt es identifiziert sie nicht. Ihm können zwar Phänomene erscheinen, aber es stellt sie nicht fest. Der Hauptunterschied zwischen dem Grundbewußtsein und dem psychoanalytischen Unbewußten besteht aber darin, daß das Ālayavijñāna dem allgemeinen Bewußtsein zugänglich ist. Es ist immer vorhanden und deutlich erkennbar in dem Sinn, als es die Grundlage oder den Kern für die Identität einer Person darstellt. Im Gegensatz dazu kann man das psychoanalytische Unbewußte nicht mit dem gewöhnlichen Wachbewußtsein ermitteln. Man erhält nur durch Träume, Hypnose und dergleichen einen Zugang. Das Unbewußte bleibt verborgen, und alles, was sich zeigt, ist nicht das Unbewußte selbst, sondern latente Eindrücke oder Neigungen, die im Unbewußten gespeichert sind. Dagegen kann man sich der im Grundbewußtsein gespeicherten Eindrücke bewußt werden, und das Speicherbewußtsein selbst ist selbst immer gegenwärtig.«

»Das ist also der wesentliche Unterschied zwischen dem Freudschen Unbewußten und dem Ālayavijñāna: Das Speicherbewußtsein kann sich, ohne durch einen Traum zu gehen, unverschleiert zeigen?« fragte ich.

»Ja. Es ist mehr wie das Bewußtsein selbst, weil es die ganze Zeit über wie ein voll ausgeprägtes Bewußtsein funktioniert.«

»Von einem psychoanalytischen Standpunkt aus gesehen, besteht die erste äußere Realität eines Babys aus dem Unbewußten beider Eltern. Könnte dies ihr Ālayavijñāna beinhalten? Oder das des Babys?« fragte Joyce.

»Das Grundlagebewußtsein wird als ein Kontinuum angesehen, daß aus einer anfangslosen Zeit herkommt, als ein Bewußtseinsstrom, der sich durch aufeinanderfolgende Leben zieht. Wiedergeburt wird im Buddhismus allgemein akzeptiert, und nach der buddhistischen *Yogāchāra*-Schule sorgt das Grundlagebewußtsein für den Übergang von einem Leben zum nächsten. Es dient darüber hinaus als Basis für die geistigen Eindrücke, jeweils einzeln für das Neugeborene wie für die beiden Eltern.«

Das Yogāchāra war eine bedeutende philosophische Strömung des *Mahāyāna*-Buddhismus, deren Blütezeit in Indien mit dem vierten Jahrhundert begann. Sie ist auch als Nur-Geist-Schule bekannt. Ihre Anhänger waren Idealisten, die die Ansicht vertraten, daß es außerhalb des Bewußtseins keine Realität gebe. Sie waren es, die die Theorie des Ālayavijñāna entwickelten, um die Kohärenz der Phänomene zu erklären. Es ist an dieser Stelle interessant zu beobachten, daß es im Buddhismus, ebenso wie in Psychologie und Biologie, viele einander widersprechende Interpretationen gibt. Der Dalai Lama klärte uns über seinen Standpunkt auf: »Was meine eigene Position betrifft, lehne ich die Existenz des Grundlagebewußtseins vollständig ab. Der Grund für die Yogāchāra-Schule, eine solche Kategorie von Bewußtsein einzuführen, lag nicht in besonders starken Schlußfolgerungen oder experimentellen Beweisen, die eine Existenz rechtfertigen konnten. Vielmehr behaupteten sie dies aus der Verzweiflung heraus, daß ihre Philosophen an eine substantielle Existenz der Phänomene glaubten. Sie wollten daran glauben, daß ein Ich oder Selbst bei kritischer Analyse auffindbar sei. Das Selbst kann nicht auf den Fortbestand des Körpers gegründet werden, da der Körper zur Zeit des Todes wegfällt; diese Schule aber vertritt die Idee der Wiedergeburt. Also brauchten sie etwas, das über den Tod hinausgeht, und das mußte geistig sein. Wenn andere Arten von geistigem Bewußtsein für das Selbst in Frage kämen, dann könnten sie entweder heilsam oder unheilsam sein; und sie könnten sich über verschiedene Stufen verändern. Es gibt aber auch meditative Erfahrungen, in denen das Individuum in einem nicht-konzeptuellen Zustand weilt, in dem alle heilsamen und unheilsamen Bewußtseinszustände zu existieren aufgehört haben. Dennoch muß etwas weitergehen. Aus all diesen Gründen mußte die Yogāchāra-Schule eine zusätzliche Kategorie von Bewußtsein annehmen, die Grundlagebewußtsein genannt wurde. Man hat diesen Schritt aus rein rationalen Erwägungen getan. Die Formulierung dieses Bewußtseins wurde durch ihre rationalen Voraussetzungen erzwungen, anstatt durch empirische Untersuchung oder Erkenntnis.«

Eindrücke und das ›Bloße-Ich‹

»Um zu verstehen, wie die Geisteseindrücke oder *bakchak* in dieses Bild passen, müssen wir uns mit den anderen Schulen des Buddhismus beschäftigen.« Seine Heiligkeit bezog sich hier auf die Vorläufer des Prāsangika Mādhyamaka, der vom Standpunkt des monastischen *Gelugpa*-Ordens, dem auch der Dalai Lama angehört, als philosophisch am weitesten entwickeltes System angesehen wird. (Der Gelugpa-Orden wurde im fünfzehnten Jahrhundert von dem Reformer Tsongkhapa gegründet und ist seitdem zur zahlenmäßig größten tibetischen Ordensgemeinschaft angewachsen, deren spirituelles Oberhaupt von der Linie der Dalai Lamas gebildet wird.) Die Prāsangika-Lehrmeinung war das Resultat der zweiten Entwicklungswelle des als Mādhyamaka bekannten Buddhismus, der vom großen Gelehrten Nāgārjuna (zweites Jahrhundert) angeführt wurde. Eine frühe Schule, die besonders von historischem Interesse ist, ist der Svātantrika Mādhyamaka (aus dem fünften Jahrhundert), der sich auf die Schriften des indischen Adepten Bhāvaviveka gründet. »Die Svātantrika-Schule sagt, daß man kein Grundlagebewußtsein zu postulieren braucht. Das Kontinuum des geistigen Bewußtseins selbst genügt als Lager für die Eindrücke. Dabei beläßt es Bhāvaviveka. Dennoch ist diese Position problematisch, denn auf dem Weg zur Erleuchtung gibt es einen bestimmten Zustand, der *ununterbrochener Zustand auf dem Pfad des Sehens* genannt wird. In diesem Zustand erreicht man ein völlig nicht-konzeptuelles, transzendentes Gewahrsein der letztendlichen Realität; und von diesem Zustand sagt man, daß er völlig frei ist von jeglichem befleckten Bewußtsein. Wenn das der Fall ist, dann kann das transzendente Gewahrsein kein geeignetes Lager für die verschiedenen heilsamen und unheilsamen Eindrücke sein. Es ist aber nicht klar, ob Bhāvaviveka diese Frage je erörtert hat oder eine Antwort darauf gab.

Kehren wir jetzt zur Prāsangikā-Mādhyamaka-Perspektive zurück, die eine Kritik an allen vorangegangenen Sichtweisen darstellt, jene von Bhāvaviveka eingeschlossen. Als Antwort auf das eben erwähnte Problem führt die Prāsangika-Schule an, daß man noch nicht einmal das Kontinuum des geistigen Bewußtseins als Träger latenter Eindrücke vorauszusetzen braucht. Es stellt sich heraus, daß das ganze Problem durch eine darunterliegende essentialistische Annahme zustande kam, daß es irgend etwas in der Analyse Auffindbares geben müßte, das das Ich oder Selbst *ist*. Dazu hatten die Leute verschiedene Vorstellungen: das Speicherbewußtsein, das Kontinuum des Geistbewußtseins; sie alle versuchten verzweifelt, etwas Essentielles zu finden, etwas, das unter Analyse auffindbar sein sollte. Und das war der fundamentale Fehler. Wenn man sich von diesem Fehler frei macht, wie es die Prāsangikas tun, dann gibt es nichts, was sich unter Analyse als das Selbst oder Ich auffinden ließe. Man gibt diesen Anspruch vollständig auf und postuliert das Selbst als etwas, das allein durch die konventionelle Benennung zustande kommt.

Dann kommen wir auf die Frage der Ablage geistiger Eindrücke zurück. Auch die Prāsangikas nehmen an, daß man durch Handlungen gewisse geistige Eindrücke ansammelt, die – wie wir zunächst sagen wollen – im Strom des geistigen Bewußtseins gespeichert werden. Man braucht dazu nicht von einem inneren, substanziellen Kontinuum auszugehen, das als Lager dieser Eindrücke dient und sie für immer aufbewahrt. Es muß kein substanzielles Kontinuum für irgend etwas behauptet werden, welches wahrhaft oder immanent das echte Lager für die Gesamtheit der Eindrücke darstellt. Man braucht es deshalb nicht, weil sowohl das geistige Kontinuum als auch die gespeicherten Eindrücke nur konventionell existieren und nicht substanziell. Aus diesem Grund braucht man wegen des nicht-konzeptuellen Zustands der Meditation keine Bedenken zu haben. Nach der Ansicht der Prāsangika, werden die Eindrücke im ›Bloßen-Ich‹ gespeichert. Was ist nun die Natur dieses Bloßen-Ich? Wo findet man es? Es gibt nichts wirklich zu finden; es ist bloß etwas, das in verschiedener Weise zugeschrieben wird. Kehren wir zu der problematischen Situation mit dem nicht-konzeptuellen Zustand des Gewahrseins einer letztendlichen Realität zurück: Wo werden die Eindrücke zu dieser Zeit gespeichert? Im Bloßen-Ich, weil immer noch eine Person da ist, als reine Konvention. Auf diese Weise ist die Person das Lager, aber eines, das man unter Analyse nicht auffinden kann, wie die anderen Schulen vorgeben.

Man kann von dem ›Ich‹ reden als Zugeschriebenes auf der Grundlage der groben Aggregate (der psychophysischen Bestandteile) oder der subtilen Aggregate. In ähnlicher Weise kann man das ›Ich‹ auf der Grundlage des groben und subtilen Bewußtseins zuschreiben. Man kann sich die Aussage über das Bloße-Ich als Lager für Geisteseindrücke von einem konventionellen Standpunkt aus anschauen. Wenn eine Person eine Tat ausgeübt hat, die gewisse Eindrücke hinterläßt, so hat sie aufgrund dieser Erfahrung eine gewisse Neigung. Das ist alles. Man braucht keine substanzielle Grundlage zu postulieren, die als Lager für diese Neigung besteht. Das ist die Sichtweise des Prāsangika Mādhyamaka.«

Mehr zu bloßen Identitäten

Diese tiefgründige und ausführliche Ausführung darüber, wie sich Identität in der buddhistischen Tradition darstellt, konnte ihre Wirkung auf unseren anwesenden, westlichen Philosophen nicht verfehlen. Charles Taylor bemühte sich um ein Verständnis der gegebenen Argumente: »Vielleicht mögen uns Analogien zur westlichen Philosophie weiterhelfen. Von Hume gibt es eine berühmte Aussage über das Ich: ›Ich blicke in mich hinein und versuche, ein bestimmtes Ding zu finden, das das Ich ist‹; doch fand er es nicht. Wie mir scheint, behaupten Sie stellenweise, er habe die Frage falsch gestellt, indem er versucht, ein durch Analyse bestimmbares Einzelding zu finden. Man könnte aber der anderen Ansicht sein, daß es ein Selbst gibt, welches nicht auf einem bleibenden Element beruht und sich dennoch zeigt. Die westliche Analogie dazu ist die von einem Schiff: Wenn man jedes Jahr eine Planke daran auswechselte, dann könnte man nach vielen Jahren mit voller Berechtigung sagen, es sei dasselbe Schiff, auch wenn die Holzstücke dann andere sind. Man kann eine ursächliche Erklärung dafür geben, daß das Schiff ein einfacher fortgesetzter, kausaler Strom ist. Ich hatte bislang angenommen, daß eine ähnliche Vorstellung von Kontinuität auch für die buddhistische Ansicht davon gilt, wie ein Geisteseindruck über mehrere Leben hinweg auf ein kontinuierliches Dasein wirkt. Es handelt sich um ein kontinuierliches Dasein, weil es eine kontinuierliche, kausale Geschichte hat. Ich dachte, das würde die Antwort sein, aber statt dessen ...«

»Was ist Ihre Ansicht vom ontologischen Status der Allgemeinbegriffe im Gegensatz zu Einzelheiten?« unterbrach ihn der Dalai Lama. »Wie Sie wissen, sind Universalien und Partikularien in der westlichen Philosophie extrem beladene Begriffe, und auch die buddhistische Philosophie definiert sie sehr genau. Wenn ich diese Begriffe in der Übersetzung aus dem Tibetischen benutze, dann garantiert nichts dafür, daß ihre Bedeutung derjenigen der westlichen philosophischen Begriffe entspricht. Bleiben wir bei dem Beispiel mit dem Schiff, und schauen wir es uns zuerst unter dem Aspekt der Zeitlichkeit oder der Besonderheit an. Aus diesem Blickwinkel ist das Schiff vom ersten Jahr nicht dasselbe wie das vom zweiten Jahr und so weiter; trotzdem können wir nach dreißig Jahren immer noch vom Schiff in seiner Allgemeinheit (Skrt.: *sāmānya*; tib.: *spyi*) sprechen. Würden Sie akzeptieren, daß diese Allgemeinheit des Schiffes eine Universalie genannt werden kann?« Charles stimmte dem zu und Seine Heiligkeit fuhr fort: »Hier haben wir also spezifische temporäre Fälle des Schiffes: das Schiff von heute, A; das von morgen, B; und das Schiff vom nächsten Tag, C; und A ist nicht B, B nicht C und so weiter. Gleichzeitig ist die ganze Zeit über ein Schiff vorhanden, und das ist das Schiff in seiner Allgemeinheit. Wir können sagen, das Schiff vom ersten Jahr ist das Schiff, das Schiff vom zweiten Jahr ist das Schiff, und so weiter, und dabei identifizieren wir jeden einzelnen zeitlichen Fall des Schiffes mit dem Allgemeinbegriff. Wenn wir dann aber danach fragen, ob dieses Schiff das vom ersten Jahr ist, dann ist die Antwort nein. Also kann man umgekehrt das Universale nicht mit einem bestimmten zeitlichen Einzelfall identifizieren.

Lassen Sie uns jetzt zu einem anderen philosophischen System übergehen, zum buddhistischen *Sautrāntika*-System. Nach diesem System ist die Person oder das Ich weder ein physisches noch ein mentales Phänomen, und doch ist es ein unbeständiges Phänomen, welches der Veränderung unterworfen ist. Physische Phänomene werden als selbst-tragend angesehen; das heißt, sie existieren substanziell. Nach diesem System kann man tatsächlich mit dem Finger auf sie zeigen als etwas, das wirklich substanziell da ist. Das gilt für den Körper ebenso wie für nicht-physische Phänomene, wie die mentalen Prozesse. Der Geist ist wirklich da, substanziell existent. Nach diesem System, im Unterschied zu den beiden früher erwähnten, existiert das Ich, aber es existiert nicht substanziell. Wäre dies der Fall, dann wäre die Kontinuität des Ich im Gegensatz zu der Kontinuität Ihres Schiffes, das ein rein physisches Phänomen ist, eine andere. Nach der buddhistischen Ansicht von Allgemeinheit und Einzelfall kann man als Jüngling, als Person mittleren Alters und als ältere Person, jeweils vom »Ich« sprechen. Oder nehmen wir mich zum Beispiel: Ich bin ein menschliches Wesen, ich bin ein Mönch und ich bin ein Tibeter. Alle sind bestimmte Einzelfälle von ›Ich‹, aber es gibt da auch die Allgemeinheit des ›Ich‹. Die bestimmten ›Ich's‹ und das allgemeine ›Ich‹ sind nicht identisch. Sie sind verschieden; dennoch wird gesagt, daß sie von derselben Natur sind. Man kann das ›Ich‹ als Allgemeinheit ansehen und es dann in seinen bestimmten Einzelfällen untersuchen, aber das bedeutet nicht, daß die Einzelfälle und das Universale eine unterschiedliche Natur haben.«

»Ja, es sind einfach unterschiedliche Beschreibungen«, stimmte Charles zu. Da er seine ursprüngliche Frage aber noch nicht beantwortet sah, versuchte er es noch einmal anders: »Darf ich zu der ursprünglichen Frage zurückkommen, die mich immer noch verwirrt. Nehmen wir an, es gebe einen geistigen Eindruck, einen *bakchak,* und ich neige zum Beispiel zu Ärger. Sie würden sagen, daß ich vor vielen Leben etwas getan habe, das dies nun verursacht, und damit stellen Sie einen kausalen Zusammenhang her zwischen etwas, das vor einer Anzahl von Leben passiert ist, und meinem *bakchak.* Welche Art von Kontinuität muß es geben, die das frühere Ereignis mit mir heute verbindet, damit man diese kausale Zuschreibung machen kann?« Ich war froh darüber, daß er diese Schlüsselfrage so klar stellte.

Grober und subtiler Geist

Die Antwort war, daß es im tibetischen Buddhismus zwei Ansichten davon gibt: *Sūtra* und *Tantra.* Die Sūtra-Sichtweise entstammt direkt den Lehren Buddhas und wird als gemeinsame Basis aller buddhistischen Schulen weltweit anerkannt. Im Gegensatz dazu handelt es sich bei Tantra um die geheimen und esoterischen Lehren, die von Mystikern und Yogis aus Tibet und Indien überliefert wurden. Von den Tibetern wird die tantrische Sichtweise meist als bedeutender angesehen. »Bisher habe ich vom Standpunkt des Prāsangika Mādhyamaka gesprochen, der sich noch auf Sūtra-Ebene befindet. Aus dieser Sicht spricht man nicht vom subtilen Geist und dem Klaren Licht; daher müssen wir für die Kontinuität des Ich, oder der Person, ohne die Konzepte vom Subtilen Körper und Subtilen Geist auskommen. Die Kontinuität der *Person* wird vom Prāsangika-Mādhyamaka-Standpunkt in analoger Weise etabliert wie in Ihrem Beispiel mit dem Schiff. Eine Person kann bestimmte Identitäten haben, wie ›Ich bin ein Mönch‹, ›Ich bin ein

Yogi‹ und so weiter, während sich die allgemeine Bezeichnung ›Person‹ weiterhin auf all diese Identitäten anwenden läßt. Die Gültigkeit der Kontinuität der Person wird konventionell erklärt: Man kann in konventionellen Begriffen gültig aussagen, daß ich eine frühere Erfahrung zu einer bestimmten Zeit hatte, die zu meinem jetzigen Verhalten führte. Man kann also behaupten, daß diese Person ›Ich‹, die jetzt diese Folge erfährt, ›dieselbe‹ Person ist, die die frühere Erfahrung hatte.

Die Perspektive des Tantra oder Vajrayāna ist mit der Prāsangika-Sichtweise vollkommen vereinbar. Sie behauptet aber etwas Weitergehendes, nämlich das Kontinuum eines sehr subtilen Bewußtseins, sowie ein Kontinuum einer sehr subtilen Lebensenergie, die von derselben Natur ist, wie dieser subtile Geist.« Diese grundlegende Auffassung von einem Sehr Subtilen Geist oder Klaren Licht sollte an den folgenden Tagen bei mehreren Gelegenheiten wieder auftauchen. Hier hatten wir einen ersten Vorgeschmack von diesem vielgestaltigen Konzept bekommen. »Seit anfangsloser Zeit bis in die unendliche Zukunft ist dieses zweifache Kontinuum für immer ungebrochen; und dies ist die subtile Bezeichnungsgrundlage für das Ich. Das Ich kann also auf der Basis der körperlichen und geistigen Aggregate, ebenso wie auch auf der Basis dieser sehr subtilen Phänomene festgelegt werden. Es gibt bestimmte Momente, in denen sich Sehr Subtile Lebensenergie und der Sehr Subtile Geist manifestieren, aber keine groben Aggregate; bei dieser Gelegenheit wird das Ich auf der Grundlage der subtilen Phänomene bezeichnet. Auf diese Weise gibt es immer eine grobe oder subtile Bezeichnungsgrundlage für das Ich. Aus diesem Grund hat man, zumindest wenn wir von der Interpretation auf Sūtra-Ebene ausgehen, Kontinuität, selbst nachdem man Erleuchtung erlangt hat und vom Kreislauf der Existenz befreit ist. In einem Text von *Maitreya* wird dazu eine Analogie angeführt. Darin ist von Flüssen die Rede, die alle aus verschiedenen Richtungen kommen und in das eine Meer münden, in welchem es keine getrennten Identitäten mehr gibt. Allerdings ist das nicht die Ansicht des Vajrayāna, und ich würde bestreiten, daß das Kontinuum auch im Zustand der Erleuchtung erhalten bleibt.«

Mit einem scharfen Blick wandte er sich wieder an Charles. »Damit kommen wir zu Ihrer Frage zurück, Professor Taylor. Wir können fragen, ob das sehr subtile Energiekontinuum des Geistes rein konventionell existiert, oder ob ihm, im Gegensatz zu allem anderen, eine irgendwie geartete substanzielle Existenz zukommt? Tatsächlich ist seine Existenz rein konventionell, und dieser Punkt ist extrem wichtig. Jetzt können Sie fragen: Wodurch wird auf Grundlage dieses Geistes sehr subtiler Energie das Ich bezeichnet? Bezeichnet es sich selbst? Das tut es nicht. Denn wenn sich der Sehr Subtile Energie-Geist manifestiert, dann ist er nicht-konzeptuell. Es handelt sich nicht um die Art von Bewußtheit, die ein Objekt wahrnimmt oder konzeptuell irgend etwas bezeichnet. Technisch wird es als nicht-konzeptueller Zustand beschrieben. Wenn sich dieser Sehr Subtile Energie-Geist manifestiert, hat man keine Empfindung von einem Ich mehr, und *genau dies* ist das Entscheidende. Wenn wir von der Bezeichnung eines Ich auf Grund des Geistes Sehr Subtiler Energie sprechen, wird dies aus der Perspektive einer dritten Person getan, nicht von der ersten Person aus. Wir dürfen die beiden nicht verwechseln! Wenn der Sehr Subtile Energie-Geist manifest ist, dann hat er das Klare Licht nicht als sein Objekt. Überhaupt nichts wird als Objekt begriffen. Er ist selbst das Klare Licht. Etwas Ähnliches haben wir, wenn wir im Zustand meditativen Gleichmutes die letztendliche Realität erfahren. Man ist sich des meditativen Gleichgewichtes nicht bewußt. Wenn man in der tiefen meditativen Einsicht gut trainiert ist, kann man aber nach einer solchen Erfahrung darauf zurückschauen und denken, ›Zu dieser Zeit habe ich das Klare Licht erfahren‹. In einem gewissen Sinn ist das die Perspektive der dritten Person. Man sieht die eigene frühere Erfahrung meditativen Gleichgewichtes im Rückblick von einem äußeren Standpunkt aus. Aber mit Sicherheit denkt man überhaupt nichts, wenn man sich in diesem Zustand selbst befindet. Man denkt nicht in Begriffen von Existenz, Nicht-Existenz oder irgendeiner anderen konzeptuellen Kategorie.

Dieser Sehr Subtile Energie-Geist wird als subtil angesehen im Verhältnis zum groben Geist, was aber nicht heißt, daß er in einer Analyse gefunden werden kann oder daß er in irgendeiner Weise eine substanzielle, eigenständige Existenz hätte. Die hat er nicht. Man könnte auch fragen, ob sich das grobe Bewußtsein mit seinen verschiedenen geistigen Prozessen vom Kontinuum des Geistes sehr subtiler Energie unterscheidet. Sind sie verschiedener Natur? Und die Antwort darauf ist Nein; sie sind nicht unterschiedliche Kontinua mit verschiedener Natur. Vielmehr handelt es sich um ein ununterbrochenes Kontinuum des Geistes sehr subtiler Energie, aus dem die gröberen geistigen Zustände entstehen.«

Konventionelle Benennung

Charles versuchte es noch einmal mit einer Klärung, indem er den Dalai Lama nach der Definition des Wortes ›konventionell‹ fragte, wie er es benutzte. Seine Heiligkeit erklärte diesen wichtigen Begriff sehr ausführlich. »Zunächst kann es sich einfach auf gewöhnliche menschliche Erfahrung beziehen, in der Menschen ohne besondere Bildung oder philosophischen Hintergrund solche Aussagen machen wie ›Ich ging hierhin‹; ›Ich tat dies‹; ›Ich bin das‹; ›Ich bin dick‹; ›Ich bin dünn‹ und so weiter: all die Arten und Weisen, wie wir gewöhnlich über uns selbst sprechen, häufig unter Benutzung des Wortes ›Ich‹. In diesem Kontext könnte ich behaupten, daß ich existiere, einzig aus dem Grund, weil ich hier spreche.

Damit mag man aber nicht zufrieden sein und beginnt nun, nach der eigentlichen Natur dieses ›Ich‹ zu fragen und danach zu forschen. Wäre bei einer Analyse – in der man ›Ich‹ nicht konventionell gebraucht, sondern fragt, was es wirklich ist – etwas auffindbar, dann hätte man etwas, das nicht bloß konventionell existierte. Das System des Prāsangika Mādhyamaka widerlegt die Existenz eines jedweden unter Analyse auffindbaren ›Ich‹. Treten wir wieder einen Schritt zurück, und betrachten wir, wie wir normalerweise oder konventionell vom Ich sprechen. Da sagen wir ›Ich bin groß; ich bin dies; ich bin das; ich tat dies; ich tat das‹, und wir sind zufrieden, es auf dieser Ebene zu belassen. In diesem konventionellen Sinn existiere ich ganz in Übereinstimmung mit der normalen Sprechweise. Das Ich existiert so, wie wir es konventionell benennen, wie wir normalerweise darüber sprechen. Es existiert in dieser Form, solange wir seine tatsächliche Natur nicht näher untersuchen. Lassen wir die Frage der wirklichen Existenz beiseite, so daß wir nur bei dem gewöhnlichen, konventionellen Gebrauch des Wortes ›Ich‹ bleiben, dann sind Aussagen wie ›Ich bin groß‹ und so weiter sicherlich wahr. Eine Betrachtungsweise ist nun, den Gültigkeitsbereich von Analyse zu betrachten. Wenn wir im Buddhismus von der konventionellen Natur der Realität sprechen, akzeptieren wir gewisse Grenzen der Gültigkeit der Alltagssprache. Indem wir beispielsweise über den konventionellen Gebrauch des Wortes ›Ich‹ hinausgehen und beginnen, nach dem wahren Referenten der Bezeichnung ›Ich‹ zu fragen – etwa: Was ist es, das sich fortsetzt? – haben wir die Grenze der Alltagssprache übertreten. Könnte man einen gültigen Referenten von ›Ich‹ finden, dann wäre das Ich vom Standpunkt des Mādhyamaka aus uneingeschränkt existent. Da dies aber nicht der Fall ist, kann Existenz nur im Rahmen von Übereinkunft verstanden werden. Dies ist der eine Blickwinkel.

Lägen die Dinge so, dann würde absurder Weise daraus folgen, daß man von allem Bezeichneten sagen könnte, daß es existiert. Doch obwohl alles der Benennung nach existieren kann, bedeutet das noch nicht, daß alles, was benannt werden kann, auch existiert. Mit anderen Worten: es trifft nicht zu, daß alles, was man sich erträumt oder vorstellt, deshalb auch existiert, einfach nur, weil man es bezeichnet oder ausgedacht hat. Aber Alles, was existiert, existiert kraft der konzeptuellen und/oder verbalen Bezeichnung. Sprechen wir von der Existenz von Alltagsgegenständen, so wenden wir zwei Kriterien gemeinsam an. Das eine ist, daß die Bezeichnung eine allgemein bekannte Konvention ist; sie ist Teil der Alltagssprache. Das bedeutet nicht, daß über Wahrheit nach dem Mehrheitsrecht entschieden wird. Etwas wird dadurch nicht mehr wahr, daß mehr Menschen daran glauben und weniger wahr, wenn es nur eine Minderheit glaubt. Um also ein Alltagsobjekt für existent halten zu können, muß es nicht nur in der Alltagssprache akzeptiert sein; es darf in der allgemeinen Erfahrung auch keine Tatsachen geben, die mit der Existenz des Objekts unvereinbar sind. Dies sind also die beiden Kriterien für die Existenz herkömmlicher Objekte.

Wenn wir von philosophischen Dingen reden, müssen wir noch ein weiteres Kriterium hinzuziehen: Die ultimative Analyse, die nach der wahren Natur des besagten Objekts sucht, darf es nicht negieren. Überlegen wir zum Beispiel, ob das zuvor diskutierte Speicherbewußtsein (*ālayavijñāna*) existiert oder nicht. Wie entscheiden wir, ob eine Aussage über seine Existenz wahr oder falsch ist? Die Antwort der philosophischen Schule, von der die Existenz dieser Bewußtseinsart behauptet wird, gründet sich auf die Annahme, daß es etwas Essentielles geben *muß*, das die wahre Person ist. Dies ist eine Art ontologischer Verpflichtung zu der Idee, daß eine Analyse bei der Suche nach der endgültigen Natur einer Realität die Existenz eines Objekts nicht verneinen darf, wenn es essentiell existiert. Es erweist sich aber im Gegenteil bei der Suche nach der endgültigen Natur des Speicherbewußtseins, daß es nicht auffindbar ist.«

Beharrlich fragte Charles: »Gibt es denn Dinge, die nicht konventionell, aber letztendlich existieren? Gibt es eine Möglichkeit zu beschreiben, was so etwas sein könnte?«

»Im Mādhyamaka gibt es zwei Wege, den Ausdruck *letztendlich existent* zu verstehen. Einerseits bezieht er sich auf eine bestimmte Art der Analyse, die in die tiefere Natur der Realität vordringt. Nehmen wir als Objekt zum Beispiel dieses Mikrophon hier. Wir untersuchen die Natur der Realität von diesem Mikrophon, und was man findet, ist die Abwesenheit einer Identität. Es gibt keine Essenz, keinen wahren Referenten, und zu dieser Erkenntnis gelangt man durch etwas, das wir ›letztendliche‹ Analyse nennen. Aus diesem Blickwinkel ist die ›Identitätslosigkeit‹ dieses Gegenstandes endgültig. Die Abwesenheit von Identität würde man aber nicht ›letztendlich existent‹ nennen. Obwohl man die Abwesenheit von Identität als endgültig ansehen kann, ist sie nicht letztendlich existent; das liegt daran, daß, wenn man sie selbst zum Objekt einer weiteren Analyse macht und nach ihrer wahren Natur sucht, man die Identitätslosigkeit der Identitätslosigkeit findet. Und so geht es ad infinitum. Deshalb existiert auch die Abwesenheit der Identität nur konventionell.

Es gibt tatsächlich zwei Arten, Nichtexistenz zu postulieren. Die eine besteht darin, daß eine gegebene Bezeichnung zu einer anderen gültigen Benennung im Widerspruch steht, wie dies bei normalem Gebrauch der Sprache wäre. Würden wir beispielsweise sagen, dies hier sei ein Elefant, hätten wir offenkundig eine Menge widersprechender Beweismittel dafür, wie dieser Begriff zu benutzen ist. Dies wäre die eine Art, die Nichtexistenz eines Elefanten hier zu belegen. Die andere Art, die Nichtexistenz von etwas zu postulieren, besteht in einer letztendlichen Analyse.

Weiter gibt es drei Arten, wie etwas verneint werden kann: erstens durch bloße Übereinkunft. Zum Beispiel behauptet jemand, diese Person sei John, und wir bestreiten das, indem wir sagen, daß er Alan ist. Der ausschlaggebende Faktor ist die landläufige Konvention. Der zweite Weg, die Existenz von etwas zu negieren, besteht im Mittel logischer Schlußfolgerung, und der dritte Weg ist direkte Wahrnehmung. Es gibt auch noch einen vierten Weg, der auf Glauben an eine höhere Autorität beruht, das erfordert aber Vertrauen. Es könnte zum Beispiel jemand behaupten, ich sei im Jahre

1945 geboren. Ich aber bestreite das, indem ich sage, daß ich 1935 geboren wurde, wobei ich mich auf die Autorität und Zeugenaussage von anderen berufe. Ich weiß all dies nicht selbst, sondern habe es nur von Leuten gehört, die mit Autorität darüber sprechen können. Viele wissenschaftliche Erkenntnisse werden auf diese Weise von Laien übernommen, die sich auf Bezeugungen oder Autorität gründen. Den Wahrheitsgehalt vieler wissenschaftlicher Behauptungen kennen wir nicht, da wir ihn nicht überprüft haben, aber wir akzeptieren die Autorität und die Aussagen von Leuten, denen wir vertrauen. Ich akzeptiere zum Beispiel auf der Grundlage Ihrer Aussagen die früher erwähnten Behauptungen über REM-Schlaf.«

Psychoanalyse als Wissenschaft?

Es war unsere erklärte Absicht, die Auffassungen des Buddhismus und des Westens vom Ich, der Identität und der Kontinuität genau zu hinterfragen. Doch zu diesem Zeitpunkt schien die Genauigkeit der philosophischen Diskussion einige Teilnehmer zu überfordern. Charles hatte dies bemerkt und sagte lächelnd: »Vielleicht sollten wir zur Psychoanalyse zurückkommen. Diese Dinge haben uns ein Stück weit davon abgebracht. Ich möchte noch etwas zum Verständnis von Psychoanalyse im Verhältnis zum gestrigen Programm sagen, weil das im Westen ein strittiger Punkt ist. Einige Leute sagen, daß Psychoanalyse keine gleichwertige Wissenschaft wie Neurophysiologie ist, weil das Kriterium für eine harte Naturwissenschaft verlangt, daß ihr Forschungsgegenstand von unserem moralischen, spirituellen und emotionalen Urteil unabhängig ist. Die Sprache, mit der die Menschen ihre moralischen Bestrebungen ausdrücken, ist sehr vielfältig und immer umstritten. Die westliche Wissenschaft hat sich durchgesetzt, weil es den Wissenschaftlern gelungen ist, andere Formen der Identifikation und Beschreibung von Dingen zu finden, die von diesen Differenzen Abstand nehmen. Die Psychoanalyse hat als Wissenschaft jedoch die im strengen Sinne unwissenschaftlichen Begriffe übernommen, um mit unserem moralischen, spirituellen oder emotionalen Leben zu arbeiten: den Gefühlen der Menschen, ihrem Selbstverständnis und so weiter. Folglich sehen viele Menschen im Westen die Psychoanalyse als auslegende oder hermeneutische Wissenschaft an. Eine gewisses Maß an Kontroverse, die niemals aufgelöst werden kann, wird innerhalb dieser Wissenschaft akzeptiert. Neue Theorien entstehen und lösen die älteren ab. Man könnte sagen, daß Freud seine eigene Mythologie erfunden hat, als er von Lebens- und Todestrieben sprach; jemand anders wird vom Vater- und Mutter-Prinzip reden. Es sind konkurrierende Mythologien, und es ist nicht besonders klar ersichtlich, wie all diese verschiedenen Strömungen jemals dazu beitragen sollen, jemanden zu heilen. Dennoch haben die Psychoanalytiker der verschiedenen Schulrichtungen einigen Erfolg bei der Behandlung ihrer Patienten, wenn wir auch nicht ganz verstehen, warum es manchen Menschen hilft, ihr Leben unter diesem Aspekt zu sehen.

Ein zweiter Punkt ist der, daß all die verschiedenen Ansätze noch immer sehr zu einem westlichen Weltbild passen. Freud und all seine Nachfolger denken, daß sie innere, seelischen Tiefen erforschen. Andere Kulturen mögen die Träume vielleicht zum Zwecke der Vorahnung deuten, um zu sehen, was in der Zukunft passieren wird. Es würde ihnen nicht darauf ankommen, durch die Interpretation des Traumes das Innere des Träumers zu erforschen, sondern etwas zu sehen, was außerhalb von ihm stattfindet. Glauben Sie, daß die Befunde der Psychoanalyse unter diesen Umständen auch über die kulturellen Grenzen hinaus gültig sind? Gibt es zum Beispiel prophetisches Träumen in der tibetischen Kultur?«

Seine Heiligkeit erwiderte: »Vom buddhistischen Standpunkt aus würde man nicht erwarten, daß die Methoden zur Erforschung des Geistes und diejenigen, die man zur Analyse meßbarer, physikalischer Phänomene einsetzt, irgendwie ähnlich sind. Zumal man in letzteren universelle Gesetze und Allgemeingültigkeiten suchen kann, um davon physikalische Prinzipien abzuleiten. Was den Geist betrifft, gibt es so viele Variablen, selbst wenn man Fragen der Wiedergeburt ausklammert und sich nur auf dieses Leben beschränkt, so viele Einflußfaktoren, die die Mannigfaltigkeit menschlicher Geisteshaltungen ausmachen, die Vorlieben, Wünsche, Interessen der Menschen und mehr. Die Variablen sind um ein Vielfaches komplexer, so daß man nicht erwarten kann, Allgemeingültigkeiten und Gesetze wie bei physikalischen Phänomenen zu finden. Eben wegen dieser großartigen Komplexität des menschlichen Geistes und der großen Unterschiedlichkeit von einem Menschen zum anderen können wir mentale Ereignisse einfach nur beschreiben, sobald sie einmal aufgetreten sind. Es wird dann sehr schwierig, irgendwelche allgemeingültigen Aussagen zu treffen, die für jeden und zu allen Zeiten wahr wären.«

Joyce stimmte ihm darin zu: »Mit anderen Worten arbeiten wir alle mit verschiedenen Theorien und erfinden vielleicht neue. Die Definition einer *Theorie* ist aber, daß sie aus Postulaten besteht, die nie bewiesen wurden – und die vielleicht niemals bewiesen werden können. (Wenn man sie beweisen könnte, wären sie Gesetze!) Demnach ist Psychoanalyse eine anthropologische Wissenschaft, deren Theorien man nicht beweisen kann. Sie ist eine zusammenhängende Menge von Theorien, die von klinischen Beobachtungen getragen sind und die sich deshalb dauernd weiterentwickeln.«

Dies war ein guter Schlußpunkt, es war auch schon Mittag. Der Dalai Lama verabschiedete sich warmherzig und ging. Danach war alles still, und man hörte nur noch die Vögel im Garten.

4
Luzides Träumen

Jane Gackenbach ist Psychologin mit sozialwissenschaftlichem Interesse. Sie ist Teil einer kleinen Forschergruppe, die seit etwa 15 Jahren Bewußtseins- und Schlafzustände untersucht.[10]

Der Tag begann mit einem klaren, sonnigen Morgen, als sie den »heißen Stuhl« einnahm, um die Sitzung zu eröffnen. »Ich möchte heute über die Erforschung des luziden Träumens oder Klarträumens sprechen; später werde ich dann noch einführen, was ich den ›Traumzeugen‹ nenne. Ein *luzider Traum* ist ein Traum, in dem man sich aktiv der Tatsache bewußt ist, daß man träumt. In einem solchen Traum, bei dem die Bewußtheit, daß man träumt, vom Trauminhalt verschieden ist, kann man sogar damit beginnen, die Geschichte und die Handelnden zu manipulieren, um eine gewünschte Situation zu erschaffen. Zum Beispiel könnte sich der Träumende in einer unangenehmen Situation sagen: ›Ich muß mich dem jetzt nicht aussetzen‹, und dann den Traum verändern oder sich zumindest der Verwicklung entziehen. Der *Traumzeuge* bedeutet, im Traum ein ruhiges, friedliches, inneres Gewahrsein oder eine Wachheit zu erfahren, die etwas völlig anderes als der Traum ist.

Meine Forscherkollegen haben sich hauptsächlich auf das luzide Träumen als Funktion der Selbstreflexion konzentriert. In normalen Träumen, besonders den Träumen kleiner Kinder, erscheint der Träumer gewöhnlich nicht selbst. Es ist sehr wichtig zu wissen, daß luzide Träume aus jedem Traum entstehen können, und was dort entsteht ist Selbstreflexion.«

Beweise für das Klarträumen

»Es gibt Berichte über luzides Träumen in allen Kulturen, und in Europa findet man seit Beginn der Geschichtsschreibung Aufzeichnungen darüber.[11] Ich möchte aber hier keine historische Analyse geben, sondern über den Stand heutiger Forschung über Luzidität sprechen.

Eine wissenschaftliche Bestätigung für Luzidität fand man erst Mitte der siebziger Jahre, als Keith Hearn und Allen Worseley in England und Stephen LaBerge in Stanford gleichzeitig mittels Elektroencephalografie einen Weg zum Beweis für Luzidität entdeckten.[12] Sie entwickelten unabhängig voneinander dasselbe Experiment: Der Proband sollte mit den Augen ein Signal geben, wenn er den Zustand luziden Träumens erreichte. Vermutlich, so nahmen sie an, würde eine Bewegung der Augen im Traum eine körperliche Augenbewegung des Träumenden mit sich bringen, die

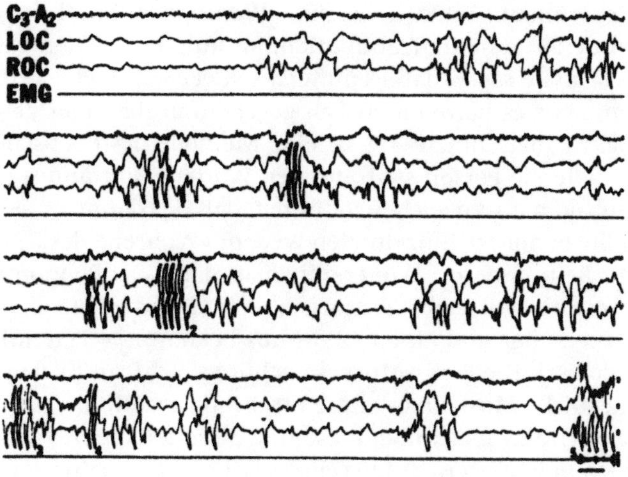

Abb. 7: Ein typischer Klartraum. Physiologische Daten auf vier Kanälen (mittleres EEG[C3-A2], linke und rechte Augenbewegung [LOC und ROC] und Kinn-Muskel-Tonus [EMG]) der letzten acht Minuten einer dreißigminütigen REM-Phase. (Aus: J. Gackenbach und S. LaBerge: Conscious Mind, Sleeping Brain. New York: Plenum Publications. 1988, S. 135-152.)

dann, wie wir wissen, äußerlich nachgewiesen werden kann. Das Schöne an dieser Idee war natürlich, daß während des Träumens alle anderen Muskelbewegungen blockiert sind.

Für das Experiment wurde mit dem Probanden vereinbart, daß er eine spezifische und unwahrscheinliche Folge von Augenbewegungen ausführt, wie etwa links, rechts, links, rechts. Die Abb. 7 zeigt die EEG-Aufzeichnung der letzten acht Minuten einer dreißigminütigen REM-Phase. Die oberste Zeile ist das EEG, die zweite und dritte Zeile zeigt die Bewegung des linken und rechten Auges, die untere ist die Muskelspannung (EMG). Weil wir uns in einer REM-Phase befinden, ist das EMG flach. Als der Proband in das luzide Träumen eingetreten war, gab er fünf vorher vereinbarte Zeichen mit den Augen. Das erste Signal ›links, rechts, links, rechts‹ ist mit 1 bezeichnet. Damit sollte der Anfang des Klarträumens gekennzeichnet werden. Etwa 90 Sekunden später stellte der Proband fest, daß er noch immer träumte und signalisierte dies wieder mit drei Paaren von Augenbewegung. Dann erinnerte er sich daran, daß das Signal nur zwei Sequenzen haben sollte und wiederholte es noch einmal mit zwei Paaren (4). Schließlich, etwa 100 Sekunden später, zeigt er das Aufwachen korrekt mit einer vierfachen ›links, rechts‹-Folge an (5). Die Muskelspannung nimmt zu, während er aufwacht.«

Seine Heiligkeit war von dem Experiment sichtlich beeindruckt und begann, es genau zu hinterfragen. »War die Person in der Lage, ihren Traum zu beeinflussen? Und, wie alt war die Person?« Jayne gab zur Antwort, daß er den Traum kontrollieren konnte; sein Name war Daryl, und er war zur

Zeit des Experiments Ende Zwanzig. »Wenn man Daryl angesprochen hätte, als er den Traum als Traum erkannte und die Zeichen gab, hätte er das gehört?« Jayne sagte, daß es äußerst schwer sei, solche Verbindungen herzustellen, aber es hätte einen Fall gegeben, in dem dies gelungen sei. Seine Heiligkeit fügte hinzu: »Es ist eine Methode des tibetischen Traum-Yoga, die schlafende Person sanft mit den Worten ›Du träumst jetzt‹ anzusprechen, sobald man Anzeichen dafür hat, daß sie träumt.«

Dann wollte er andere Einzelheiten wissen: »Während des REM-Schlafes sind die Muskeln erlahmt. Wie erklärt man dann das Phänomen des Samenergusses während eines Traums; also in Träumen, in den man Geschlechtsverkehr hat und einen Orgasmus bekommt?« Pete erklärte, daß dies ein Reflex sei. Die Penis-Muskeln gehören nicht zur Skelett-Muskulatur, und nur solche Muskeln erlahmen während des REM.

»Es gäbe noch viel mehr über diese und andere Experimente zu berichten[13], aber ich möchte gern auf psychologische und sozialwissenschaftliche Forschungen zu sprechen kommen, denn diese elektrischen Studien sind nicht mein Spezialgebiet«, sagte Jayne und wechselte ihre Folien. »Sie scheinen aber das Klarträumen als gültiges Phänomen in den Bereich der Schlafforschung zu rücken, was sehr wichtig ist.«

Wie verbreitet ist Luzidität?

»In den Vereinigten Staaten haben nur ungefähr achtundfünfzig Prozent der Menschen einmal im Leben einen luziden Traum gehabt. Etwa einundzwanzig Prozent haben einen luziden Traum mindestens einmal pro Monat«, sagte Jayne. »Bei Meditierenden, die gar nicht speziell Traum-Yoga üben, liegt der Durchschnitt im allgemeinen höher. In buddhistischer oder transzendentaler Meditation Geübte haben bis zu ein oder mehrmals pro Woche luzide Träume.«

Seine Heiligkeit fügte einen Gedanken an: »Das liegt vielleicht daran, daß diese Menschen einen höheren Grad von Achtsamkeit entwickeln. Während des Traumzustandes gibt es zweifellos ein Bewußtsein, mit dem man bestimmte spirituelle Übungen, etwa die Vajrayāna-Praxis der Gottheiten-Visualisation, ausführen kann, oder man entwickelt Mitgefühl oder Einsicht. Wenn man im Traum Mitgefühl erfährt, so ist das echtes Mitgefühl, was da entsteht; es können einem dann sogar die Tränen kommen. So scheint es also, daß das Mitgefühl echt ist. Andererseits stellt sich die Frage, ob es nicht doch einen signifikanten Unterschied zu dem Mitgefühl gibt, das man im Wachzustand erlebt. Wenn man sich die EEG-Muster bei Mitgefühl anschauen würde, einmal im Traumzustand und dann im Wachen, könnte man dann einen Unterschied feststellen?«

»Ich glaube nicht, daß dieses Experiment durchgeführt wurde, Eure Heiligkeit«, wagte ich zu antworten. »Bedenken Sie, daß diese EEG-Messungen sehr allgemein sind. Man kann es dem EEG einer Person nicht ansehen, ob sie voll Mitgefühl oder völlig gefühllos ist. Wahrscheinlich würde man bei einem solchen Experiment keinen großen Unterschied zwischen REM-Schlaf und Wachzustand sehen, wenn man die Muster emotionaler Aktivität miteinander vergleicht.«

Eigenschaften von Menschen mit luziden Träumen

»Wir haben normale Träume mit luziden Träumen verglichen«, sagte Jayne. »Unterscheiden sie sich nur dadurch, daß der Träumende im Klartraum weiß, daß er träumt? Das hängt davon ab, wen man fragt. Fragt man die Träumer, so sagen sie, ein luzider Traum unterscheide sich sehr von einem normalen Traum, er sei aufregender und lebhafter. Wenn man dagegen einen Unbeteiligten bittet, die Berichte von luziden und nichtluziden Träumen zu beurteilen, stellen sie zwischen beiden praktisch keine Unterschiede fest. In einer statistischen Untersuchung fanden wir heraus, daß es in luziden Träumen mehr Bewegung und Klänge gibt. Diese beiden Tatsachen führten uns dazu, den Gleichgewichtssinn zu untersuchen. Körperliches Gleichgewicht, nicht nur während des Traumzustandes, sondern auch im Wachsein, scheint für luzide Träume besonders wichtig zu sein. Man braucht physische Balance, wenn man etwa vom Fliegen träumt, und ebenso emotionale Ausgeglichenheit: Ich möchte im Traum etwas tun, aber gleichzeitig muß ich mich daran erinnern, daß ich träume. Ich jongliere also mit zwei Gedanken. Wir haben Mutmaßungen darüber angestellt, ob es eine Verbindung zum *Vestibularsystem*, dem Gleichgewichtsorgan im Körper, gibt, das auch für die Erzeugung von Augenbewegungen im Tiefschlaf verantwortlich ist. Wir fanden interessanterweise heraus, daß es in luziden Träumen weniger Traumgestalten gibt als in nichtluziden Träumen. All dies führte uns schließlich zu der Frage, ob es psychische und kognitive Voraussetzungen für luzides Träumen gibt. Und es stellte sich heraus, daß es solche tatsächlich gibt, besonders im Bereich räumlicher Fähigkeiten wie der Körperbalance.«

Seine Heiligkeit wies darauf hin, daß Meditierende, die im Durchschnitt über ein höheres Maß an Achtsamkeit verfügen, auch für luzides Träumen empfänglicher sind: »Vielleicht verfügen Meditierende über spezielle Fähigkeiten, da sie sich viel mit ihren Körperenergien beschäftigen wie auch mit den körperlichen und geistigen Zuständen. Vielleicht sind sie dadurch mehr auf ihre körperlichen Zustände eingestimmt. Würden Sie auch sagen, daß für die Fähigkeit, das luzide Träumen zu lernen, der Grad der Intelligenz eine Rolle spielt?«

»Es gibt Anzeichen, die dafür sprechen, aber im allgemeinen ist es weniger wichtig als eine räumliche Orientierungsfähigkeit. Einige Menschen verlieren völlig die Orientierung, wenn sie sich im Wald aufhalten oder in den Straßen einer unbekannten Stadt. Andere wiederum wissen sehr rasch, wo sie sich befinden, nicht weil sie etwas Bestimmtes sehen, sondern aufgrund eines körperlichen Richtungsempfindens. Menschen, die über diese natürliche Fähigkeit verfügen, haben mit größerer Wahrscheinlichkeit luzide Träume. Der Orientierungssinn scheint sich durch Meditation übrigens auch zu verbessern. Auch hat die Fähigkeit, komplexe räumliche Aufgaben zu lösen, sich etwa in einem Labyrinth zu orientieren, einen Einfluß auf diese Fähigkeit. Diese Dinge können Menschen, die luzide Träume haben, besonders gut. Sie haben auch reichere Bilder beim Einschlafen und mehr Tagträume.

Persönlichkeitsmerkmale sind eine dritte Größe mit weniger Einfluß als räumliche Fähigkeiten. Menschen mit luziden Träumen neigen häufig zu einem androgynen Temperament, und sie sind bereiter, Risiken einzugehen, eine neue Droge auszuprobieren oder schamanistisch zu trommeln. Sie sind sehr auf Achtsamkeit ausgerichtet.«

Die Anregung luzider Träume

»Kann man Luzidität verstärken? Man kann vor dem Schlafen etwas tun, zum Beispiel eine Absicht entwickeln. Meditation ist eine andere Möglichkeit; einige Leute stehen nach drei Vierteln des Schlafzyklus, gegen vier Uhr, auf und meditieren. Dann gehen sie wieder zu Bett. Das scheint zu helfen.«

»Es gibt viele Menschen, die Schlaf und Meditation vermischen, aber unabsichtlich«, spöttelte Seine Heiligkeit, und wir alle mußten mit ihm lachen.

Jayne fuhr fort: »Nebenbei bemerkt, Frauen berichten öfter von luziden Träumen als Männer. Das liegt aber daran, daß sie sich eher Träume merken als Männer. Wenn man sich Träume merken kann, dann mag man es leichter haben, sich eines luziden Traumes zu erinnern. Etwa ein Drittel der luziden Träume beginnt als Alpträume. Ein zweites Drittel beginnt mit dem Entdecken bizarrer Unstimmigkeiten, wie etwa: ›Wie merkwürdig – meine Mutter hat doch kein purpurfarbenes Gesicht. Das muß ein Traum sein.‹ Es hat sich auch herausgestellt, daß kurze Nickerchen gute Zeiten sind, um luzide Träume zu haben.«

»Das klingt sehr wahrscheinlich«, sagte Seine Heiligkeit, »weil diese Art des Schlafes ziemlich leicht ist. Man ist dann nicht im Tiefschlaf, die Achtsamkeit ist dann stärker. Es ist auch viel leichter, sich des Träumens bewußt zu werden, wenn man aufrecht sitzt, anstatt sich zum Schlafen hinzulegen. Wenn es geht, dann sollte man mit aufrechter Wirbelsäule schlafen.«

Wie verabredet übergab nun Bob Livingstone, der als Beobachter an der Konferenz teilnahm, Seiner Heiligkeit ein Geschenk von Stephen LaBerge, dem Forscher, der das berühmte Signal-Experiment bei luziden Träumen durchgeführt hatte. Es war ein kleiner Apparat, der dem Schlafenden helfen soll, luzide zu träumen und seine Träume besser zu erinnern. Bob beschrieb es als Übungsgerät: eine Maske mit winzigen Signallämpchen, die im Schlaf auf dem Gesicht getragen wird. Die Maske ist mit einem kleinen Computer verbunden. Sensoren erfassen, wann der Schläfer im REM-Schlaf ist, und dann gibt der Computer sanfte Lichtimpulse. Mit einiger Übung kann man so den Beginn einer REM-Phase bemerken, und ein luzider Traum ist wahrscheinlich. Man kann dann bewußte Anstrengungen machen, den Traum zu erkennen und zu erinnern. Der Apparat zählt auch die Anzahl der REM-Phasen pro Nacht und die Gesamtanzahl pro Woche oder Monat. »Dr. LaBerge möchte Ihnen auch mitteilen, daß das Gerät noch weiterentwickelt werden soll«, fügte Bob hinzu. »Vielleicht könnten buddhistische Praktizierende ihm Hinweise für weitere Verbesserungen geben.«

Seine Heiligkeit schien offensichtlich interessiert. »Das wäre für eine Praxis im Schlafen und Träumen sehr gut. In welchem emotionalen Zustand man morgens aufwacht, kann von einem starken Traum beeinflußt werden. Mit diesem Gerät könnte man beim Träumen heilsame Geisteszustände kultivieren, und das wäre doch sehr von Nutzen.«

Luzidität und Zeugenbewußtsein

Nachdem LaBerges Apparat begutachtet war, wendeten wir uns wieder Jaynes Vortrag zu. »Ich möchte nun zu einem weniger bekannten Thema kommen, von dem ich aber glaube, daß es für unseren Dialog hier interessant ist: dem Zeugenbewußtsein im Traum. Im Gegensatz zum luziden Träumen, ist der »Traumzeuge« eine ruhige, friedliche, innere Bewußtheit oder Gegenwart, die völlig vom Traum getrennt ist. Vom Traumzeugen wird gesagt, daß die Person zwar den Traum manipulieren könnte, aber einfach nicht den Wunsch verspürt, es zu tun. Was auch immer der Inhalt des Traumes sein mag, man bleibt in einem ruhigen, inneren Gewahrsein, unabhängig vom Traumgeschehen. Manchmal mag man in eine Geschichte sogar hineingezogen werden, die innere Bewußtheit von Frieden aber bleibt.

Ich möchte nun noch einen dritten Zustand einführen, den vom Zeugenbewußtsein im Tiefschlaf. Dieser wird als traumloser Schlaf beschrieben, aller Wahrscheinlichkeit nach unter nicht-REM Bedingungen, in dem man in einem ruhigen, friedlichen, Zustand innerer Bewußtheit oder Gegenwart weilt – einem Gefühl unendlicher Ausdehnung und Freude, und sonst nichts. Wenn man sich dann seiner individuellen Existenz bewußt wird, kann das zum Erwachen führen.

Um diese Zustände etwas zu illustrieren, lassen Sie mich den Fall eines Mathematikprofessors schildern, der zwanzig Jahre lang Transzendentale Meditation geübt hatte.« Auf die Frage eines der Übersetzer hin, gab Jayne eine kurze Erklärung zu dieser Meditationspraxis. »Transzendentale Meditation unterscheidet sich von der grundlegenden buddhistischen Praxis: Sie beinhaltet meditative Versenkung, mit geschlossenen Augen und der Wiederholung eines Mantra. Sie entstammt einer Hindu-Überlieferung und wurde unlängst im Westen eingeführt.« Seine Heiligkeit besprach sich darüber kurz mit seinen Geshe-Kollegen, bevor er seine Aufmerksamkeit wieder Jayne zuwandte. »Ich erzähle davon, was diese eine Person in jahrelanger Übung erlebte. Am Anfang berichtete er von luziden Träumen, die er hatte, in denen der Handelnde dominant war. Die Rolle des Beobachters besteht hier darin zu erkennen, daß das Ich träumt. Trotz dieses Erkennens bleibt aber ein Gefühl, daß der Traum ›da draußen‹ ist und das Ich ›innen‹. Wenn man sich so ›im Traum‹ befindet, fühlt der sich ganz wirklich an.

Je mehr er mit der Luzidität vertraut wurde, um so mehr fiel ihm auf, daß er den Traum manipulieren, verändern oder beeinflussen konnte. Auf einer zweiten Stufe erschien es dem Träumenden, daß das ›Äußere‹ eigentlich in einem gewissen Sinn ›innen‹ ist. Der Träumende konnte aktiv in die Traum-Ereignisse eingreifen oder sie beeinflussen.

In einer dritten Phase wurden die Träume kürzer. Er beschrieb sie wie auftauchende Gedanken, die er zur Kenntnis nahm und dann gehen ließ. Die Traumhandlung fesselte ihn nicht mehr oder veranlaßte ihn auch nicht, sich mit ihr zu identifizieren, wie am Anfang, als die Betonung noch mehr auf aktiver Teilnahme lag.

Auf der vierten Stufe entdeckte er, daß eine innere Wachheit vorherrschte. Er war nicht in den Traum absorbiert, sondern in das Zeuge-Sein. Die Träume waren von abstrakter Art und beinhalteten keine sensorischen Erfahrungen: keine geistigen Vorstellungen, keine Emotionen, kein Gefühl für Körper und Raum. Es bekam eine Qualität von Unbegrenztheit. Ich zitiere ihn: ›Man erfährt sich als Teil eines riesigen Beziehungsgefüges. Es sind keine sozialen oder gedanklichen oder intellektuellen Beziehungen, nur ein Netz von Beziehung. Ich bin mir der Beziehung zwischen den Einzelwesen bewußt, ohne daß diese Einzelwesen vorhanden sind. Es gibt einen Sinn für Bewegung, aber keine relativen Dinge, an denen man sie abschätzen könnte; es gibt nur Weite. Da sind keine Objekte, womit man sie ermessen könnte. Die Ausdehnung ist wie aus Licht, wie das Licht des Gewahrseins, sichtbar und doch nicht visuell, eher wie Licht im Ozean, eine ganz intime Erfahrung von Licht.‹

Andere berichten, daß sie luzide Träume loslassen müssen und durch eine Phase der Nicht-Luzidität und Unbewußtheit gehen, bevor sie das Zeugenbewußtsein im Schlaf entwickeln. Diese andere Reihenfolge kann auftauchen, wenn man zu sehr an der Luzidität haftet, besonders am aktiv kontrollierenden Aspekt des Selbst-Gewahrseins im Schlaf. Ein solches Anhaften macht es erforderlich, daß man von der Selbst-Repräsentation im Schlaf abläßt. Ich führte eine Studie mit sechsundsechzig fortgeschrittenen Praktizierenden der Transzendentalen Meditation durch. Wir haben mit

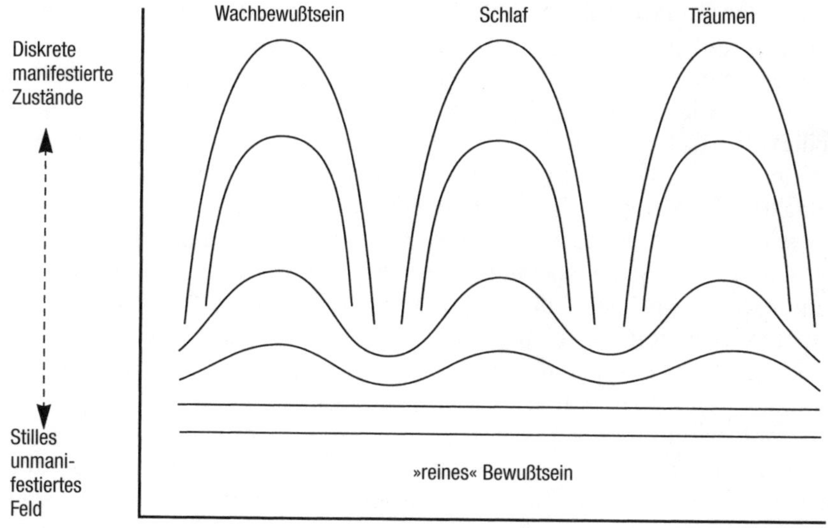

Abb. 8: Das »Junction-Point-Modell« von F. Travis für Übergänge zwischen Zuständen grundlegender Formen des Bewußtseins. (Mit Erlaubnis des Autors aus: F. Travis: »The Junction Point Model«. In: Dreaming 4 (1994), S. 72-81).

diesen Leuten gearbeitet, weil die Zustände sehr fein sind; wir konnten nicht einfach irgendwelche College-Studenten fragen, die hätten gar nicht gewußt, wovon wir sprechen. Wir hatten den Eindruck, diese Leute verstünden etwas von solchen Zuständen und würden sich daran erinnern. Wir erhielten fünfundfünfzig Beschreibungen luzider Träume, einundvierzig von Zeugenbewußtsein im Traum und siebenundvierzig Beschreibungen eines Zeugen im Schlaf. Wie gesagt, von einer Gruppe von sechsundsechzig, die im Durchschnitt seit zwanzig Jahren meditierten. Ich las alle Berichte und ließ mich in der Analyse von ihren eigenen Erfahrungen leiten, beurteilte sie also rein phänomenologisch und qualitativ.«

Um sicher zu gehen, auf welchem Grund wir hier standen, bat ich um eine Klarstellung: »Wir können durch das Signal-Experiment überprüfen, wenn eine Person im REM-Zustand luzide träumt. Woher wissen wir, daß diese Menschen im Zeugenbewußtsein sind?«

»Nur aus ihren eigenen Berichten. Es handelt sich um eine eine rein phänomenologische Untersuchung«, antwortete Jayne. »Um es abzuschließen, lassen Sie mich diese vorläufigen Beobachtungen mit dem Diagramm von Fred Travis (Abb. 8) zusammenfassen. Er schlägt vor, daß Zustände von Wachsein, Schlafen und REM-Träumen aus dem reinen Bewußtsein, einer stillen Leere, aufsteigen. Am Berührungspunkt von zwei Zuständen gibt es eine kleine Lücke, in der jeder Mensch, wie Travis behauptet, sehr kurz ein transzendentales Bewußtsein erfährt. Wenn wir also vom Schlaf zum Träumen übergehen, oder vom Träumen zum Wachen, dann tauchen diese

Berührungspunkte auf, weshalb er es auch »Junction Point«-Modell des Geistes nennt.«

»Das scheint der buddhistischen Erklärung dieser kleinen Zwischenräume des Klaren Lichtes des Schlafes recht ähnlich zu sein«, sagte Seine Heiligkeit. »Es handelt sich dabei genau um die Kontinuität des sehr subtilen Geistes. Die wichtigsten Momente sind der Zeitpunkt des Todes, dann *Bardo* und Empfängnis. Dies sind die Berührungspunkte, wenn man so will. Das allerfeinste Klare Licht manifestiert sich zum Zeitpunkt des Todes, der einen dieser Übergänge darstellt. Diese drei Gelegenheiten – Tod, *Bardo* und Empfängnis – sind dabei den Stadien von Einschlafen, Traumzustand und Aufwachen analog. Es gibt auch einen Abglanz des Klaren Lichtes des Todes im Klaren Licht des Schlafes. Es ist nicht genau das gleiche, wie das Klare Licht des Todes, aber analog dazu und weniger subtil.«

Jaynes Präsentation war damit zuende, und die Zeit für das Mittagessen war gekommen. Uns wurde nur allzu deutlich, daß eine Vertiefung in die Lehren des Traum-Yoga nötig war. Wir hatten dies vorläufig für den Abend geplant, aber es schien schon jetzt angebracht zu sein, und Seine Heiligkeit willigte ein, den Nachmittag mit diesen Unterweisungen zu beginnen. Sie sollten sich als ein Höhepunkt der Konferenz erweisen.

5
Bewußtseinsebenen und Traum-Yoga

Als wir uns Punkt zwei Uhr auf unseren Sesseln niedergelassen hatten, begann Seine Heiligkeit sofort mit der angekündigten Lektion. »Die meisten von Ihnen haben bereits einmal Unterweisungen zum Traum-Yoga gehört, doch für diejenigen, die nie zuvor davon gehört haben, wird es vermutlich neu sein.«

Die Vorstellung von einem Selbst

»Ich werde mit einer Diskussion des Selbst beginnen. Wie viele von Ihnen bereits wissen, ist die Grundlage der gesamten buddhistische Lehre bekannt als die Vier Edlen Wahrheiten. Warum ist es gut, diese Vier Edlen Wahrheiten zu erkennen? Warum werden sie diskutiert? Es hat mit unseren grundlegenden Wünschen bezüglich Glück und Leid zu tun und mit bestimmten kausalen Beziehungen. Wie entsteht Leid? Wie entsteht Glück? Das zentrale Thema der Vier Edlen Wahrheiten ist die *Kausalität* bezüglich Glück und Leid.

Bei dieser Erklärung geht es insbesondere um natürliche Ursächlichkeit, nicht um die Berufung auf einen äußeren Schöpfer oder einen Urstoff, der die Ereignisse des Lebens bestimmt. Die Vier Edlen Wahrheiten werden häufig in die Form von vier Aussagen gefaßt: Erkenne die Edle Wahrheit des Leidens; laß ab nach der Edlen Wahrheit von der Quelle des Leids; verwirkliche die Edle Wahrheit des Aufhörens von Leid; kultiviere die Edle Wahrheit vom Pfad. All dies soll das Einzelwesen tun, das Glück sucht und Leid zu vermeiden wünscht.

In diesem Zusammenhang wird die Vorstellung vom Ich oder Selbst wesentlich. Man ist selbst die Person, die das Leid erfährt, und auch der, der die Mittel anwenden muß, um das Leid abzuwenden, ist man selbst. Und die Ursachen dafür liegen auch bei einem selbst. Als der Buddhismus in Indien aufkam, betraf einer der fundamentalen Unterschiede zwischen buddhistischen und nicht-buddhistischen Ansichten die Vorstellung vom Ich oder Selbst. Insbesonders bestritt der Buddhismus die Existenz eines dauerhaften, unveränderlichen Selbst. Warum? Weil die bloße Vorstellung eines unveränderlichen Selbst sehr problematisch ist, wenn sie auf das Selbst als Agenten oder auf das Selbst als Erlebenden angewendet wird. Es gab von Anfang an eine große Diskussion und viele Gedanken, die sich mit der Natur des Selbst beschäftigten.

Nach nichtbuddhistischen Abhandlungen gibt es ein Selbst, das getrennt und unabhängig von den Aggregaten – den psychophysischen Bestandteilen – von Körper und Geist existiert. Dagegen sind sich allgemein die vier philosophischen Schulen des Buddhismus darin einig, daß die Existenz eines Selbst abzulehnen ist, welches seiner Natur nach von den Aggregaten getrennt ist. Es gibt in diesen Schulen jedoch unterschiedliche Ansichten darüber, wie das Ich innerhalb der Aggregate von Körper und Geist existiert. Zum Beispiel behauptet eine buddhistische Schule, daß das Ich die Ansammlung der fünf psychophysischen Aggregate (Skrt.: *skandha*) ist. Eine andere identifiziert das Ich mit dem Geist. Bei diesem Ansatz gibt es wieder verschiedene Meinungen. Zum Beispiel, wie ich gestern schon erwähnte, behauptet eine Schule, daß das Geistbewußtsein das Ich ist. Wenn man dann zu der Yogāchāra-Schule kommt, findet man die Behauptung, daß das Grundlagebewußtsein (*ālayavijñāna*) das Ich ist.

Und schließlich kommen wir zur Prāsangika-Mādhyamaka-Schule. Nach dieser Lehrmeinung heißt es, daß alle fünf Aggregate vom Ich erfahren werden. Da sie vom Ich erfahren werden, wird es sehr schwierig zu behaupten, daß das Ich auch unter diesen Aggregaten zu finden ist. Es wird sehr problematisch, wenn sich herausstellt, daß das erfahrene Objekt und der Erlebende exakt dasselbe Ding sind. Aus diesem Grund wird das Ich nicht mit den fünf Aggregaten identifiziert. Wenn man dann aber versucht, es außerhalb der Aggregate zu definieren, ist es nirgends aufzufinden. Also wird dies ebenfalls abgelehnt. Die Schlußfolgerung, die diese Schule daraus zieht, ist, daß das Ich auf der Grundlage der Aggregate benannt oder zugeschrieben ist. Aus diesem Grund wird gesagt, daß es nur ein Name ist, nur eine Zuschreibung.

Nāgārjuna, der Gründer der Prāsangika-Mādhyamaka-Schule, sagt in seinem Werk »Der Kostbare Kranz von Ratschlägen für den König« (Skrt.: *Ratnavali*), die Person sei keines der sechs Elemente, aus denen die Person besteht – nicht das Erdelement, Wasserelement, und so weiter. Auch ist die Person nicht die Ansammlung dieser Elemente. Die Person kann auch nicht unabhängig von diesen Elementen gefunden werden. Ebenso wie die Person weder eines der einzelnen Elemente ist, noch eine Zusammensetzung aus diesen, ähnlich kann jedes der Elemente, die die Person bildete, der gleichen Art von Analyse unterzogen werden. Auch sie sind letztlich bloße Bezeichnungen oder Benennungen. Da die Person auch nicht als selbstgenügende Wesenheit existiert, die eine Selbst-Natur oder Selbst-Identität besitzt, bleibt nur noch eine Alternative übrig, nämlich zu akzeptieren, daß die Person nur dem Namen nach oder durch Benennung existiert.«

Ich und Handlung

»Warum wird im Buddhismus die Untersuchung der Natur des Ich so stark betont? Vor allem beschäftigt sich die Analyse mit dem Ich als Handelnden und mit dem Ich als Erlebenden. Von daher ist es sehr wichtig. Schauen wir uns nun den Fluß unserer Erfahrungen an: Gefühle wie Traurigkeit und so weiter entstehen als Reaktion auf bestimmte Erfahrungen. Dann entstehen bestimmte Wünsche in unserem Bewußtsein. Aus diesen Wünschen erwächst die Motivation für Handlungen, und zusammen mit der Motivation zur Handlung kommt ein Gefühl von Selbst oder Ich. Zusammen mit dem Gefühl von Ich entsteht ein zunehmendes Greifen nach diesem ›Ich‹; und daraus können sich bestimmte Arten geistiger Anspannung ergeben, wie Anhaften und Ärger. Wenn die Ich-Empfindung sehr stark ist, dann werden Anhaften und Abneigung ebenfalls sehr stark sein.

Nun kann man fragen: Sind die aus dem Greifen nach dem Ich resultierenden geistigen Zustände notwendigerweise von einer Leid verursachenden Natur – wie zum Beispiel Anhaften und Ärger –, oder könnten sie möglicherweise heilsam sein? Das muß untersucht werden. In diesem Zusammenhang wird die Frage des Ich sehr zentral. Es wird erforderlich, die Natur des Ich, das in die verschiedenen geistigen Prozesse verwickelt ist, genau zu untersuchen. Man erinnere sich daran, daß diese geistigen Prozesse vom buddhistischen Standpunkt aus durch Verursachung erklärt werden. Man behauptet nicht, daß das Ich als Handelnder oder Erlebender außerhalb der kausalen Kette steht. Das ist sehr wichtig, denn unser vorrangiges Interesse ist, Glück zu erlangen und Leid zu vermeiden; und der Handelnde, der dieses Anliegen hat, ist das Ich. Wenn wir nun von Erfahrung sprechen, kommen die meisten unserer Handlungen aus einer Motivation, und diese Motivation begründet sich letzten Endes durch eine Ich-Empfindung.

Wirksame Handlung hat viel mit Motivation zu tun. Manchmal kann es spontanes Handeln ohne vorherige Motivation geben, aber die meisten dieser Handlungen sind ethisch neutral, indem sie weder zu Freude noch zu Leid führen. Es gibt keinen *absoluten* Standpunkt, von dem aus wir zwischen positiven und negativen Handlungen unterscheiden können. Aber naturgemäß streben wir nach Glück, und deshalb halten wir es für positiv. Folglich werden diejenigen Handlungen und Motivationen, die Glück bringen, als positiv angesehen, während die, die letztlich Leid verursachen, als negativ betrachtet werden.

Jetzt können wir fragen: Ist es denn eine schlechte Sache, eine Ich-Empfindung zu haben? Zunächst einmal macht es keinen Unterschied, ob man eine Ich-Empfindung haben möchte oder nicht – denn sie ist etwas Gegebenes. Diese Ich-Empfindung kann zu Leid oder zu Glück führen. Es gibt aber auch verschiedene Ich-Empfindungen. Zum Beispiel eine, die an einem Selbst als wahrhaft, inhärent existent festhält. Eine andere Art der Ich-Empfindung greift nicht nach dem Ich, als sei es inhärent existent.

Ich bin überzeugt davon, daß eine starke Ich-Empfindung Probleme bereitet. Zum Beispiel macht ein starkes Gefühl von ›Ich‹ oder ›mein‹ Schwierigkeiten, wenn wir eine Trennung einführen zwischen Zuneigung zu Freunden und den Haß gegen Feinde. Trotzdem ist dasselbe geistige Gefühl manchmal auch sehr nützlich und notwendig. So kann eine starke Ich-Empfindung Durchsetzungskraft und einen starken Willen zur Veränderung erzeugen, womit man alle möglichen Hindernisse überwinden kann. Das ist äußerst wichtig. Es ist keine leichte Sache, den Geist zu entwickeln, und wie für jede schwierige Aufgabe brauchen wir Entschlossenheit und Anstrengung. Unermüdliche Anstrengung kommt durch einen starken Willen. Um also Selbstvertrauen und einen starken Willen entwickeln zu können, ist diese starke Ich-Empfindung erforderlich.

Was ist dann das Element in einer starken Ich-Empfindung, das uns Schwierigkeiten bereitet? Was genau ist es, das stört? Diese Frage verlangt eine sehr präzise Untersuchung. Durch die genaue Analyse kommen wir zu einer dreifachen Unterteilung der verschiedenen Formen, wie das Ich aufgefaßt werden kann: (1) die Auffassung des Ich als wahrhaft existent; (2) die Auffassung des Ich als nicht wahrhaft existent; und (3) die Auffassung des Ich ohne Unterscheidung, ob es wahrhaft existent ist oder nicht. Dabei ist es entscheidend, die exakte Bedeutung der Formel ›als wahrhaft existent auffassen‹ zu verstehen. ›Wahrhaft existent‹ impliziert hier eine Existenz aus sich selbst heraus.«

Die Motivation zum Handeln ist geistig

»Motivation ist das entscheidende Element in dem grundlegenden Wunsch, Glück zu erfahren und Leid zu vermeiden. Wodurch wird die Motivation bestimmt? Der Körper kann zwar als zusätzlicher Faktor mitwirken, den wesentlichen Einfluß auf das Herausbilden von Motivationen hat aber der Geist.

Noch einmal, die Motivation ist der Schlüssel, der die Natur unserer Erfahrungen bestimmt, während es unsere Einstellungen und Weisen des Verstehens sind, die unsere Motivation wesentlich beeinflussen. Die negativen und störenden Kräfte, die wir loszuwerden versuchen, sind ebenfalls geistiger Natur. Genauso ist das Instrument, das wir benutzen, um die störenden Kräfte auszuschalten oder zumindest zu schwächen, auch geistig. Bestimmte Geistesfaktoren werden also benutzt, um andere geistige Faktoren zu beseitigen. Aus diesem Grund ist eine Diskussion der Natur des Geistes und der geistigen Faktoren von größter Bedeutung.

Wenn man von der völligen Beseitigung dieser Fehler spricht, handelt es sich um ein sehr hohes Ziel: die Befreiung oder Erleuchtung, die weit entfernt erscheinen mag. Betrachten wir aber die eigene Erfahrung, so ist es möglich, die störenden Elemente im Geist durch den Gebrauch des Geistes zu reduzieren; das ist etwas, das wir durch eigene Erfahrung bestätigen können. Nehmen wir zum Beispiel anfängliche Unwissenheit als einen geistigen Sachverhalt. Um sie abzuschwächen, beginnen wir mit Studien und der Ansammlung neuer Erfahrungen, und in einem allmählichen Prozeß nimmt die Unwissenheit ab.

Um den Geist umwandeln zu können, ist es wichtig, ein klares Verständnis vom Geist zu haben. Zum Beispiel behaupten die Buddhisten der *Vaibhāshika*-Schule, daß Wahrnehmung unmittelbar ist, was heißen soll, daß es zwischen der Wahrnehmung und dem wahrgenommenen Objekt nichts Vermittelndes gibt. Dagegen unterstellen die *Sautrāntika*-Schule und die beiden buddhistischen Mahāyāna-Schulen, daß es eine Art von Bild (Skrt.: *ākāra*; tib.: *rnam pa*) gibt, das zwischen Wahrnehmung und Objekt vermittelt. Dies ähnelt der Vorstellung von Sinnesdaten, die zwischen Wahrnehmung und wahrgenommenem Objekt vermitteln.«

An dieser Stelle meldete sich Charles Taylor zu Wort, der eine ethische Frage klären wollte, die Seine Heiligkeit aufgeworfen hatte, als er davon sprach, daß eine starke Ich-Empfindung geistige Störungen erzeugt. »Kann diese Ich-Empfindung eigentlich in irgendeiner Weise heilsam sein? Was unterscheidet eine heilsame Ich-Empfindung von Selbst von einer unheilsamen?«

Seine Heiligkeit erwiderte: »Für jemanden, der das Leiden zu überwinden sucht, ist es sehr wichtig, zwischen den beiden unterscheiden zu können, da dies den entscheidenden Faktor darstellt, von dem aus wir unsere Erfahrung bewerten. Es sei noch einmal betont, daß es kein *absolutes* Kriterium gibt, nach dem wir zwischen einer heilsamen und einer unheilsamen Ich-Empfindung unterscheiden. Allerdings erleben wir es in unserer gelebten Erfahrung, wenn eine bestimmte Ich-Empfindung zusammen mit anderen geistigen Faktoren und Motivationen auftaucht, daß sie schließlich zu Leid führt. Aufgrund der Natur dieses Ergebnisses kann man im Rückblick feststellen, daß diese Ich-Empfindung unheilsam war. Es geht hier also nicht um eine absolute Qualität innerhalb der Ich-Empfindung, sondern vielmehr um eine relative Eigenschaft, die in Relation zu dem Ergebnis, zu dem sie führt, beurteilt wird.

Lassen wir die Frage der Unterscheidung zwischen einer heilsamen oder unheilsamen Ich-Empfindung für einen Moment beiseite, und wenden wir uns einem anderen damit verbundenen Faktor zu, nämlich, ob die Ich-Empfindung in Übereinstimmung mit der Realität ist. Allgemein gesprochen, muß ein gesunder Geist mit der Realität übereinstimmen. Wenn man, darüber hinaus, seinen heilsamen Geisteszustand bis zu dessen letztendlicher Wirklichkeit verfolgt, so weit wie es möglich ist, dann muß er notwendigerweise in Übereinstimmung mit der Realität sein. Daher wollen wir nun zuerst die drei Arten von Ich-Empfindung analysieren, die wir früher erwähnt haben, um herauszufinden, welche von ihnen mit der Realität übereinstimmen und welche nicht.

Untersuchen wir also als erstes jene Ich-Empfindung, die das Ich als inhärent existent wahrnimmt. Wie bestimmt man, ob dieser Geist mit der Realität übereinstimmt oder nicht? Das kann man überprüfen, indem man herausfindet, ob das so wahrgenommene Ich in jener Weise existiert oder nicht. Einfach gesagt, wenn ein Ich existiert, das der Referent der Empfindung des als wahrhaft existent wahrgenommenen Ich ist, dann würde das Gefühl von Ich mit der Realität übereinstimmen. Wenn es diesen Referent der Ich-Empfindung aber nicht gibt – wenn das Ich tatsächlich überhaupt nicht existiert –, dann ist das Gefühl von Ich ungültig. Das ist exakt der Punkt, an dem man im Buddhismus die Leerheit diskutiert.«

Charles wollte dies festnageln: »Im Buddhismus existiert diese Ich-Empfindung also nicht aus sich heraus?«

Seine Heiligkeit erläuterte diese Position: »Das gilt nicht für alle Buddhisten oder alle buddhistischen Schulen. Der Begriff *Ich-* oder *Selbstlosigkeit*, oder *Identitätslosigkeit* wird vom Buddhismus allgemein anerkannt, seine Bedeutung variiert aber von einer Lehrmeinung zur anderen.«

»Ich dachte, die beiden Aussagen ›wahrhaft existent‹ und ›existent durch Zuschreibung‹ seien inkompatibel?« fragte Charles. »Vorher hieß es, daß der Glaube daran, daß das Ich nur als Zuschreibung existiere, allen buddhistischen Schulen eigen ist.«

Seine Heiligkeit erklärte: »Es gibt vier Haupt-Schulrichtungen in der buddhistischen Philosophie, von denen wir die Schule der Prāsangika Mādhyamika als die tiefgründigste ansehen. Eine Lehrmeinung identifiziert das Ich im Wesentlichen mit dem Bewußtsein, wohingegen die Prāsangika-Schule das Ich als etwas ansieht, das auf der Grundlage der Ansammlung der Aggregate, oder von Körper und Geist, zugeschrieben ist. Die *Svātantrika Mādhyamika* und alle niedrigeren buddhistischen Schulen betrachten die Aussage, daß Phänomene als bloße Zuschreibung existieren, also nicht aus ihrer eigenen Natur heraus, als einen Ausdruck von Nihilismus.«

»Und *Nihilismus* ist ein abwertender Begriff?«

»Ja. Nach Ansicht der Prāsangika, bestehen alle diese anderen Schulen fälschlicherweise auf einer Form von Essentialismus oder Substantialismus.«

»Halten Sie das Ich also für nicht wahrhaft existent?«

»Wenn das Ich tatsächlich nicht wahrhaft existiert, dann ist die Auffassung eines Ich als nicht wahrhaft existierend natürlich in Übereinstimmung mit der Realität.«

»Womit die dritte Möglichkeit, das eine vom anderen nicht zu unterscheiden, auch ein Fehler sein muß, oder täusche ich mich?«, fragte Charles.

»Wenn man ohne groß darüber nachzudenken und ohne überhaupt eine starke Ich-Empfindung zu haben, ›Vielleicht sollte ich dorthin gehen‹ oder ›Ich werde eine Tasse Tee trinken‹ oder ›Mein Gefühl ist soundso‹ – in diesen Fällen unterscheidet die Ich-Empfindung im großen und ganzen nicht, ob das Ich wahrhaft existiert oder nicht wahrhaft existiert. Sobald sich die Ich-

Empfindung aber stärker erhebt, zum Beispiel wenn man denkt: ›Oh, ich werde einen Verlust erleiden‹ oder ›Ich muß etwas unternehmen‹, dann geht in den meisten Fällen mit dieser stärkeren Ich-Empfindung ein Greifen nach dem Ich als wahrhaft existent einher.«

Seine Heiligkeit fuhr anschließend fort: »Stellen wir uns eine Person vor, die untersucht hat, ob das Ich wahrhaft existiert oder nicht, und die durch diese Untersuchung zu einer tatsächlichen Erfahrung der Abwesenheit wahrer Existenz des Ich gekommen ist. Wenn bei einer solchen Person das Gefühl von Selbst einmal stärker zu entstehen beginnt, dann würde es nicht mit der Empfindung eines Ich als wahrhaft existierend entstehen. Statt dessen würde das Ich ohne die Bewertung, ob es wahrhaft existiert oder nicht wahrhaft existiert, aufgefaßt. Es könnte dieser Person auch passieren, daß ihr das Ich zwar als wahrhaft existierend erscheint, daß sie aber weiß, daß dem so nicht ist. In diesem Fall wird das Ich als eine Illusion aufgefaßt. Es erscheint auf eine Weise, aber man weiß, daß es entsprechend dieser Art von Erscheinung nicht existiert. Daher ist es wie eine Illusion.«

Kompakt, wie dieser Austausch war, vermittelte er doch einen lebhaften Eindruck davon, wie Theorien vom Geist und ethisches Verhalten in der buddhistischen Tradition nicht wirklich voneinander zu trennen sind. Jetzt war seine Heiligkeit bereit, über Bewußtsein zu sprechen.

Bewußtseinsebenen

»Sprechen wir von Körper und Geist, dann sagen wir, daß zu den fünf psychophysischen Aggregaten auch das Aggregat des Bewußtseins gehört. So gesehen erscheint es, daß Geist oder Bewußtsein eine Sache an und für sich selbst ist. Doch das ist eine falsche Ansicht, weil es viele Abstufungen der Feinheit von Bewußtsein gibt. So existiert zum Beispiel die grobe Ebene von Geist und Energie in Abhängigkeit von den groben physischen Aggregaten. Solange das Gehirn funktioniert, gibt es grobes Bewußtsein, und wenn man gehirntot ist, hat man kein Bewußtsein mehr auf dieser Ebene. In Abwesenheit eines richtig funktionierenden Gehirns wird kein grobes Bewußtsein entstehen. Bis hier stimmt die buddhistische Ansicht mit der der Neurowissenschaften überein.

Diese beiden Ansätze weichen an der Stelle voneinander ab, wo vom buddhistischen Standpunkt aus behauptet wird, daß sich in der Herzgegend ein wichtiges Energiezentrum befindet, in dem sich der Sehr Subtile Energie-Geist befindet. Einige tibetische Kommentare sagen, daß das Herzzentrum der Lebensenergie tatsächlich im physischen Organ des Herzens liegt. Ich würde sagen, das ist nicht wahr, aber ich bin mir auch nicht sicher, wo es sich genau befindet!« Er lächelte verschmitzt. »Wenn sich allerdings Meditierende sehr stark auf die Herzgegend konzentrieren, machen sie kraftvolle Erfahrungen, so daß es da offenbar eine Verbindung gibt. Gleichzeitig kann niemand wirklich genau sagen, wo sich nun das Herzzentrum befindet. Darüber hinaus gibt es auch unterschiedliche Auffassungen in den buddhistischen Schriften über Meditation, Philosophie und dergleichen; und die Literatur der tibetischen Medizin kennt ihre eigene einzigartige Darstellung bezüglich der subtilen Kanäle, der Zentren und so weiter. Auch in den verschiedenen tantrischen Systemen wird man etliche Unterschiede und Variationen zu diesem Thema finden.«

Typen kausaler Zusammenhänge

»Es scheint ziemlich klar zu sein, daß das Bewußtsein vom Funktionieren des Gehirns abhängt. Also gibt es eine kausale Beziehung zwischen der Gehirnfunktion und dem Entstehen eines groben Bewußtseins. Aber die Frage, die ich weiterhin stelle, ist: Welche Art von kausaler Verbindung ist es? Im Buddhismus unterscheiden wir zwei Typen von Ursachen. Die erste ist eine *substanzielle Ursache*, bei der sich der Stoff der Ursache tatsächlich in den Stoff der Wirkung umwandelt. Die zweite ist eine *beitragende Bedingung*, nach der ein Ereignis infolge eines vorangegangenen Ereignisses stattfindet, wobei es aber keine Umwandlung des früheren in das spätere gibt.

Wir kennen drei Kriterien dafür, daß es eine kausale Beziehung zwischen, sagen wir A und B gibt. Zunächst muß A vorhanden sein, damit B auftritt. Dadurch wird die Vorstellung ausgeschlossen, daß durch etwas Nicht-Existierendes irgendetwas bewirkt werden könnte. Damit also B von A verursacht sein kann, muß A existieren. Das zweite Kriterium wirkt der Vorstellung einer permanenten, unveränderlichen Ursache entgegen. Es lautet: Wenn A die Ursache von B sein soll, muß A selbst der Veränderung unterworfen sein; es muß unbeständig sein. Dann entsteht aus A seinerseits B, das ebenfalls unbeständig ist. Kurz, das zweite Kriterium besagt, daß die Ursache von unbeständiger Natur sein muß; sie kann nicht unveränderlich und beständig sein. Darüber hinaus muß die Ursache selbst auch die Wirkung von etwas anderem sein. Es gibt keine erste Ursache ohne eine vorangehende Ursache. Das dritte Kriterium besteht darin, daß, wenn es einen kausalen Zusammenhang zwischen A und B gibt, es eine gewisse Übereinstimmung zwischen der Ursache und ihrer Folge geben muß.

»Wenden wir dies nun einmal auf die kausale Entstehung des Bewußtseins und seine Verbindung zur Gehirnfunktion an. Welche Art von Kausalität haben wir da? Unserer Erfahrung nach kennen wir zwei Arten von Phänomenen, körperliche und geistige, die qualitativ verschieden zu sein scheinen. Physische Phänomene scheinen im Raum lokalisiert und neben anderen Eigenschaften, durch quantitative Meßbarkeit ausgezeichnet zu sein. Im Gegensatz dazu haben geistige Phänomene offenbar weder eine Position im Raum, noch können sie quantitativ gemessen werden, da sie ihrer Natur nach einfache Erfahrungen sind. Es scheint, als hätten wir es mit zwei sehr verschiedenen Arten von Phänomenen zu tun. Wenn in einem solchen Fall ein physisches Phänomen als substanzielle Ursache für ein geistiges Phänomen herhalten sollte, so würde es zwischen den beiden scheinbar einen gewissen Mangel an Übereinstimmung geben. Wie könnte sich eins ins andere umwandeln, wenn sie qualitativ so unterschiedlich scheinen? Das muß beantwortet werden, und wir werden später darauf zurückkommen.«

Das Grundbewußtsein

»Kommen wir jetzt noch einmal auf das Speicher- oder Grundbewußtsein zurück. Der Grund (tib.: *kun gzhi*) ist ein Begriff, der in der Vajrayāna-Literatur häufig auftaucht. Manchmal bezieht er sich auf Leerheit, die ein Objekt des Geistes ist, und manchmal auf ein subjektives Gewahrsein, nämlich das ›klare Licht‹. Im zweiten Fall wird das Klare Licht der Grund genannt, oder wörtlich *Grund von Allem*, weil es die Grundlage sowohl der zyklischen Existenz als auch der Befreiung, also von *Samsāra* und *Nirvāna*, ist. Allerdings braucht im Vajrayāna, im Gegensatz zu der Behauptung des Yogāchāra, das Grundbewußtsein nicht ethisch neutral zu sein habe; das heißt, daß dieses Klare Licht nicht etwas sein muß, das weder heilsam noch unheilsam ist. Warum ist das so? Weil dieses Klare Licht durch spirituelle Praxis in den Geist der Erleuchtung umgewandelt wird.

Auch finden wir in der Dzogchen-Literatur, den Schriften über die ›Große Vollendung‹, einen anderen Gebrauch des Begriffes Grund von Allem; hier wird er auf zweierlei Weise verwendet. Zuerst bezieht er sich auf die Basis der latenten Neigungen und zweitens auf die ursprüngliche Wirklichkeit. Ich bin mir über den Referenten in der zweiten Verwendung des Begriffes allerdings nicht ganz sicher. Der erste Fall bezieht sich auf einen bestimmten Geisteszustand. Nach der Nyingma-Schule des tibetischen Buddhismus gibt es zwei Arten von Geist: Grundlagebewußtsein, das die Grundlage für latente Neigungen ist, und Ursprüngliches Gewahrsein (tib.: *rig pa*). Von der Erfahrung her geht das Grundlagebewußtsein der Erfahrung von Ursprünglichem Gewahrsein voraus. Was diesen Arten von Bewußtheit gemeinsam ist, ist, daß in beiden Erscheinungen entstehen; jedoch – anders als für den gewöhnlichen Geisteszustand – folgen sie Erscheinungen nicht nach, oder beschäftigen sich mit ihnen. Dennoch unterscheidet sich das Grundbewußtsein von Ursprünglichem Gewahrsein dadurch, daß das Erstgenannte einen gewissen Grad von Täuschung beinhaltet.

Ursprüngliches Gewahrsein und Grundbewußtsein haben die Eigenschaft gemein, daß sie Objekten nicht nachfolgen. Es ist aber sehr wichtig, den Unterschied zwischen beiden zu erkennen. Sonst könnte man die Natur der Dzogchen-Praxis falsch verstehen und denken, sie bestünde daraus, einfach nur passiv dazusitzen, ohne auf das zu reagieren, was einem im Geist erscheint. Es ist eine Fehlauffassung von Dzogchen, oder der Erfahrung Ursprünglichen Gewahrseins, zu meinen, es bedeute, einfach in der Gegenwart herumzusitzen, ohne dem Objekt zu folgen. Um diesen Fehler zu beseitigen, treffen wir diese Unterscheidung: Im Grundbewußtsein gibt es immer noch einen Rest von Unklarheit oder Täuschung in dieser passiven Bewußtheit. Dagegen ist Ursprüngliches Gewahrsein, wenn es erscheint, außerordentlich lebendig, leuchtend und befreiend. Es gibt also einen radikalen Unterschied in der Qualität von Gewahrsein dieser beiden Zustände. Solange man aber die Natur von Ursprünglichem Gewahrsein nicht erfahren hat, könnte man die beiden verwechseln.

Eine Person, die sich in dieser Praxis übt, erfährt beide Zustände nacheinander. Wenn man passiv dasitzt und sich nicht mit dem Objekt beschäftigt, erscheint zuerst das Grundbewußtsein. Dann, nachfolgend, erscheint Ursprüngliches Gewahrsein, das sich qualitativ sehr davon unterscheidet. Sobald man in der Erfahrung der Ursprünglichen Bewußtheit gut geübt ist, muß man das mit Täuschung behaftete Grundbewußtsein nicht mehr vor dem leuchtenden Ursprünglichen Gewahrsein erfahren. Es ist wahrscheinlicher, daß man sofort in das ungetäuschte Ursprüngliche Gewahrsein hineingleitet. Dies ist ein sehr wichtiger Punkt.

Es gibt drei Arten von Ursprünglichem Gewahrsein: *Grundlegendes Ursprüngliches Gewahrsein* (tib.: *gzhi'i rig pa*) wirkt als Basis für das gesamte Samsāra und Nirvāna und ist identisch mit dem subtilen Klaren Licht. Dies ist das Ursprüngliche Gewahrsein, das man zur Zeit des Todes erfährt, nicht aber im Wachzustand. Aus diesem Gewahrsein heraus entsteht das Grundbewußtsein. Durch meditative Praxis kann man dann, nach der Erfahrung des Grundbewußtseins, die Erfahrung einer zweiten Art von Ursprünglichem Gewahrsein machen, nämlich des *Ausstrahlenden Gewahrseins* (tib.: *rtsal gyi rig pa*). Die dritte Art von Gewahrsein wird *Natürliches Ursprüngliche Gewahrsein* (tib.: *rang bzhin gyi rig pa*) genannt. Und was ist das Natürliche Ursprüngliche Gewahrsein? Als Ergebnis meditativer Praxis ist es möglich, eine direkte Erfahrung des subtilen Klaren Lichts zu erlangen. Es wird das natürliche Klare Licht genannt wird, um es vom grundlegenden Klaren Licht zu unterscheiden, das man nur im Augenblick des Todes erfahren kann.«

Die Kontinuität der Bewußtseinsebenen

»Lassen Sie uns zum Schluß ein noch offenes Thema ansprechen, nämlich den Ursprung des Bewußtseins selbst. Was ist die substanzielle Ursache für den ersten Bewußtseinsmoment nach der Zeugung eines menschlichen Fötus? Es gibt hierzu im Buddhismus zwei Ansichten, eine aus dem Sūtrayāna, die andere ist Vajrayāna. Die Sūtrayāna-Sicht geht allgemein davon aus, daß es ein Kontinuum des Bewußtseins geben muß: Bewußtsein erzeugt Bewußtsein. Es muß eine Übereinstimmung zwischen Ursache und Wirkung geben, wenn sich eins ins andere umwandeln soll, und aus diesem

Grund muß es ein vorangehendes Bewußtseinskontinuum geben, das der Anstoß für den ersten Bewußtseinsmoment nach der Empfängnis ist. Das ist ein allgemeines philosophisches Thema im Sūtra-Kontext. Zusätzlich zum vorangehenden Bewußtseinskontinuum, das die substanzielle Ursache für das spätere Bewußtsein ist, können sich auch latente Neigungen in Bewußtsein verwandeln; es gibt also zwei Arten substanzieller Ursachen für die Entstehung des Bewußtseins.

Im Kontext des Vajrayāna findet man eine genauere Diskussion dazu unter dem Begriff des Sehr Subtilen Geistes, der auch Ursprüngliches Bewußtsein oder *Ursprüngliches Klares Licht* genannt wird. Dieser wird als substanzielle Ursache aller Formen von Bewußtsein bezeichnet. Das Kontinuum des Sehr Subtilen Energie-Geistes ist die Grundlage für ganz Samsāra und Nirvāna, eine Eigenschaft, die die Yogāchāra-Schule dem Grundbewußtsein zuschreibt. Beide haben dies gemeinsam, doch schreibt die Yogāchāra-Schule dem Grundbewußtsein eine Menge mehr Eigenschaften zu, die, gemäß dem Vajrayāna, nicht zum sehr subtilen Geist gehören. Das Kontinuum des Sehr Subtilen Geistes ist also nicht – noch nicht einmal aus konventioneller Sicht – das Grundbewußtsein, wie der Yogāchāra es postuliert. Weil aber das Kontinuum des Sehr Subtilen Geistes dem *Vajrayāna* zufolge als Grundlage für ganz Samsāra und Nirvāna wirkt, nennen wir es den Grund von Allem.

Warum bejahen die Yogāchārin die Existenz des Grundbewußtseins? Die rationale Erklärung dafür ist die, daß sie nach etwas suchen, was das Ich ist. Aus Gründen der logischen Argumentation sind sie zu dieser Behauptung gezwungen. Die Postulierung des Sehr Subtilen Geistes im Vajrayāna kommt aber nicht auf diese Weise zustande. Das Vajrayāna postuliert die Existenz des Sehr Subtilen Geistes nicht als Ergebnis der Suche nach etwas, das wirklich das Ich wäre.«

Um diese Aussagen mit der Vorstellung des Bewußtseinskontinuums zusammenzubringen, fragte ich, ob das Bewußtseinskontinuum letztlich das gleiche ist, wie das Grund- oder Speicherbewußtsein. Seine Heiligkeit bestätigte dies und sagte, daß im Kontext von Dzogchen das ewig vorhandene, Subtile Klare Licht, auch bekannt als Natürliches Ursprüngliches Gewahrsein oder Dharmakāya, tatsächlich dasselbe ist wie das Bewußtseinskontinuum.

Geistesfaktoren und Schlaf

Seine Heiligkeit fuhr fort: »Im Buddhismus finden wir sehr genaue und tiefschürfende Diskussionen über die Natur des Geistes. Beispielsweise werden ein Geist, der sein Objekt kennt, und ein Geist, der sein Objekt nicht kennt, unterschieden. Dann werden Unterscheidungen zwischen gültiger und ungültiger Kognition gemacht, das heißt, zwischen einer Wahrnehmung, die ihr Objekt korrekt erfaßt, und einer, die dies nicht tut. Darüber hinaus gibt es Unterscheidungen von Geist und geistigen Funktionen und von konzeptuellem und nichtkonzeptuellem Gewahrsein.

Der Grund dafür, daß man die Theorien so sorgfältig ausgearbeitet und diese verschiedenartigen Einteilungen vorgenommen hat, liegt nicht nur darin, daß man die Natur des Geistes möglichst genau beschreiben wollte. Vielmehr besteht die primäre Absicht darin, zu bestimmen, wie die störenden Geistesfaktoren beseitigt werden können, und in der Kultivierung all jener Faktoren, die zu Glück führen. In dem Text »Kompendium des Wissens« (Skrt.: *Abhidharmasamuchchaya*) trifft Ārya Asanga die Unterscheidung zwischen Geist und Geistesfaktoren, von denen einundfünfzig aufgezählt werden. Unter diesen einundfünfzig Faktoren werden vier veränderliche Geistesfaktoren genannt, und einer von denen ist Schlaf.[14] Die gemeinsame Eigenschaft der vier veränderlichen Geistesfaktoren ist, daß sie, abhängig von anderen Faktoren wie Motivation, heilsam oder unheilsam sein können.

Die Kraft ihrer spirituellen Praxis wird um so größer sein, wenn Sie zusätzlich zur Übung im Wachzustand das Bewußtsein auch während des Schlafes zur Kultivierung heilsamer Bewußtseinszustände anwenden können. Anderenfalls werden in jeder Nacht zumindest einige Stunden einfach vergeudet sein. Es ist sinnvoll, wenn man den Schlaf in etwas tugendhaftes umwandeln kann. Die Methode des Sūtrayāna ist es, beim Einschlafen einen heilsamen Geisteszustand zu entwickeln, wie etwa Mitgefühl, oder die Vergänglichkeit oder der Leerheit.

Kultiviert man solche heilsamen geistigen Zustände vor dem Schlaf und setzt sie dann in den Schlaf hinein ohne Ablenkung fort, so wird der Schlaf selbst zu etwas Heilsamen. Das Sūtrayāna lehrt zwar, wie man den Schlaf umwandelt, damit der heilsam wird, doch scheint dies keine Techniken zu beinhalten, um auch das Traumgeschehen positiv zu beeinflussen.

Es gibt auch Hinweise zur Verwendung bestimmter Zeichen im Traum, die den Grad der Verwirklichung von Praktizierenden anzeigen. Das hat mit Pete's Frage von gestern über prophetische Träume zu tun. Taucht so etwas nur ein einziges Mal auf, sieht man es nicht als bedeutend an, wenn aber solche Träume sehr beharrlich auftreten, wäre es beachtenswert. Es muß dann untersucht werden, ob dafür noch andere Ursachen in Frage kommen.«

Klares Licht, Subtiles Ich

»Wir kommen jetzt zum Vajrayāna und den vier Tantra-Klassen. Obwohl es bei den drei niedrigeren Klassen des Tantra eine umfangreiche Diskussion über gute und schlechte Träume sowie gute und schlechte Zeichen gibt, wird nichts über die Benutzung der Träume zum Zweck der Übung gesagt. Dennoch beinhalten dieselben drei Tantra-Klassen Methoden, wie die Meditation über die selbst gewählte tantrische Gottheit (Skrt.: *ishtadevatā*, tib.: *yidam*), um dem Traumzustand eine größere Klarheit zu verleihen.

Im Höchsten Yoga-Tantra, der vierten und zugleich tiefgründigsten Tantra-Klasse, wird über die grundlegende Natur der Wirklichkeit gesprochen. Auf dieser Tantra-Stufe werden nicht nur die Natur des Pfades und die Krönung des Pfades, die Buddhaschaft, diskutiert, sondern auch Geist und Körper, und zwar in Begriffen von drei zunehmend feineren Zuständen oder Ebenen: des groben, subtilen und sehr subtilen Zustandes. In diesem Zusammenhang kann man auch von der groben und der subtilen Ebene von Ich oder Selbst sprechen. Bedeutet das demzufolge, daß es gleichzeitig zwei verschiedene Arten von Ich gibt, ein grobes Ich und ein subtiles Ich?

Die Antwort ist Nein. Solange es den groben Körper und Geist gibt, wird das grobe Ich auf der Basis des groben Körper und Geistes sowie ihres Verhaltens bestimmt. Deshalb kann man zu dieser Zeit kein subtiles Ich identifizieren. Mit dem Zusammenbruch des groben Körpers und Geistes aber an dem Punkt des Klaren Lichtes des Todes ist der grobe Geist völlig verschwunden, und alles was bleibt, ist das Kontinuum des Sehr Subtilen Energie-Geistes. Zur Zeit des Klaren Lichtes des Todes gibt es nur noch den Sehr Subtilen Energie-Geist, auf dessen Grundlage man die Sehr Subtile Person oder das ›Ich‹ zuschreiben kann. Es gibt in diesem Stadium keinerlei grobes Ich mehr, weshalb die beiden – das grobe Ich und das subtile Ich – nicht gleichzeitig manifest sein können. Damit ist der Fehler vermieden, daß zwei Leute zur selben Zeit existieren.

Um nun auf die frühere Frage von Francisco zurückzukommen, die Bestimmung des subtilen Ich findet in einem besonderen Traumzustand statt. Dies ist keine reine Erfindung, denn das subtile Ich löst sich wirklich vom groben Körper ab. Das subtile Ich zeigt sich nicht in allen Träumen, sondern nur in einem speziellen Traum, in dem man den besonderen Traumkörper annimmt, der sich vom groben Körper trennen kann. Dies ist eine Gelegenheit, bei der sich der subtile Körper und das subtile Selbst manifestieren. Eine weitere Gelegenheit besteht während des Bardo, der Zwischenperiode zwischen zwei Leben. Will man Verunreinigungen des Geistes entfernen und heilsame Qualitäten anwachsen lassen, dann ist es optimal, wenn man sowohl den groben, als auch den subtilen Geist benutzt, wobei letzterer besonders durch die Praxis des Traum-Yoga gefördert werden kann. Es ist der Mühe wert, wenn möglich, alle Ebenen des Subtilen und Sehr Subtilen Energie-Geistes zu benutzen.«

Der Kreislauf der Verkörperung

»Nāgārjuna erwähnt einen weiteren Vorteil der Praxis von Schlaf- und Traum-Yoga: Der geschickte Gebrauch des besonderen Nervensystems und der physischen Konstitution, die wir gerade als Menschen auf dieser Erde besitzen. Mit dieser Konstitution, die eine Zusammensetzung von sechs Anteilen ist, erfahren wir drei Zustände: Tod, Zwischenzustand und Wiedergeburt. Diese drei Stadien, die unsere menschliche Existenz charakterisieren, weisen bestimmte Ähnlichkeiten mit den Körpern eines Buddha auf.

Einer dieser Körper wird *Dharmakāya* genannt; er kann als Zustand des reinen Aufhörens der Vermehrung der Phänomene beschrieben werden kann. Es gibt bestimmte Übereinstimmungen zwischen Dharmakāya und dem Tod, bei dem sich die groben Ebenen des Energie-Geistes in das grundlegende Klare Licht auflösen. Ferner löst sich zum Todeszeitpunkt jegliche Vermehrung der Phänomene in die reine Natur der Sphäre letztendlicher Realität (Skrt.: *dharmadhātu*, tib.: *chos kyi dbyings*) hinein auf. Diese ist natürlicherweise keine Person, sondern ein Zustand.

Den zweiten Zustand, den wir erleben, der sogenannte Zwischenzustand, ist das Intervall zwischen zwei Leben. Er ist die Verbindung zwischen dem Tod und dem Annehmen eines neuen physischen Körpers bei der Empfängnis. Zum Todeszeitpunkt entsteht aus dem Klaren Licht des Todes heraus eine Form, die aus subtilem Energie-Geist besteht und von groben Ebenen des Körpers und Geistes frei ist. Diese ist zum *Sambhogakāya* analog, der die Verkörperung eines Buddhas in seiner ursprünglichen Form ist, wie sie aus dem *Dharmakāya* entsteht. Sowohl der *Sambhogakāya* als auch der besondere Traumkörper werden als subtile Formen bezeichnet, ebenso wie jene Form, die man im Zwischenzustand annimmt.

Empfängnis findet zum Zeitpunkt des Beginns der Bildung des groben Körpers und der groben Energien statt. In ähnlicher Weise manifestiert ein Buddha aus der reinen Sphäre des Sambhogakāya heraus verschiedene grobstoffliche Formen, *Nirmānakāya* genannt, in Übereinstimmung mit den Bedürfnissen der verschiedenen fühlenden Wesen. Dies ähnelt der Empfängnis. Dabei ist es aber wichtig, zwischen Empfängnis und Entstehen aus dem Mutterleib zu unterscheiden. Hier ist mit Sicherheit Empfängnis gemeint und nicht Entstehen aus dem Mutterleib.

Dies sind also die drei Ähnlichkeiten zwischen den drei Stadien und den Buddha-Körpern. Wir besitzen auch die Anlagen, die uns während unserer menschliche Existenz befähigen, diese drei Stadien zu durchlaufen, und Nāgārjuna empfiehlt, diese Fähigkeiten gemäß der tantrischen Meditationstechniken zu nutzen. Zusätzlich zur Mahāyāna-Praxis der Meditation über Leerheit und Mitgefühl kann man das Klare Licht des Todes benutzen, um Einsicht in die Leerheit zu gewinnen und damit den Tod in den spirituellen Pfad zur Erleuchtung umzuwandeln. Ebenso wie das Klare Licht des Todes als Pfad zur Erlangung des Dharmakāya genutzt werden kann, so nutzt man den Zwischenzustand für das Erreichen des Sambhogakāya und Empfängnis für das Erreichen des Nirmānakāya.«

Traum-Yoga

»Um uns in dem Pfad zu üben, der uns erlaubt, den Tod, den Zwischenzustand und die Wiedergeburt umzuwandeln, müssen wir bei drei Gelegenheiten üben: während des Wachzustandes, im Schlaf und während des Sterbens. Das bedeutet, daß die spirituelle Schulung ganz in der Person integriert werden muß. Damit haben wir drei Gruppen mit je drei Aspekten:

1. Tod, Zwischenzustand, Wiedergeburt
2. Dharmakāya, Sambhogakāya, Nirmanakāya
3. Schlafen, Träumen, Wachen

Um die drei endgültigen Zustände von Dharmakāya, Sambhogakāya und Nirmānakāya zu erlangen, muß man sich mit den drei Stadien von Tod, Zwischenzustand und Wiedergeburt vertraut machen. Um indes mit diesen dreien vertraut zu werden, muß man Einsicht in die Zustände von traumlosen Schlaf, Träumen und Wachsein entwickeln.

»Damit im Schlaf und im Wachzustand die richtige Erfahrung entsteht, ist es entscheidend, durch Imagination mit dem achtstufigen Prozeß des Sterbens vertraut zu werden, der mit dem Wachbewußtsein beginnt und im Klaren Licht des Todes gipfelt. Dies beinhaltet einen Auflösungsprozeß, ein Zurückziehen. Auf jeder Stufe des echten Sterbeprozesses gibt es innere Anzeichen, und um mit diesen vertraut zu werden, stellt man sie sich in der Meditationspraxis vor. Wenn man dann in der Vorstellung auf der Bewußtseinsebene des Klaren Lichtes weilt, visualisiert man den subtilen Körper, wie er sich vom groben Körper löst, und man stellt sich vor, daß man zu verschiedenen Orten geht; schließlich kehrt man zurück, und der subtile Körper verschmilzt wieder mit der normalen Form. Ist man mit dieser Visualisierung in der Tagespraxis geübt, dann tritt ein analoger achtfacher Prozeß beim Einschlafen natürlich und rasch auf. Dies ist die beste Methode, um sich in die Lage zu versetzen, den traumlosen Schlaf als solchen zu erkennen. Ohne eine tiefere Erfahrung damit in der Meditation am Tag ist es allerdings sehr schwierig, diese Auflösung beim Einschlafen zu erkennen.

Bei der Praxis des Höchsten Yoga-Tantra gibt es zwei Stufen für jede *Sādhana* oder Visualisationsübung: Die *Entwicklungs-* und die *Vollendungsstufe*. Bei der Entwicklungsstufe, der grundlegenderen von beiden, wird der gesamte Prozeß der Auflösung durch die Kraft der Imagination erfahren; man visualisiert ihn einfach. Bei der zweiten Stufe jedoch, der Vollendungsstufe, bringt man durch Prāna-Yoga, welcher die *Vasen-Meditation* beinhaltet, die

Lebensenergien in den Zentralkanal, und eine solche Auflösung findet tatsächlich statt, nicht nur in der Vorstellung, sondern in der Realität. Man erzeugt eine solche Auflösung, und an einem gewissen Punkt wird sich dann das Klare Licht manifestieren.

Ist man in seiner Erfahrung und Praxis an diesem Punkt angekommen, dann ist es sehr leicht, das Klare Licht des Schlafes zu erkennen, wenn es natürlicherweise erscheint. Und wenn man soweit ist, daß man den traumlosen Schlaf als traumlosen Schlaf erkennt, dann gelingt es leicht, den Traum als Traum zu erkennen.

Was ich hier dargestellt habe sind die Mittel, durch die man kraft der Lebensenergien den Schlaf als Schlaf und den Traum als Traum erkennen kann. Dies ist der eine Weg, auf dem man zu diesem Resultat gelangt. Gehen wir jetzt noch einmal zur Tagespraxis zurück. Hat man diese Ebene der Einsicht und Erfahrung nicht durch die Praxis der Lebensenergie erlangt, dann kann man sie durch die Kraft des Willens anstatt über die Lebensenergie erreichen. Wille bedeutet, daß man eine starke Absicht entwickelt und mit großer Entschlossenheit übt. Bei einer solchen Übungsweise ist es schwieriger, den traumlosen Schlaf zu erkennen, als den Traum als Traum zu erkennen.

Verschiedene Faktoren tragen zur Entwicklung der Fähigkeit bei, den Traum als solchen zu erkennen. Der eine ist Ernährung. Genauer gesagt, sollte die Ernährung zum eigenen Metabolismus passen. Beispielsweise spricht man in der tibetischen Medizin von den drei Elementen: Wind, Galle und Schleim. Eines oder mehrere davon sind bei manchen Menschen vorherrschend. Man sollte sich auf eine Weise ernähren, die einem hilft, das Gleichgewicht unter diesen verschiedenen Säften aufrechtzuerhalten. Wenn etwa der Schlaf zu tief ist, dann werden die Träume nicht sehr klar sein. Damit die Träume klarer und der Schlaf leichter werden, sollte man etwas weniger essen. Zusätzlich lenkt man die Aufmerksamkeit beim Einschlafen herauf zur Stirn. Wenn der Schlaf auf der anderen Seite zu leicht ist, kann dies auch ein Hindernis für eine erfolgreiche Praxis sein. Um den Schlaf zu vertiefen, sollte man dann schwerere und öligere Nahrung zu sich nehmen; und während man einschläft, sollte man die Aufmerksamkeit nach unten zum Lebensenergie-Zentrum im Bereich des Nabels oder der Genitalien lenken. Sind die Träume nicht klar genug, kann man die Aufmerksamkeit beim Einschlafen auf das Halszentrum konzentrieren. Bei dieser Übung ist es, wie bei dem Gebrauch des Geräts von LaBerge (siehe S. 96 f.), hilfreich, wenn man jemanden zur Seite hat, der beim Beginn des Träumens leise sagt: ›Du träumst jetzt. Versuche den Traum als Traum zu erkennen.‹

Sobald wir in der Lage sind, das Klare Licht des Schlafes als solches zu erkennen, kann uns dieses Erkennen dazu befähigen, diesen Zustand für längere Zeiten aufrechtzuerhalten. Der Hauptzweck des Traum-Yoga im Kontext tantrischer Praktiken besteht zuerst im Erkennen des Traumzustandes als Traumzustand. Auf der nächsten Stufe konzentriert man dann die Aufmerksamkeit im Herzzentrum seines Traumkörpers und versucht, die Lebensenergie dorthin zurückzuziehen. Das führt dann zu einer Erfahrung des Klaren Lichtes des Schlafes, sobald der Traumzustand beendet ist.

Die Erfahrung des Klaren Lichtes, die man während des Schlafes hat, ist nicht sehr subtil. Bei fortgeschrittener Praxis des Traum-Yoga tritt die erste Erfahrung des Klaren Lichtes als Ergebnis einer Konzentration der Aufmerksamkeit im Herzzentrum des Traumkörpers auf. Obwohl der Zustand des Klaren Lichtes im Schlaf zu Beginn noch nicht sehr subtil ist, wird man ihn mit einiger Übung noch weiter verfeinern und in seiner Dauer ausdehnen können. Ein Nebeneffekt dieses Traumkörpers ist, daß man ein perfekter Spion sein kann.«

Er lachte in seiner üblichen Art. Als er bemerkte, wieviel Zeit die Unterweisung in Anspruch genommen hatte und wie spät es schon war, stand er auf, verbeugte sich vor allen Anwesenden und ging. Langsam sammelten wir unsere Aufzeichnungen und Schreibblöcke zusammen, noch immer verweilend in der Aura eines Wissens, das weitläufig und schwer greifbar war.

6
Tod und Christentum

Die Zeit war gekommen, das sanfte Land der Träume zu verlassen und jener jähen Grenze, der schroffen Realität des Todes, ins Auge zu schauen. Wir wollten den Tag mit der Frage beginnen, wie der Tod als körperlicher Prozeß stattfindet. Bei einem solchen Thema schien es wichtiger denn je, den entsprechenden Kontext klar zu definieren. Ich hatte deshalb noch einmal Charles Taylor gebeten, die westliche Haltung gegenüber dem Tod in einem Überblick darzustellen. Er tat dies in aller Kürze, wie es für ihn typisch war.

Das Christentum und die Liebe Gottes

Sobald sich der Dalai Lama gesetzt hatte, nahm Charles neben ihm Platz und begann. »Ich möchte über die westliche Haltung zum Tod sprechen, doch will ich dazu zunächst noch einen Schritt zurücktreten. Man kann die westliche Haltung nämlich nicht verstehen, ohne das Christentum zu kennen, und die christliche Einstellung zum Tod ist schwer verständlich, ohne einige fundamentale Punkte über das Christentum zu kennen. Deshalb möchte ich einige grundlegende Vergleiche und Gegenüberstellungen zwischen Buddhismus und christlichem Glauben anstellen. Bei beiden haben wir ein Bild vom Menschen als ein in seinem fixierten Selbstverständnis gefangenen Wesen, das der Befreiung bedarf. In beiden Fällen bedeutet Befreiung das unmittelbare Verständnis davon, wer wir eigentlich sind, zu verändern. Unsere Identität muß sich umwandeln.

An diesem Punkt finden wir die Unterschiede. Im Buddhismus scheint die Transformation – jene Veränderung der Identität im eigenen Selbstverständnis – aus einer langen Disziplin des Verstehens der Natur der Realität oder vielmehr der Nichtrealität dieser Identität, wie wir sie anfänglich verstehen, zu kommen. In einem gewissen Sinn wird das Ich transzendiert. Im Christentum, dem Judentum und dem Islam wird diese Transformation durch die Beziehung zu Gott vollzogen – man könnte sagen, durch die Freundlichkeit Gottes.

Dieses religiöse Verständnis gründet sich auf eine sehr allgemeine menschliche Erfahrung. In der Nähe bestimmter Menschen entdecken wir, daß uns die Welt anders erscheint. In der Gegenwart bestimmter Menschen können wir anders sein. Beispielsweise mag im Zusammensein mit Heiligen oder sehr tiefgründigen Menschen unser Mitgefühl zunehmen und unser Ärger verliert sich. Ich denke, es ist uns allen hier in diesen Tagen so in Ihrer Gegenwart gegangen; wir sind nicht ganz die gleichen Menschen wie draußen in unserem sonstigen Leben. Gewissermaßen basiert der ganze religiöse Standpunkt des Christentums, des Judentums und des Islams auf diesem besonderen menschlichen Phänomen, verstanden in einem noch viel weiteren Maßstab. Unsere Beziehung zu Gott kommt einer engen Freundschaft mit einem sehr heiligen Wesen gleich; gerade so, wie die enge Freundschaft zu einer sehr heiligen Person uns verwandeln kann, bewirkt die Freundschaft mit Gott diese Transformation.

Ich werde dies das *dialogische Prinzip* nennen: die Vorstellung, daß der Mensch durch den Dialog oder seine Beziehung zu anderen eine Wandlung erfährt. Dieses dialogische Verständnis steht im Zentrum des Christentums, und Gottes Liebe wirkt darin sowohl subjektiv als auch objektiv. Sie beinhaltet sowohl die Liebe, die wir für Gott empfinden, als auch die Liebe Gottes für uns. Dieses Konzept von Gottes Liebe für die Welt spielt eine ganz entscheidende Rolle. Die Welt existiert überhaupt nur im Licht dieser Liebe Gottes. Je enger unsere Freundschaft mit Gott ist, desto mehr können wir an dieser Liebe teilhaben. Man findet hier eine außergewöhnliche Übereinstimmung mit dem Buddhismus, die darin besteht, daß unser Mitgefühl und unsere Liebe für Andere um so größer werden, je mehr unsere Identität sich in dieser Richtung verändert.«

Tod in der christlichen Tradition

»Schauen wir uns nun an, wie sich dies auf die Einstellung zum Tod auswirkt. Doch vorerst noch eine Bemerkung zu den verschiedenen Denkweisen in beiden Traditionen: Ich war an diesen letzten Tagen unglaublich beeindruckt davon, wie diszipliniert, exakt und weitreichend das buddhistische Verständnis der Natur des Seins, des Geistes und Todes, ist. Es scheint, als hätte man hier eine strenge Wissenschaft vor sich, die sich auf die Erfahrungen von Menschen gründet, die weit genug darin gegangen sind. Im Christentum hat die Erfahrung derjenigen, die eine tiefe Freundschaft mit Gott eingingen, in bestimmten Bereichen zu einem recht strengen Denken geführt. Jedoch findet man im weiteren Hinblick auf den Tod und das Leben danach keine solch disziplinierten und genauen Aussagen wie in der buddhistischen Tradition. Es wird vielmehr davon ausgegangen, daß wir über diese Domäne kein vollständiges Wissen erlangen können. Wir können nur Vermutungen darüber anstellen, inspirierte vielleicht, und Allgemeinaussagen machen, aber eine letzte Wahrheit kennen wir nicht. Wir haben es also beim Christentum im Vergleich zum Buddhismus von Anfang an mit einer unterschiedlichen Art von Diskurs zu tun.

Im Christentum muß uns der Tod nicht von Gott trennen. Es geht ja gerade darum, mit Gott zu sein. Es gibt verschiedene Weisen, dies mit Bildern von Himmel und Hölle auszudrücken. Diese Bilder sind sehr kraftvoll gewesen, besonders in der westlichen Folklore, den Predigten und der Literatur. Denken wir etwa an Dante, den mittelalterlichen Dichter, und dessen großartiges Gemälde vom Leben nach dem Tod. Diese Bilder bedürfen jedoch der Korrektur durch eine sehr wichtige theologische Einsicht: Wir können unsere Beziehung zu Gott nicht begreifen, wenn wir an der gewöhnlichen, weltlichen Vorstellung von Zeit festhalten. Gott ist nicht in der Zeit, in der ein Moment auf den nächsten folgt, in deren Verlauf wir uns immer an einem Punkt und nicht an irgendeinem anderen befinden. Daher benutzen wir das Wort *Ewigkeit*, und Gottes Ewigkeit ist etwas sehr paradoxes – Gott ist in jeder Existenz und zu allen Zeiten gegenwärtig.

Es folgt daraus, daß mit Gott zu sein bedeutet, sich in diese Dimension der Zeit zu erheben. Stellen wir uns Zeit zweidimensional vor: was wir jetzt leben, ist eine Dimension, und Gottes Ewigkeit ist eine weitere Dimension. Stellen wir uns vor, wir wären eine Ameise, die auf dem Boden krabbelt und sich nur ihrer selbst an diesem Punkt auf dem Boden bewußt ist. Aber Menschen, die über den Ameisen stehen, können miteinander über den ganzen Raum hinweg in Beziehung treten. Sie können in Kontakt mit Orten sein, die für die Ameise noch weit in ihrer Zukunft liegen, während sie darauf zu krabbelt. Sie können von der Zukunft und der Vergangenheit der Ameisen sprechen. Dies ist ein Bild dafür, wie Gott für den Menschen in der Zeit gegenwärtig ist.

Die christliche Theologie drückt dies in der Gemeinschaft der Heiligen, in der Vorstellung der Auferstehung, aus. Doch gibt es hier etwas Paradoxes. Die christliche Ansicht vom Menschenleben ist sicher die, daß es endlich ist. Wir leben zwar zu einer bestimmten Zeit an einem bestimmten Ort, doch ist es diese andere Dimension, durch die wir über die gesetzten Grenzen hinaus kommunizieren. Die Auferstehungsgeschichte erzählt von einem Menschen, dessen Leben an einem Punkt durch die Kreuzigung endet, der dann aber völlig in dieser anderen Dimension aufgeht und damit weit über die Grenzen hinaus für die Menschen gegenwärtig sein kann. Er ist für seine Anhänger selbst nach dem Tod in der Ganzheit seiner Existenz lebendig. Es hat in der Christenheit verschiedene Mythen über die Fortdauer einer entkörperten Seele im endlosen Strom der Zeit gegeben, aber dies sind nicht wirklich christliche Vorstellungen. Für den Christen kann sich die Ganzheit der Existenz in diese andere Dimension erheben und damit ihre Grenzen überschreiten.«

Einstellungen zum Tod in der westlichen Kultur

»Ich möchte nun einen Blick darauf werfen, wie der Tod im Westen verstanden wird. Was wir zur Vervollständigung des Hintergrundes noch benötigen, haben wir am ersten Tag diskutiert (siehe Kapitel 1). Er betrifft die Abwendung vom Christentum, wie sie im Westen in einem großen Ausmaß stattgefunden hat. Beides hat einen Einfluß auf unser Verständnis vom Tod.

Die Ansichten, die sich aus dem christlichen Mythos ergeben, sind sehr stark von einem sozialen Verständnis geprägt, und sie erscheinen als Grundzüge von Legenden und Volksmythen. Im modernen westlichen Bewußtsein der letzten Jahrhunderte drückt sich dies vor allem in der Sorge um den Tod des *anderen* aus. Dies mag zunächst erstaunlich scheinen, doch lassen Sie es mich durch eine Gegenüberstellung erklären. Ungefähr vom dreizehnten bis zum achtzehnten Jahrhundert war die westliche Christenheit von dem Gedanken an Erlösung oder Verdammnis beim ›eigenen‹ Tod besessen. Obwohl dies eine umstrittene Behauptung ist, glaube ich, daß dieses religiöse Phänomen eine der wichtigsten Quellen für den modernen westlichen Individualismus ist. Es gibt einige bedeutende christliche Enklaven, wo Menschen noch immer sehr damit beschäftigt sind. Doch seit 1800 hat es eine Verschiebung gegeben. Die große Sorge ist nun nicht mehr so sehr der ›eigene‹ Tod, sondern der Verlust von geliebten Menschen. Der französische Historiker Philippe Ariès sprach hier von der Verschiebung von ›meinem‹ Tod hin zu ›deinem‹ Tod als dem Tod des anderen.[15]

Das Verlustgefühl beim Tod eines geliebten Menschen ist tief mit der gesamten dialogischen Natur dieser Kultur und Zivilisation verwoben. In der nahen Vertrautheit zu einem Menschen wird man zu dem, der man ist, und dann zerbrechen diese Bande. Das kommt einerseits aus der christlichen Kultur selbst. Es gibt aber auch noch die andere Seite: die Auflehnung *gegen* das Christentum im Westen, die vom Christentum selbst inspiriert war. Der Säkularismus ist eine zutiefst christliche Idee. Sie entstammt der Vorstellung, daß es etwas Gutes und Richtiges im Menschsein gibt, und dieses Gute haben wir anzuerkennen. Dies wird schon im allerersten Kapitel des Alten Testamentes bei jeder Stufe der Schöpfung mit dem Satz ausgedrückt, ›Und Gott sah, daß es gut war‹. Die Freundschaft mit Gott bedeutet, das Gute in der Schöpfung und insbesondere im Menschen zu sehen. Ein Teil der Macht des westlichen Säkularismus besteht eben darin, daß er für sich in Anspruch nimmt, dies wirkungsvoller umzusetzen als seine religiösen Ursprünge. Menschen, die im achtzehnten Jahrhundert nicht an Gott glaubten, nahmen oft eine höhere Sicht des Menschen für sich in Anspruch. Sie hielten den Menschen für vollkommen in Ordnung, so wie er ist, wohingegen nach Ansicht gläubiger Christen die Menschen in einem gewissen Sinn als verdreht oder entstellt betrachtet wurden, so daß sie sich selbst nicht verstehen konnten.«

Weltliche Einstellungen zum Tod

»Der Säkularismus trennt jedoch zwei Dinge von der christlichen Wurzel ab. Er verhindert jedes tiefere Verstehen von Verlust, Schmerz oder Übel und neigt dazu, die Dialogik zu verneinen. Er führt zu einem Bild, in dem die Menschen frei und vollständig auf sich allein gestellt sind. Dies hat im Westen zu sehr merkwürdigen und unangenehmen Pathologie im Kontext der Einstellung zum Tod geführt. Es ist dadurch sehr viel schwieriger geworden, der ganzen Realität des Todes zu begegnen. Viele Menschen stehen dem Tod heute in einer Weise gegenüber, wie unsere viktorianischen Vorfahren der Sexualität. Was waren die Ursachen für die viktorianische Prüderie? Die Menschen lebten in dem Glauben, daß es leicht sein müsse, ihre Ethik zu leben, und so erschienen ihnen die Störungen durch die Lust als extrem beunruhigend – nicht weil sie dagegen anzukämpfen hätten, sondern weil sie sich nicht eingestehen wollten, daß sie existierten.

Mit dem Tod ist in der säkularisierten Gesellschaft etwas Analoges passiert. Aus unserem Bild der Vollkommenheit der Natur oder des Glücks sind alle Spuren von Dunkelheit und Übel getilgt worden. Jugend, Gesundheit und Kraft sind geradezu zu einem Kult geworden. Die Werbung zeigt schöne junge Menschen, die am Strand in der Sonne herumtollen, und es gibt dort kein Übel, keinen Tod oder Krankheit. Tod und Verlust sind schwer einzugestehen.

Vor ein paar Jahren war ich an den Anfängen der neuen Hospizbewegung beteiligt. Elisabeth Kübler-Ross hatte in Krankenhäusern bei den Ärzten die deutliche Tendenz entdeckt, daß sie sich von hoffnungslosen Fällen unter ihren Patienten abwandten und ihre Aufmerksamkeit jenen Menschen zuwandten, denen sie helfen konnten. Die Sterbenden wurden relativ unbetreut zurückgelassen. Wenn man die Ärzte fragte, ob sie nicht vielleicht doch zu diesen Leuten gehen sollten, weil sie über ihren Zustand reden möchten, erhielt man zur Antwort: ›Ach nein, sie wollen sowieso nicht davon sprechen‹. Die Untersuchungen haben aber bewiesen, daß die Sterbenden tatsächlich mit jemandem über das Sterben sprechen wollen. Die Ärzte projizierten ihr eigenes Unbehagen gegenüber dem Tod auf die Sterbenden. Daraufhin begann eine ganz neue Bewegung, die geeignete Plätze schuf und Freiwillige mobilisierte, um mit Sterbenden den Tod zu durchleben. Mit der Geschichte dieser Bewegung geht eine Wiedererlangung des Verständnisses für den Sinn des Todes einher, eine Erneuerung der Fähigkeiten, dem Tod zu begegnen. Morgen werden wir in dem Vortrag von Joan Halifax noch einmal darauf zurückkommen.

Das Interessante ist dabei, daß eine ganze Kultur sich vor dem Tod abgeschirmt hat. Damit sind zugleich ganz bestimmte Haltungen in der modernen westlichen Wissenschaft verbunden. Die Wissenschaft kann als der spirituelle Verbündete der säkularen Position auftreten, welche die Welt völlig gut zu machen versucht und danach trachtet, Leid und Verlust auszugrenzen, indem sie sich selbst als Instrument anbietet, mit dem die Dinge repariert und gut gemacht werden können. Ich denke, daß wir alle von dieser wissenschaftlichen Haltung infiziert sind. Sie besteht in unserem Glauben, die Dinge kontrollieren zu können.«

Damit war der Rahmen für Pete Engels Vortrag gegeben, der nun selbst im Rednersessel Platz nehmen sollte, um aus der Sicht des Arztes und Wissenschaftlers zu sprechen.

7
Wie stirbt der Körper?

Den weißen Bart und seine lässige Kleidung trägt Pete Engel, ein Meister seines Faches, würdevoll, sehr zum Vorteil seiner Rolle als Professor für Neurologie und Neurobiologie an der UCLA School of Medicine und Direktor des Zentrums für Schlaganfall-Störungen. Seine Rede strahlt aufrichtige Bescheidenheit und Offenheit aus und schafft eine entspannte und angenehme Atmosphäre.

»Was ich als Wissenschaftler zu sagen habe, ist, in aller Demut, sehr einfach im Vergleich zu dem, was wir gestern über die tibetisch-buddhistischen Konzepte von Tod und Bewußtsein gehört haben. Aus der Sicht der westlichen Medizin ist der Tod wie das Ausschalten eines Lichtschalters: damit ist Schluß.

Die von Charles Taylor gegebene Einführung in die westliche Haltung zum Tod war wundervoll, denn sie rückt meine Position wirklich in das richtige Licht. Ich bin Neurologe, ein Arzt, der sich auf Störungen des Nervensystems, besonders des Gehirns, spezialisiert hat, und ich habe mit sterbenden Patienten zu tun. Die medizinische Wissenschaft scheint mehr darauf bedacht zu sein, den Tod als ein Übel zu *verhindern*, als sich um eine Verbesserung der Lebensqualität zu kümmern. Ich bin auch ein Neuro-Wissenschaftler, und von daher schaue ich mir dies von einer sehr distanzierten, harten und wissenschaftlichen Warte aus an, was sich nicht gerade mit dem vergleichen läßt, was wir gestern gehört haben, oder auch was Charles heute morgen sagte.

Persönlich habe ich mich als kleines Kind so sehr vor dem Tod gefürchtet, daß ich noch nicht einmal daran denken konnte. Auch heute noch habe ich gehörige Schwierigkeiten, mir die Tatsache vorzustellen, daß ich sterben werde, und die wissenschaftliche Ansicht anzuerkennen, daß, wenn ich sterbe, alles vorbei ist. Von daher ist es für mich ein großes Privileg, diese Fragen hier mit Ihnen diskutieren zu dürfen und zu lernen, daß es vielleicht mehr gibt, als ich dachte.«

Die Definition von Tod in der westlichen Medizin

»Ich möchte die medizinischen Ansichten von Tod, Koma und Bewußtsein vorstellen und auch ethische Überlegungen mit einbeziehen. Ich glaube, daß es extrem wichtige ethische Bedenken dazu gibt, wenn wir als Ärzte den Tod verhindern und ein Leben in der Bewußtlosigkeit verlängern.

Die physische Voraussetzung zum Leben, wie sie sich für den westlichen

Wissenschaftler darstellt, besteht in einem Körper, der sich aus mehreren Organen zusammensetzt, die ihrerseits aus Gewebe bestehen. Manche Organe sind sehr kompliziert und haben viele Gewebe, andere haben nur eins. Jedes Gewebe wird aus vielen Zellen aufgebaut, die wirklich die Essenz des Lebens sind. Zellen können sterben, ein Organ kann versagen, und letztlich versagt der ganze Körper, weil ihn die Zellen nicht mehr tragen. Um getragen zu sein, brauchen die Zellen, ganz einfach gesagt, eine Energiequelle und eine Abfallentsorgung. Das ist wie bei einem Feuer: Man muß es mit Brennstoff füttern. Wenn man das Feuer abdeckt, so daß das entstehende Kohlendioxid nicht entweichen kann, erstickt das Feuer und geht aus. Wenn sich die Asche anhäuft, geht das Feuer auch aus. Wie ein Feuer brauchen wir Sauerstoff, den wir durch die Lungen erhalten. Wir brauchen Nahrung: Die Speisen, die wir zu uns nehmen, werden vom Verdauungssystem in Nährstoffe, wie Glucose, umgewandelt, die die Zellen im Körper verwenden können. Die Lungen entlassen das verbrauchte Kohlendioxid. Die Nieren entfernen anfallende Giftstoffe, und die Leber zersetzt sie in harmlose chemische Substanzen. Das Herz und die Blutgefäße sind das Zuliefersystem. All diese Dinge sind zum Leben notwendig.

Weil wir uns vor dem Tod so fürchten, hat die medizinische Wissenschaft derartig viel Anstrengung, Geld und Ressourcen für seine Verhinderung aufgewendet, daß wir heute buchstäblich alle Fehler der lebensnotwendigen Systeme überbrücken können. Wenn die Lungen nicht richtig arbeiten, dann wenden wir künstliche Beatmung an. Wenn das Verdauungssystem versagt, können wir über die Venen Nährstoffe zuführen. Versagen Leber und Nieren, können wir sie durch Maschinen und Transplantate ersetzen.

Paradoxerweise wird dadurch die Definition von Tod zu einem Problem. Von wem nehmen wir diese Organe? Wir müssen einen Organspender finden, der bereits tot ist. Ein Herz-Transplantat sollte idealerweise von jemandem kommen, dessen Körper noch am Leben ist. Wie definieren wir dann aber Tod? Ein Ansatz besteht darin, Tod als den Zustand zu definieren, bei dem *das Gehirn tot ist, obwohl der Körper vielleicht noch eine Weile leben mag*. Wir versuchen Menschen zu finden, die Unfälle oder andere katastrophale Zusammenbrüche hatten, die das Gehirn haben sterben lassen, ohne die anderen Organe zu betreffen. Dann entnehmen wir die Organe. Sie spenden ihr Herz der einen Person, ihre Leber einer anderen, und die Nieren und Corneas gehen wieder an andere. Es ist wunderbar zu sehen, wie vielen Menschen geholfen werden kann, weil eine Person gestorben ist. Für einen Arzt kann es wichtig sein, darüber zu sprechen – zum Beispiel mit den Eltern, um ihnen zu zeigen, daß der Tod ihres Kindes sehr vielen Menschen nutzen konnte.

Wie findet der Tod statt? Die Organe des Systems können wegen eines Traumas oder einer Krankheit aussetzen. Aus welchem Grund auch immer sie versagen, entweder verlieren wir eine Energiequelle, oder es reichern sich Giftstoffe an, was in der Folge zum Tod führt. Auch äußere Ursachen, wie Infektionen können Zellen absterben lassen und damit die Zirkulation der Energie unterbrechen. In der westlichen Wissenschaft wird Leben mit dieser Energie begründet.

Für all diese Systeme gibt es aber auch einen Kontrollmechanismus – das Gehirn. In einigen Fällen ist es der Verlust dieses Kontrollmechanismus', der den Tod verursacht. Dies ist ein interessantes Phänomen, denn wir haben beim Nervensystem die Vorstellung von zwei Teilen, einem willentlichen und einem autonomen. Das autonome Nervensystem übernimmt die vegetativen Funktionen im Körper: den Herzschlag, die Produktion von Verdauungssäften im Magen und zu einem gewissen Anteil auch die Atmung. Beim gewöhnlichen Menschen kann das Gehirn über autonome Funktionen keine willentliche Kontrolle ausüben. Trotzdem befinden sich die Atemzentren im Hirnstamm; wenn also das Gehirn stirbt, dann sterben auch die Atemzentren. Der Mensch hört auf zu atmen, und der ganze Körper stirbt infolgedessen. Mit künstlicher Beatmung kann der an das Beatmungsgerät angeschlossene Körper aber noch für eine lange Zeitspanne am Leben erhalten werden.«

Seine Heiligkeit bemerkte, daß früher einmal gesagt wurde, daß das Gehirn abstirbt, wenn man nicht atmen kann. Nun wäre die Reihenfolge umgekehrt: Versagt das Gehirn, dann setzt die Atmung aus. Pete bestätigte dies und sagte, daß beides möglich sei.

»Wir können metaphorisch sagen, daß die körperliche Struktur aus Fleisch, Knochen und Haut der Erde entspricht. Das Versorgungssystem ist wie Wasser. Das Energiesystem, daß das Leben stützt, ist das Feuer.«

Der Dalai Lama wies darauf hin, daß die Beweglichkeit gewöhnlich mit dem inneren Wind anstatt mit Feuer in Verbindung gebracht wird. In der tibetischen Tradition wird Feuer eher mit der Verdauung assoziiert. Wenn Feuer die Verdauung repräsentiere, stellte Pete fest, dann sei damit doch die Energiequelle gemeint. Seine Heiligkeit führte dies aus: »Das stimmt schon, aber der Begriff *Wind* bezieht sich auf Beweglichkeit und Bewegung jeder Art, nicht nur der willentlichen. Selbst nach dem Tod, zum Beispiel, gibt es im Körper immer noch Bewegung während er zerfällt. Genau diese Bewegung der Zellen beim Zerfall deutet auf das Wind-Element hin. So ist es definiert. Wenn es eine Bewegung gibt, dann ist das ein Anzeichen für das Vorhandensein des Wind-Elementes.« Er hielt inne und suchte nach einer Referenz. »Der tibetische Gelehrte Taktsang Lotsawa erwähnt in einem seiner Texte über das *Kālachakra*-Tantra, daß eine bestimmte Art von Wind oder Lebensenergie selbst noch in einer Leiche vorhanden ist. Er schreibt dies in Erwiderung zu der allgemein bekannten Ansicht, daß sich im Sterbeprozeß die Lebensenergien im Herzzentrum zusammenziehen. Es kann hier also eine Unstimmigkeit zwischen dem *Guhyasamāja*- und dem Kālachakra-System, die beide zur Klasse des Höchsten Yoga-Tantra gehören, vorliegen.«

Davon fühlte sich der Arzt in Pete angesprochen: »Kann das Gehirn am Leben bleiben, während der Körper tot ist, vorausgesetzt der Körper stellt dem Gehirn alle Unterstützungssysteme zur Verfügung? Das wäre nur mit einem vollständig künstlichen Kreislauf möglich, was immer noch Science fiction ist. Ich habe mich gefragt, ob das, was Sie den Zustand des Klaren Lichtes nennen, tatsächlich den Tod des Körpers bei überlebendem Gehirn bedeutet; aber wenn der Wind sich in das Herzzentrum zurückzieht, dann stirbt auch das Gehirn während des Klaren Lichtes des Todes.« Zustimmung signalisierend nickte Seine Heiligkeit, woraufhin Pete witzelte: »Also ist die Existenz eines Zustandes bei dem das Gehirn lebt und der Körper tot ist nach allen Lehrmeinungen äußerst unnatürlich.«

Eine buddhistische Definition von Tod

Nachdem das allgemeine Gelächter abgeklungen war, fuhr der Dalai Lama an gleicher Stelle fort: »Es können Mißverständnisse auftreten, wenn wir die buddhistische und die wissenschaftliche Definition von Tod miteinander verwechseln. Aus der Sicht des wissenschaftlichen Systems ist es ganz richtig, vom Tod des Gehirns und dem Tod des Herzens zu sprechen. Verschiedene Teile des Körpers können getrennt voneinander sterben. Allerdings wird das Wort *Tod* im buddhistischen System nicht auf diese Weise gebraucht. Man würde niemals von dem Tod eines einzelnen Körperteils sprechen, sondern nur vom Tod der ganzen Person. Das entspricht dem allgemein üblichen Sprachgebrauch für den Begriff Tod. Wenn die Leute sagen, daß eine bestimmte Person gestorben sei, fragen wir nicht: ›Aha, welcher Teil starb denn?‹ Das Wort Tod ist ein umfassender Begriff, der sich auf eine Person bezieht, und nicht ein besonderer Begriff für ein einzelnes Organ. Was den Buddhismus betrifft, muß man die Definition von Tod im Gegensatz zur Definition von Leben verstehen. *Leben* wird als die Grundlage von Bewußtsein definiert. Sobald der Körper nicht mehr in der Lage ist, ein Bewußtsein zu tragen, ist der Tod da. Allgemein gesprochen, ist dies – aus buddhistischer Sicht – eine gute Arbeitsdefinition im menschlichen Kontext. Möchte man aber in die Einzelheiten gehen, dann muß man über die menschliche Existenz hinausblicken und den formlosen Bereich, ebenso wie den Begierde- und Formbereich mit einbeziehen. Die eben genannte Definition für Tod ist recht angemessen für den Begierdebereich – den Bereich, in dem wir leben – und auch für den Formbereich, über den wir noch nicht gesprochen haben. Im formlosen Bereich allerdings haben die fühlenden Wesen keinen groben Körper; von daher wird die vorige Definition in diesem Zusammenhang sehr problematisch.«

Die buddhistische Tradition vertritt die Ansicht, daß es fühlende Wesen auf der materiellen Ebene, oder der des Begierdebereiches, auch in einer uns ungewohnten Form gibt. Fühlende Wesen existieren in insgesamt sechs Bereichen: als höhere Genußwesen (auch »Götter« genannt), eifersüchtige Götter, Menschen, Tiere, Hungergeister und Höllenbereichswesen.

Vom westlichen Standpunkt aus erscheint die von Seiner Heiligkeit gegebene Definition selbst für den vertrauteren Tierbereich fragwürdig, denn viele würden bezweifeln, ob man Ratten oder Schmetterlingen ein Bewußtsein zuschreiben kann, gleichwohl es hier auch einige abweichende Stimmen dazu gibt.[16] Auch haben einige moderne tibetische Gelehrte eine mehr bildliche Interpretation dieser verschiedenen Lebensformen angeboten.[17]

Zwischenspiel: Gespräch über Organtransplantation

Als er sah, daß der Tee schon bereitstand, sagte Pete: »Nur eine Sache möchte ich noch sagen, bevor wir eine Pause machen: Die vorherrschende wissenschaftliche Ansicht im Westen setzt die Person mit dem Bewußtsein und das Bewußtsein mit dem Gehirn gleich. So ist es das vorrangige Ziel der modernen Medizin, das Gehirn am Leben zu erhalten, manchmal sogar auf Kosten anderer Organe. Andererseits, wenn das Gehirn stirbt, dann sterben auch wir.«

»Ist es denn ausgeschlossen, daß es jemals Gehirntransplantationen geben wird?« Seine Heiligkeit kam damit auf die faszinierende Gegenüberstellung von Gehirn- und Organtransplantation zurück, die bereits Thema der ersten »Mind and Life«-Konferenz war[18], und an seiner Frage entspann sich der folgende, rasche Austausch:

Pete Engel: Das ist ein interessantes Paradox, weil das dann einer Körpertransplantation gleichkäme.

Dalai Lama: Wenn das Gehirn also in den neuen Körper verpflanzt würde, wäre der neue Körper dann der Körper des früheren Gehirnspenders?

Pete Engel: So ist es. Die Person geht mit dem Gehirn, weshalb eine Gehirntransplantation gleichzeitig eine Verpflanzung der Person wäre.

Dalai Lama: Wenn dies so ist, dann würde die Person, die das neue Gehirn erhält, demnach nicht überleben?

Pete Engel: Richtig, der Körper ist der Spender. Wir sprechen von der Person, die das Herz hergibt, als dem Spender. Deshalb wäre in diesem Fall der ganze Körper der Spender.

Dalai Lama: Die Transplantation ist aber sicherlich konstruktiv; tatsächlich erschaffen Sie damit eine völlig andere, neue Person.

Pete Engel: Wenn Ihre Eigenschaften als Person darin bestehen, wie Sie sich bewegen, wie Sie gestikulieren und wie Sie sprechen, dann würde nach der westlichen Wissenschaft eine Transplantation Ihres Gehirns in meinen Körper dazu führen, daß mein Körper Ihre Eigenschaften annimmt, zumindest in den Bereichen, die vom Gehirn regiert werden.

Dalai Lama: Zum Teil betrifft dies einfach die Frage, wievielen Eigenschaften wir zubilligen, daß sie den Kern einer Person ausmachen. Wieviel Umwandlung würde eine Verschiebung im Kern der Person bedeuten?

Pete Engel: Da haben Sie eine sehr schwierige Frage gestellt. Computer sind inzwischen so kompliziert geworden, daß man sagen könnte, sie denken. Man kann sie sogar kreativ nennen. Das zwingt uns, zu definieren zu versuchen, was das menschliche Gehirn vor dem Computer auszeichnet, vor allem mit Blick auf das, was der Computer in Zukunft wird leisten können, um rechtfertigen zu können, daß wir uns selbst menschlich nennen und den Computer nicht. Ich glaube kaum, daß Neurowissenschaftler sagen würden, Computer könnten schließlich zu Menschen werden, aber sie könnten Ihnen auch keine gute Begründung liefern, warum eigentlich nicht. Das wird zu einer tief philosophischen oder sogar spirituellen Angelegenheit, was für einen reinen Wissenschaftler keine befriedigende Antwort wäre. Ich möchte gern meine wissenschaftlichen Kollegen hier fragen, ob sie dazu etwas beitragen können.

Dalai Lama: Da Sie die Person tatsächlich mit dem Gehirn identifizieren, können wir fragen, ob die Person schon während der Embryonalphase existiert, bevor es ein Gehirn gibt. Sie antworteten, daß die gängige Meinung dazu ist, daß es zu dieser Zeit keine Person gibt. Wäre das wahr, dann würde dies eine Rechtfertigung für Abtreibung darstellen. Man würde keine Person umbringen, sondern lediglich einen Teil des Körpers der Mutter entfernen.

Pete Engel: Es gibt eine sehr ernst geführte Debatte darüber im Westen, zu welchem Zeitpunkt in der Bildung des Embryos es sich um eine Person handelt. Die unterschiedlichen Lehrmeinungen hängen von verschiedenen religiösen Hintergründen ab.

Francisco Varela: Man muß hier unterscheiden zwischen der Beendigung eines Lebens in seiner Grundform und dem Töten eines Bewußtseins, einer Person. Die meisten Wissenschaftler würden zustimmen, daß die Person mit dem Bewußtsein einhergeht, und deshalb muß es im Embryo zuerst eine Art von Gehirn geben, bevor man von einer *Person* sprechen kann. Allerdings ist dies kein Argument für Abtreibung per se, weil man *Leben* sicherlich schon ab dem Moment der Zeugung hat.

Pete Engel: Wir werden auf dieses Thema am Nachmittag zurückkommen. Lassen Sie mich jedoch ein wenig weitermachen, weil Sie uns einige Fragen zur Möglichkeit der Gehirntransplantation gestellt haben. Partielle Gehirntransplantationen werden heute von der westlichen Medizin durchgeführt, wenn auch nicht mit sonderlichem Erfolg. Das gesamte Gehirn wird nicht verpflanzt, doch bei Erkrankungen, die durch eine Zerstörung eines kleinen Teils des Gehirns mit einer sehr spezifischen und notwendigen Funktion zustande kommen, ist es jetzt möglich, Nervenzellen eines Fötus mit der gleichen Funktion zu isolieren und diese Zellen in das Gehirn zu spritzen. Sie wachsen dann dort weiter, stellen Verknüpfungen her und korrigieren die vorhandenen Fehler. Die Gehirnzellen müssen in einer sich noch entwickelnden Form vorliegen, anstatt voll entwickelt zu sein, um anzuwachsen und sich richtig zu verbinden.[19]

Dalai Lama: Und der Fötus muß dafür sterben, nicht wahr? Man kann das nicht von einem lebenden Föten nehmen?

Pete Engel: Das ist richtig. Das Gehirn ist jedoch extrem kompliziert und hat viele unterschiedliche Teile mit verschiedenen Funktionen. Wir können nicht einfach sagen, das Gehirn ist das Bewußtsein und die Person; wir sind gezwungen danach zu fragen, welcher Teil des Gehirns das Bewußtsein ist. Wenn wir Teile des Gehirns verpflanzen können, wieviel vom Gehirn können wir dann transplantieren, bevor es eine andere Person wird? Das ist ein interessantes Thema!

Tatsächlich interessant, eine offene Frage, über die viele Jahre lang nachgedacht werden kann. Jetzt allerdings wurde Tee gebracht, und die Unterhaltung brach wie üblich in mehrere kleine Gruppen auf.

Gehirntod

Als wir uns wieder versammelt hatten, fuhr Pete mit seinem Vortrag fort. »Ich möchte nun den Gehirntod in einer sehr einfachen Darstellung erklären. Ist die Todesursache ein Gift oder ein Stoffwechselproblem, dann betrifft es meist das Herz, und auch der übrige Körper stirbt. Damit ein Gehirntod eintritt, muß etwas auf das Gehirn einwirken, aber nicht auf den restlichen Körper. Wenn die Todesursache in einem systemischen, auf den gesamten Körper sich auswirkenden Gift besteht, sind davon sowohl das Herz als auch das Gehirn betroffen, und keines der Organe kann mehr verwendet werden.

Was das Gehirn letztlich tötet, ist eine Unterbrechung der Blutzufuhr zum Gehirn; das Versorgungssystem wird zerstört. Das Gehirn steckt in einem Schädelgewölbe, einer Art Kasten, der es schützt. Es ist von Flüssigkeit umgeben und kann dadurch auch bei erheblicher Verletzung des Schädels intakt bleiben. Aber dieser Kasten ist auch ein Gefängnis. Wenn sich etwas innerhalb des Schädels ausdehnt, ein Tumor etwa, dann drückt es gegen das Großhirn und den Hirnstamm. Dort, wo das Rückenmark und der Hirnstamm auf das übrige Gehirn treffen, gibt es ein kleines Loch im Knochen (Tentorialschlitz genannt). An dieser Stelle kann es zu einer Einklemmung (*zerebrale Herniation,* A.d.Ü.) kommen, wobei das Gehirn in die Öffnung hineindrückt und auf der anderen Seite herauskommt. Hat man eine sich ausdehnende, abnorme Struktur im Gehirn, wie eine Blutung, ein Abszeß, einen Tumor oder eine von Infektion oder Trauma verursachte Schwellung, dann dringt das Gehirn in den Tentorialschlitz ein. Dies drückt nicht nur gegen den Hirnstamm, der ein kritischer Bereich für das Bewußtsein und die meisten Körperfunktionen ist, sondern es drückt auch gegen wichtige Arterien und unterbindet damit die Blutversorgung des gesamten Gehirns.

Es gibt noch eine zweite Situation, bei der eine abnorme Masse in dem Teil des Kastens in dem sich der Hirnstamm befindet, einen direkten Druck auf den Hirnstamm ausübt und Gehirntod verursacht. Innerhalb des Gehirns gibt es Hohlräume, Ventrikel genannt, die mit Flüssigkeit angefüllt sind. Diese Gehirn-Rückenmarks-Flüssigkeit, die in den Ventrikeln gebildet wird, fließt durch eine dünne Röhre im Hirnstamm, den *Verbindungskanal von Sylvius*, und gelangt so aus dem Großhirn heraus. Dies ist der einzige Weg, auf dem die Gehirn-Rückenmarks-Flüssigkeit ausgeleitet werden kann. Wenn man daher eine Masse in diesem zweiten Gewölbe hat, die nach oben preßt, wird der Verbindungskanal von Sylvius abgedrückt, und die Flüssigkeit kann nicht entweichen. Die Flüssigkeit sammelt sich dann an und führt dazu, daß der Tentoriumschlitz eingeklemmt und die Blutversorgung unterbunden wird. Auf beide Arten wird die Blutversorgung des Großhirns abgeschnürt, desjenigen Teils des Gehirns, von dem wir glauben, daß es das Bewußtsein birgt. Die Person stirbt damit, doch der übrige Körper bleibt am Leben, was dem Zustand des Gehirntods entspricht. Diese Fälle sind die besten Organspender für jene Menschen, die ein Herz oder eine Niere benötigen.

Wie definiert die moderne Medizin den Gehirntod, um mit ausreichender Sicherheit Organe eines Menschen entnehmen oder um seine Beatmung abstellen zu können? Da die Atmung den kritischen Faktor für den Erhalt des Körpers darstellt, weil sie vom Gehirn gesteuert wird, tritt dieser Zustand nur auf, wenn für diese Menschen künstliche Beatmung bereitgestellt werden muß. Jemanden wochenlang in diesem Zustand zu halten, ist für die Familie eine enorme emotionale Belastung, und es ist auch sehr teuer. Wie lange soll man also jemanden in diesem Zustand halten? An welchem Punkt stellt man die Beatmung ab und läßt den Körper sterben und sagt ›Es ist vorbei‹?

Es besteht kein Zweifel daran, daß die Beatmung abgestellt werden kann, wenn das gesamte Gehirn einschließlich Hirnstamm tot ist. Dies verlangt, daß es keine Hirnstamm-Reflexe mehr gibt. Einige Reflexe werden durch den Hirnstamm vermittelt, und wenn sie abwesend sind, können wir erkennen, daß der Hirnstamm tot ist. Die Atmung ist zum Beispiel ein Hirnstamm-Reflex. Nimmt man dem Patienten die künstliche Beatmung und es vergehen drei Minuten ohne spontane Atmung, dann fehlt dieser Reflex. Der Reflex ist auch abwesend, wenn sich die Augen nicht bewegen, nachdem man kaltes Wasser ins Ohr gegossen hat. Bewegen sich die Augen, dann gibt es immer noch eine Funktion im Hirnstamm. Auf der anderen Seite haben übriggebliebene, durch das Rückenmark vermittelte einfache Reflexe keine Beziehung zum Zustand des Gehirns. Deshalb können wir den Gehirntod diagnostizieren, selbst wenn diese Art von Reflexen noch bestehen bleibt, denn im Westen denken wir nicht, daß wir im Rückenmark leben, sondern wir leben im Gehirn.

Außerdem betrachten wir noch das EEG, das anzeigt, ob die Großhirnrinde noch funktioniert. Gibt es EEG-Aktivität, dann weiß man, daß das Gehirn nicht tot ist. Ist das EEG flach, dann kann das Gehirn tot sein, aber es ist kein absoluter Beweis. Es ist ähnlich, wie Francisco früher gesagt hat, als hätte man ein Mikrofon in Dharamsala aufgestellt: Wenn man nichts hört, heißt das nicht, daß niemand da ist. Deshalb müssen all diese Dinge zusammen betrachtet werden. Wir schauen uns auch die Durchblutung an, indem wir Kontrastmittel in die Arterien injizieren und mit Hilfe von Röntgenstrahlen untersuchen, ob es das Gehirn erreicht. Gibt es keinen Durchblutung des Gehirns, dann ist dies ein absolutes Anzeichen für Gehirntod. Da dies aber teuer und schwierig durchzuführen ist, verlassen wir uns gewöhnlich auf EEG und Hirnstamm-Reflexe. Wenn das EEG flach ist, die Hirnstamm-Reflexe aufgehört haben und man weiß, daß die Ursache des Koma unumkehrbar ist, dann ist der Patient gehirntot und wir können die Beatmung abschalten. Wenn wir die Ursache nicht kennen und sie reversibel sein könnte, wie im Fall eines von Drogen verursachten Zustands, dann können wir uns nicht sicher sein. Gewöhnlich wiederholen wir die Tests nach vierundzwanzig Stunden, um zu zeigen, daß die Situation anhält. Aber in den meisten Fällen ist dies nicht mehr erforderlich.«

Entsprechungen von Gehirn und Bewußtsein

»Wir glauben, daß sich das Bewußtsein und alles, was das menschliche Leben auszeichnet, im Cortex befindet. Wenn der Cortex, aber nicht der Hirnstamm tot ist, liegt dann ein Gehirntod vor? Dies ist gegenwärtig eine Streitfrage der westlichen Medizin. Auch das Gegenteil davon kann vorkommen, was eine besonders tragische Situation ist. Hat eine Person beispielsweise einen Schlaganfall im Hirnstamm, dann würde sie vom Nacken abwärts gelähmt und atmungsunfähig sein. Sie überlebt an der Beatmungsmaschine, kann sich aber nicht bewegen. Ihr Gehirn ist noch am Leben, doch es gibt keine Möglichkeit der Kommunikation. Sie kann sehen, weil die Nerven von den Augen direkt zum Gehirn gehen, und sie kann die Augen bewegen, weil die Augenmuskeln weit oben liegen. Manchmal kann sie auch hören, doch sprechen kann sie nicht. Es wird *locked-in Syndrom* genannt, und ohne sorgfältige neurologische Untersuchung ist es sehr schwer, festzustellen, ob das Gehirn noch lebt. Diese Menschen werden oft behandelt als lägen sie im Koma, doch können sie sehen und hören, was um sie herum vor sich geht.«

Die bloße Vorstellung einer solchen Situation ist trostlos, und so nahm es nicht wunder, daß Seine Heiligkeit wissen wollte, ob eine Heilung möglich ist.

»Das hängt ganz von der Ursache ab«, fuhr Pete fort. »Normalerweise ist die Ursache nicht heilbar, doch gibt es Ausnahmen. Gewöhnlich handelt es

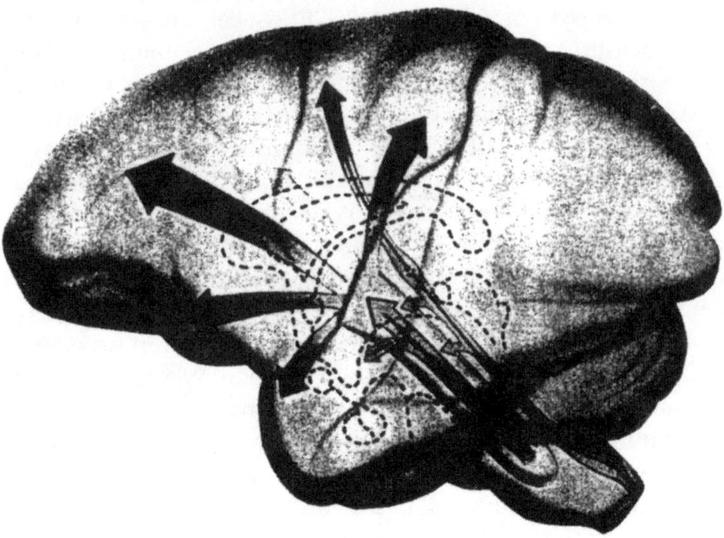

Abb. 9: Aufsteigendes retikuläres aktivierendes System eines Affenhirns. (Magoun, in Delafresnaye (Hg.), Brain Mechanisms and Consciousness. Oxford: Blackwell, 1954.)

sich um einen Schlaganfall. Die Symptome werden manchmal durch Blutungen, also Schwellungen, infolge des Schlaganfalls verursacht, und es kann sein, daß nach Rückgang der Schwellungen die Funktionen wieder zurückkehren. Die Person mag dann nicht ganz wiederhergestellt sein, doch kann sie sich wieder bewegen. Es ist deshalb wichtig zu erkennen, ob ein Patient gerettet werden kann, und es ist ebenso wichtig, einen Patienten, der bei Bewußtsein ist und alles mitbekommt und sicherlich angsterfüllt ist, nicht zu behandeln, als wäre er im Koma. Das EEG einer solchen Person ist normal; man kann also sagen, wann sie wach ist oder schläft. Auch kann man über eine vereinbarte Zeichensprache, die auf Augenbewegung beruht, mit ihr kommunizieren.

Lassen Sie mich nun noch etwas die Frage nach dem Bewußtsein vertiefen. Im oberen Teil des Hirnstamms liegt ein Bereich, der als aufsteigendes retikuläres aktivierendes System bekannt ist. Das filigrane Geflecht des Retikularsystems verläuft den Hirnstamm hinauf bis in den Thalamus. Der Thalamus spielt eine wichtige Rolle bei der Integration sensomotorischer Funktionen, ist aber insbesondere für die Erregung verantwortlich. Er verursacht zum Beispiel, daß wir aufwachen. Läsionen, d.h. Funktionsstörungen im retikulären aktivierenden System, verhindern das Wachsein eines Patienten. Im unteren Teil des Hirnstamms befinden sich Funktionen der Atmung. Da beide Bereiche voneinander getrennt sind, können Läsionen das Bewußtsein auslöschen, ohne die Atmungsfähigkeit zu zerstören. Der Mensch ist ohne Bewußtsein und atmet dennoch weiter.« (Abb. 9)

Veränderungen des Bewußtseins

»Ich werde nun über das Bewußtsein im Gegensatz zur Bewußtlosigkeit sprechen. Zwar beinhaltet Bewußtlosigkeit auch Koma, doch gibt es hier noch andere Arten der Bewußtseinsveränderung, die es wert sind, diskutiert zu werden. Die Definition von Bewußtsein meint einfach einen Zustand der Bewußtheit von Selbst und Umwelt. Das schließt das Bewußtsein im Schlaf zunächst aus, jedoch wird Schlaf zu einem gewissen Grad durch das Träumen zu einer Bewußtseinsform, was beim luziden Träumen besonders deutlich ist.

Ich möchte einige grundlegende Konzepte über die Organisation der Funktionen im Gehirn vorstellen und Ihnen dabei einige der neuen Techniken zeigen, mit denen diese Dinge am lebenden menschlichen Gehirn nicht-invasiv untersucht werden. Die Abbildung 10 stellt eine Reihe elementarer Unterteilungen dar, die Sie sicher schon einmal gesehen haben. Zum Beispiel enthalten der Frontallappen, der Parietallappen, der Hinterhauptlappen und der Temporallappen alle den sogenannten primären Cortex, einschließlich der primär motorischen, der primär somato-sensorischen, der primär visuellen und primär akustischen Rindenbezirke. Auf der linken Seite des Gehirns haben die meisten Menschen die Sprachregion – motorische und sensorische Sprachfunktionen. Dies sind relativ kleine Gebiete. Der größte Teil des Gehirns wird von Assoziationsfeldern gebildet, deren Funktion sehr schwer zu definieren ist. Oft können diese Teile entfernt werden, ohne daß die Patienten dadurch in ihren Funktionen oder ihrer Persönlichkeit eingeschränkt werden. Das Gehirn verfügt auch über eine enorme Plastizität; ist ein Teil des Gehirns verletzt, kann ein anderer Teil dessen Funktion übernehmen. In jungem Alter ist die Plastizität am größten. Je älter man wird, um so weniger Plastizität hat man. Primärer Cortex ist überhaupt nicht plastisch.

Es gibt die alte Streitfrage in den Neurowissenschaften, ob die höheren Funktionen diskret oder verteilt im Gehirn lokalisiert sind. Wenn ich zum Beispiel an meine Mutter denke, geschieht dies dann im Hippokampus, einer für die Erinnerung zuständigen Schlüsselregion, oder ist dazu ein verteiltes Netzwerk mit zwei Zellen hier und drei Zellen dort und ein paar weiteren auf der anderen Seite erforderlich, um die geistige Vision meiner Mutter hervorzubringen? Die Ansicht unter den Forschern nimmt zu, daß tatsächlich das ganze Netzwerk daran beteiligt ist. Man kann einige Teile entfernen, und in den meisten Fällen bleibt genug übrig, um das Bild zu vervollständigen. Nichtsdestoweniger können kleine Schädigungen des primären Cortex sehr dramatische neurologische Defizite verursachen. Liegen sie woanders, mögen sie vielleicht überhaupt keine Probleme machen. Für eine Bewußtseinsveränderung muß der gesamte Cortex auf beiden Seiten beschädigt sein, oder das retikuläre aktivierende System im Hirnstamm.

»Ich möchte Ihnen jetzt die neuen Techniken erläutern, mit denen das

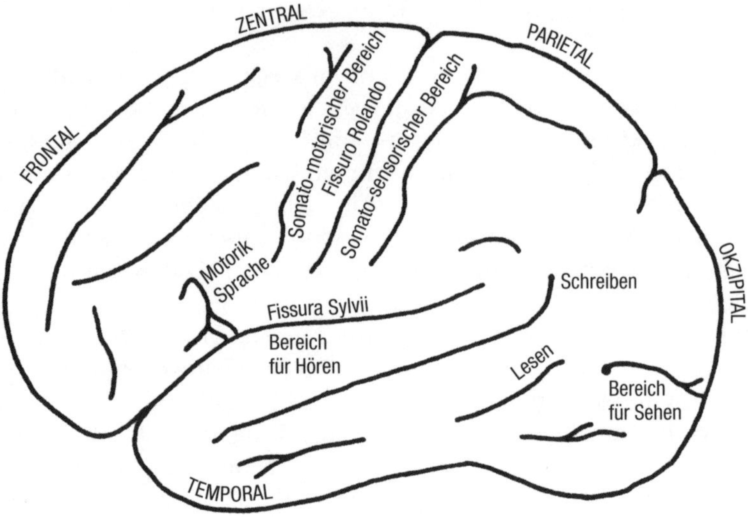

Abb. 10: Regionen der Großhirnrinde mit speziellen anatomischen und physiologischen Eigenschaften (Nach Cooper et al.: EEG Technology. London: Butterworth's, 2. Ausgabe, 1974)

Gehirn abgebildet werden kann. Die einzelnen Bilder in der Abbildung 11 zeigen die Struktur des Gehirns eines gesunden Menschen; die Färbung [auf den farbigen Originalaufnahmen] deutet auf verschiedene Funktionen hin. Zunächst erscheint die Farbe ziemlich gleichmäßig über die Fläche verteilt, wird dann aber durch das Ausüben bestimmter Tätigkeiten stärker lokalisiert. Die Färbung repräsentiert das Signal, das mit der Technik der Positronen-Emissions-Tomographie (PET) aufgezeichnet wird. Indem man eine radioaktiv markierte Substanz (Tracer) in das Blut der Versuchsperson injiziert, kann der Ort im Gehirn abgebildet werden, an dem die Substanz erscheint. In diesem Fall ist der Tracer Glucose, so daß wir diejenigen Teile des Gehirns sehen können, die besonders viel Zucker umsetzen und jene, die weniger verbrauchen. Das vom Computer errechnete Bild des Glucose-Verbrauchs ist dann nach der Stärke des Verbrauchs gefärbt: ein hoher Verbrauch erscheint rot, gefolgt von gelb und grün, und dann blau für den niedrigsten Wert.

Abbildung 11 zeigt den PET-Scan von Versuchspersonen beim Verrichten verschiedener kognitiver Aufgaben. Man sieht unterschiedliche Aktivität in verschiedenen Teilen des Gehirns, abhängig von der Tätigkeit. Die dunkelgrauen Stellen sind die mit Gehirn-Rückenmarks-Flüssigkeit gefüllten Ventrikel. Dort gibt es überhaupt keine Gehirnaktivität. Für die als ›Visual‹ bezeichnete Aufgabe schaut die Versuchsperson beispielsweise auf ein vor sie gestelltes Muster. Wenn die Versuchsperson die Augen öffnet, kann man Aktivität im Okzipital-Cortex beobachten. Dies deutet auf den visuellen Cortex hin (siehe Pfeile). Die mit ›Cognitive‹ bezeichnete Aufgabe verlangte von der Versuchsperson, an bestimmte Dinge zu denken und Probleme zu lösen,

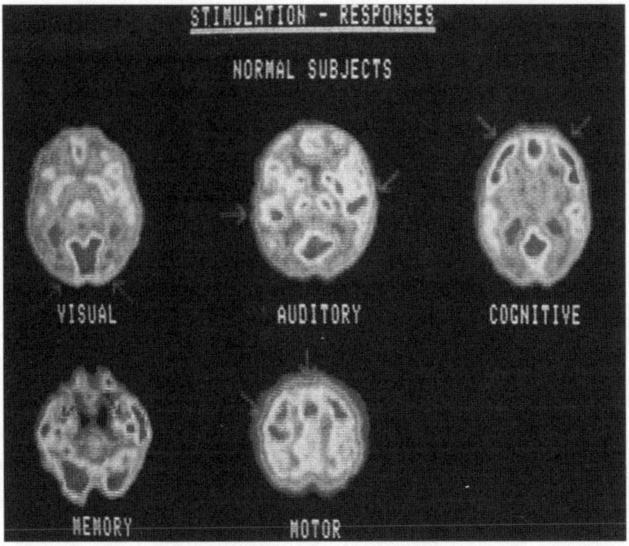

Abb. 11: Glucose-Metabolismus bei fünf verschiedenen kognitiven Aktivitäten. Die höchsten Stoffwechsel-Werte sind abstufig von schwarz bis hellgrau dargestellt. (Abdruck mit Erlaubnis von Phelps und Mazziotta: »Positron Emission Tomography: Human Brain Function and Brochemistry! In: Science 228 (1985), S. 799. Copyright 1995, American Association for the Advancement of Science.)

während ›Memory‹ verlangte, einer Geschichte zuzuhören und sich so vieler Einzelheiten wie möglich zu erinnern. Die mit ›Motor‹ bezeichnete Aufgabe bestand einfach darin, nacheinander mit den Fingern den gegenüberliegenden Daumen zu berühren. Bei ›Auditory‹ bestand der Stimulus in einer Kombination aus verbalen und nonverbalen Lauten, die in beide Ohren eingespielt wurden. Man erkennt die Beteiligung des auditiven Cortex. So gut wie jeder Mensch hat eine sprachdominante Seite (gewöhnlich links), wo sich die Sprachzentren befinden und eine nichtdominante Hemisphäre.«

Sofort wurde die Vorliebe Seiner Heiligkeit für experimentelle Details wach. »Betrifft dies nur die eigene Muttersprache?« Pete erklärte, daß die dominante Hemisphäre nicht aktiviert wird, wenn man eine Fremdsprache hört, die man nicht versteht. Der Dalai Lama insistierte: »Gibt es irgendwelche Unterschiede, ob eine Person ihre Muttersprache oder eine andere erlernte Fremdsprache spricht?« Pete erklärte weiter: »Sprachverarbeitung geschieht immer in der dominanten Seite. Wenn jemand aber zwei Sprachen spricht, dann können die Zentren in verschiedenen Bereichen liegen. Ein Gehirnschlag in einem Teil des Gehirns kann den Verlust einer Sprache verursachen, obwohl die andere erhalten bleibt.« »Ich verstehe«, antwortete Seine Heiligkeit mit einem breiten Grinsen und brach dann in Lachen aus. »Ich kenne einen indischen Premierminister, der elf Sprachen sprechen kann. Er ist also in einer wesentlich sichereren Lage!«

Pete fuhr fort: »Dies ist ein faszinierendes Thema, weil manche Sprachen eher als andere eine rechtsseitige Repräsentation haben. Japanisch, zum Beispiel, ist sehr bildlich und beansprucht mehr die rechte Gehirnhälfte, die für die visuelle und räumliche Orientierung zuständig ist.«

»Das wäre für eine Person richtig, die *Kanji*-Zeichen lesen kann. Gilt das gleiche aber auch für jemanden, der nicht lesen kann?« wollte Seine Heiligkeit wissen.

»Das ist sehr umstritten. Einige japanische Linguisten glauben, daß einige Aspekte der japanischen Sprache Tierlaute nachahmen, Vogelgesang oder Insekten etwa. Die Beteiligung der rechten Gehirnhälfte hat zweifellos etwas mit dem Schreiben zu tun, es ist allerdings noch komplizierter.«

Seine Heiligkeit erwähnte, daß auch im Tibetischen viele Laute nachgeahmt werden. »Das Wort für ›Motorrad‹ ist zum Beispiel *bok-bok*.« Und wieder mußten wir alle herzlich mit ihm lachen.

»Es ist gut möglich, daß die wichtigste Funktion in einem Bereich des Gehirns liegt, die wir überhaupt nicht sehen. Alles, was wir erkennen können, ist die Anzahl der Zellen, die Glucose verbrauchen. Wenn die grundlegende Funktion sehr effektiv ist und nur einige wenige Zellen beansprucht, dann könnten wir es nicht erkennen. Viele Menschen glauben, daß Musik mit der rechten Gehirnhälfte wahrgenommen wird, doch ist das nicht immer wahr. In einem Experiment, zum Beispiel, wurde den Leuten eine musikalische Aufgabe erteilt. Die Aufgabe bestand darin, einer Reihe von Tönen zuzuhören und dann – nach einer Pause – zu sagen, ob eine zweite Reihe von Tönen gleich oder verschieden sei. Einige Menschen erledigen diese Aufgabe auf der rechten Seite und andere auf der linken. Dies wurde nur mit wenigen Probanden durchgeführt. Es ist aber interessant, daß es Unterschiede darin gibt, wie sich Menschen an die Töne erinnern. Diejenigen, die sich an die Töne mit der rechten Gehirnhälfte erinnerten, summten die Töne vor sich hin. Die anderen, die die linke Seite benutzten, waren entweder geübte Musiker, die die Töne auf einer Skala visualisierten, oder sie benutzen einen analytischen Ansatz, indem sie sich zum Beispiel die Noten als verschieden lange Balken vorstellten. Der Unterschied liegt in ihrer Strategie. Die linke Gehirnhälfte scheint mehr für analytische Verarbeitung zuständig zu sein. Um dies zu beweisen, haben die Forscher in einem ähnlichen Experiment Menschen mit analytischem Ansatz Klangfarben anstatt Tonhöhen erinnern lassen. Die Klangfarbe wird leicht erkannt, etwa im Unterschied zwischen Klavier und Geige, aber sie ist schwer quantitativ zu fassen. Man kann sie sich nicht als Noten auf Linien oder als verschieden lange Balken vorstellen. Bei den Versuchspersonen, die Töne vorher mit der linken Gehirnhälfte hörten, verschob sich im gleichen Test mit der Klangfarbe die Aktivität auf die rechte Seite.

Als nächstes möchte ich über die Mechanismen sprechen, die zu einem veränderten Bewußtsein führen. Wir klassifizieren Gehirnerkrankungen nach ihren Symptomen als *destruktiv* oder *irritativ*. Lähmung, Erblinden und

Taubheit sind demnach destruktiv; Halluzinationen, Schmerzen und epileptische Anfälle gelten als irritativ. Destruktive Vorkommnisse, die eine Bewußtseinsveränderung bewirken, betreffen den gesamten Cortex in einer diffusen Art und Weise. Aber auch irritative Störungen können zur Bewußtseinsveränderung oder zu Bewußtseinsverlust führen. Psychogene Störungen sind ein Beispiel hierfür; in diesem Fall ist es der Geist anstelle des Gehirns, der das Bewußtsein beeinflußt.

Destruktive Erkrankungen können akut oder chronisch sein. Akute Zustände von Bewußtseinsveränderung können von schwach bis äußerst zersetzend definiert werden. Im *verwirrten Zustand* ist eine Person desorientiert; *Delirium* beinhaltet einen stärkeren Grad von Verwirrtheit. Bei *Obtundation* hat die Person Schwierigkeiten wach zu bleiben, jedoch kann man sie wecken und Antworten erhalten. Als nächstes kommt *Stupor,* wobei es schwer ist, die Person zu wecken oder irgendeine anständige Antwort zu erhalten; es mag jedoch eine Reaktion auf Schmerzreizung geben. Im *Koma* schließlich ist die Person völlig teilnahmslos. Diese Bezeichnungen sind nicht sehr quantitativ, und ich finde sie eigentlich schrecklich, weil sie einem nicht wirklich sagen, was los ist. Um diese Zustände studieren zu können, muß man sehr genau sein, was die benutzte Stimulation wie auch die erhaltene Reizantwort angeht. Koma ist eine sehr schwerwiegende Dysfunktion, bei der das retikuläre aktivierende System unter Schock steht, ohne daß es dabei direkt betroffen sein muß. Bei bestimmten Arten des Koma ist die Schädigung des retikulären aktivierenden Systems irreversibel. Es ist dennoch wichtig zu wissen, daß Koma immer ein vorübergehender Zustand ist und daß die Menschen schließlich aus dem Koma herauskommen: entweder sie sterben oder wachen auf. Es kann Wochen oder manchmal Monate dauern, bis der Schock überwunden ist, doch wenn sie überleben, dann wachen sie schließlich auf. Wenn sie allerdings eine schwere Gehirnverletzung erlitten haben, dann mögen sie hinterher kaum besser daran sein als im Koma. Dies wird *anhaltend vegetativer Zustand* genannt.

Der vegetative Zustand tritt auf, wenn jemand nach mehreren Wochen oder Monaten aus dem Koma erwacht, das Gehirn jedoch ohne Bewußtsein bleibt. Die autonomen Funktionen arbeiten weiterhin, die Person ist jedoch unfähig, auf die Umwelt zu reagieren und hat kein Bewußtheit von sich selbst mehr. Es kann sein, daß sie künstliche Beatmung braucht. So etwas stellt die Medizin vor ein ernstes ethisches Problem. Dieses Individuum schafft ein enormes Leid für seine Familie und verlangt nach einem irrsinnigen Aufwand, um es am Leben zu erhalten. Wenn heutzutage ein Mensch im vegetativen Zustand ist und selbständig atmen kann, so daß er unbegrenzt weiterlebt, dann gibt es für uns Ärzte nichts, was wir tun könnten, um das zu beenden.

Demenz ist ein chronischer Zustand, der durch strukturelle Schädigung des Gehirns zustande kommt und eine Person in so gut wie allen Bereichen des Lebens handlungsunfähig macht. Es gibt viele Formen der Demenz, die gewöhnlich auf rückbildenden Erkrankungen des Cortex beruhen.

Eine andere Art des chronisch veränderten Bewußtseins ist die *Hypersomnie*, die gesteigerte Einschlafneigung. Davon gibt es zwei Arten. Entweder Menschen sind müde aus den Gründen, über die Francisco am Montag sprach (siehe Kapitel »Warum schlafen wir?«), oder es handelt sich um das Neutralzustand-Phänomen, bei dem es kurze Schlafperioden, sogenannte *microsleeps*, gibt. Während dieser Phasen funktioniert die Person normal, ist tatsächlich aber eingeschlafen und erinnert sich nicht, was sie tat. Diese Menschen können ein bizarres Verhalten zeigen. Sie steigen beispielsweise in ein Auto ein, fahren eine Weile und finden sich plötzlich an einem fremden Ort wieder, ohne zu wissen, wie sie dorthin gekommen sind.

Dann gibt es noch die psychogenen Zustände. Drei davon kommen in Psychosen oder schizophrenen Situationen vor. Bei *Katatonie*, einer Form der Schizophrenie, ist das Individuum zwar wach, antwortet aber nicht auf Reize. Gewöhnlich kann man ihre Gliedmaßen in eine bestimmte Position bringen, die dann beibehalten wird. Diese psychiatrischen Bedingungen werden *wachsartige Biegsamkeit* genannt. Es handelt sich nicht um eine erkennbar physische Schädigung des Gehirns, sondern wahrscheinlich um eine chemische Störung, die wir noch nicht entdeckt haben. *Wahn* ist ein psychotischer Zustand, bei dem die Dinge anders erscheinen als sie sind. Zum Beispiel erscheint ein Hund wie ein Angst einflößender Löwe. *Halluzinationen* kommen eher als akustische denn als visuelle psychotische Zustände vor. Ein Individuum nimmt dann Stimmen wahr, die ihn zu bestimmten Taten veranlassen. *Hysterie* ist eine Form von *Neurose*, die nicht so stark wie eine Psychose ist. Diese Menschen zeigen die Symptome einer Krankheit, die sie tatsächlich nicht haben. Koma kann ein hysterisches Symptom sein: Ein Patient scheint im Koma zu liegen, doch sein Gehirn ist völlig normal.«

Epilepsie

»Auf dieses Gebiet habe ich mich seit vielen Jahren spezialisiert. Epilepsie stellt eine Art Endpunkt der Bewußtseinsveränderung dar. Epilepsie ist ein Zustand, in dem die Gehirnzellen wegen einer Läsion oder anderer Störungen überreagieren. Diese Stadien können in partielle und generalisierte unterteilt werden. Partielle Anfälle beginnen in einem Teil der einen Gehirnhälfte; generalisierte Anfälle beginnen auf beiden Seiten gleichzeitig.

Partielle Anfälle werden weiter eingeteilt in einfache und komplexe, je nachdem, ob das Bewußtsein erhalten bleibt oder nicht. Ein einfach-partieller Anfall mag lediglich in einer Zuckung der Hand bestehen, oder darin, daß man etwas sieht, was nicht da ist. Ein komplex-partieller Anfall dagegen führt zu Bewußtseinsverlust. Der Mensch fällt zu Boden, hat eigenartige Bewegungen der Gliedmaßen oder macht Kaubewegungen, die jedoch meist nicht sehr heftig sind. Komplex-partielle Anfälle entstehen durch abnorme Veränderungen in einem Teil des Gehirns, der Limbisches System oder Temporallappen genannt wird.

Die generalisierten Anfälle werden weiter in konvulsiv und nichtkonvulsiv unterteilt. Ein konvulsiver Anfall ist das, was die meisten Menschen unter einem epileptischen Anfall verstehen; der Mensch krampft, fällt zu Boden und zuckt. Es kann sein, daß er sich auf die Zunge beißt oder einnäßt. Bei einigen nichtkonvulsiven Anfällen hat der Patient nur einen kurzen Aussetzer des Bewußtseins, vielleicht für einige Sekunden; er blinzelt etwa mit den Augen und das war's. Solche Absencen können mehrmals täglich vorkommen. Bei myoklonischen Anfällen kommt es nur zu einer oder einigen wenigen Zuckungen. Es gibt noch andere Anfallsformen, bei denen die Person den Muskeltonus verliert und zusammenbricht.

All diese Formen treten unwillkürlich auf und sind keinesfalls ungewöhnlich. Chronische Epilepsie kommt bei etwa einem Prozent der Bevölkerung vor. Bis zum achtzigsten Lebensjahr steigt die Wahrscheinlichkeit, zumindest einmal im Leben einen solchen Anfall zu bekommen, auf ein Zehntel. Epilepsie ist ein einzigartiges Phänomen des Nervensystems, das viel dazu beigetragen hat, die Mechanismen der Gehirnfunktionen zu verstehen. In der westlichen Medizin ist Epilepsie seit vielen Jahrhunderten bekannt; es in der Vergangenheit wurde sie vom religiösen Glauben her als Besessenheit durch den Teufel angesehen. Menschen mit Epilepsie sind dadurch oft doppelt gestraft, zuerst durch die Krankheit und zweitens durch andere Leute, die denken, sie seien besessen oder verrückt.

Es gibt zwei gegenläufige Kräfte im Gehirn: Erregung und Hemmung. Einzelne Gehirnzellen sondern Sekrete ab, die Transmitter genannt werden und die die Nervenzellen entweder anregen, so daß sie feuern, oder die sie hemmen und vom Feuern abhalten. Wenn das Gehirn zum Beispiel bei einer Lähmung oder einem Bewußtseinsverlust aussetzt, kann dies an fehlender Erregung oder an übermäßiger Hemmung liegen. In manchen Fällen ist Bewußtseinsverlust also ein aktiver und kein passiver Prozeß. Bei Epilepsie unterliegt das Gehirn Bedingungen, bei denen die Zellen in abnormaler Weise aktiv sind. Ist dies in einer Region des Gehirns lokalisiert, dann führt es zu partiellen Anfällen; verteilt es sich über das ganze Gehirn, dann werden generalisierte Anfälle verursacht. Die Gesamtaktivität ist derart, daß Erregung zu Taten veranlaßt und Hemmung zu Bewußtlosigkeit führt. Der wichtige Faktor dabei ist Synchronisation. Normalerweise arbeiten Zellen unabhängig voneinander. Ihre relative Unabhängigkeit ist eine notwendige Funktionsbedingung. Ist die Synchronisation zu stark, können die Zellen nicht mehr richtig arbeiten. Es ist so, als würde man Klavier spielen: Jeder Finger spielt etwas anderes, und so entsteht harmonische Musik. Täte man dies mit den Fäusten, würde ein einziger Krach entstehen. Dies entspricht dem epileptischen Anfall.

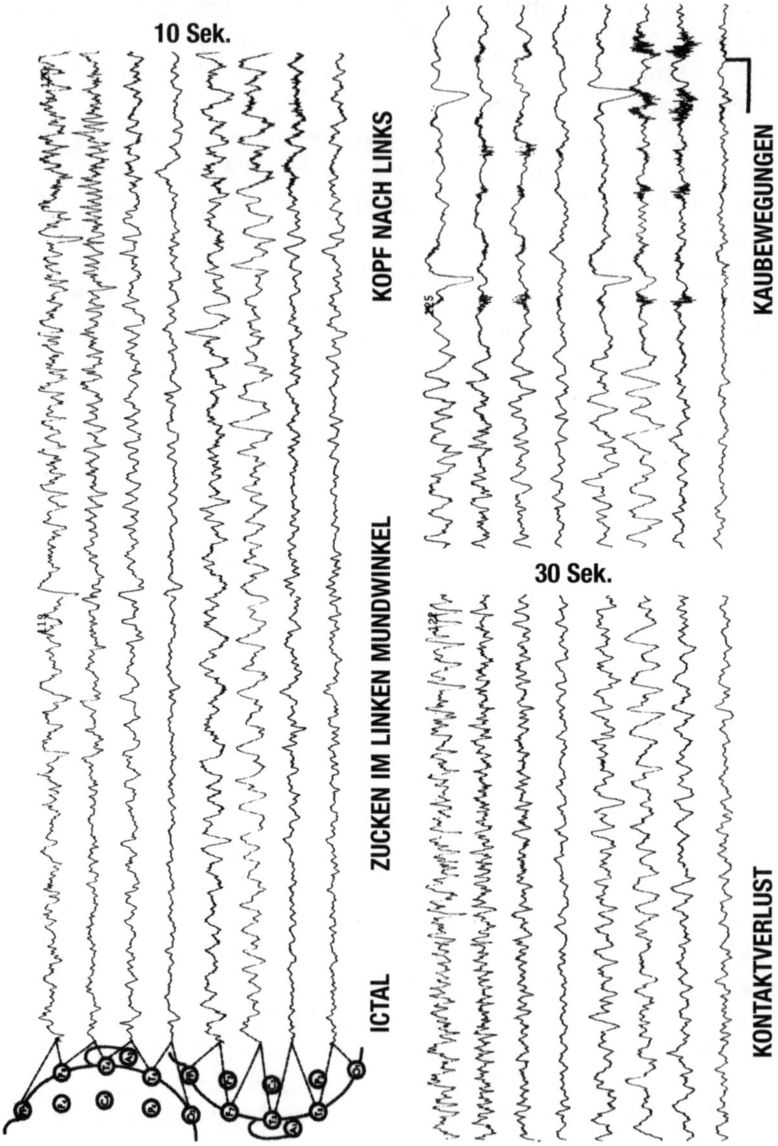

Abb. 12: EEG-Aufzeichnung eines komplex-partiellen epileptischen Anfalls bei einem Patienten mit Temporallappen-Epilepsie.

Abbildung 12 zeigt das EEG eines Patienten mit partieller Epilepsie, in der scharfe Spitzen auf die Erregung des rechten Temporallappens hindeuten, die durch die abnorm synchronisierte Entladung von Neuronen in dieser Region verursacht wird. Diese Rhythmen entstehen zu Beginn des Anfalls in der rechten Gehirnhälfte, breiten sich allmählich über die gesamte Hemis-

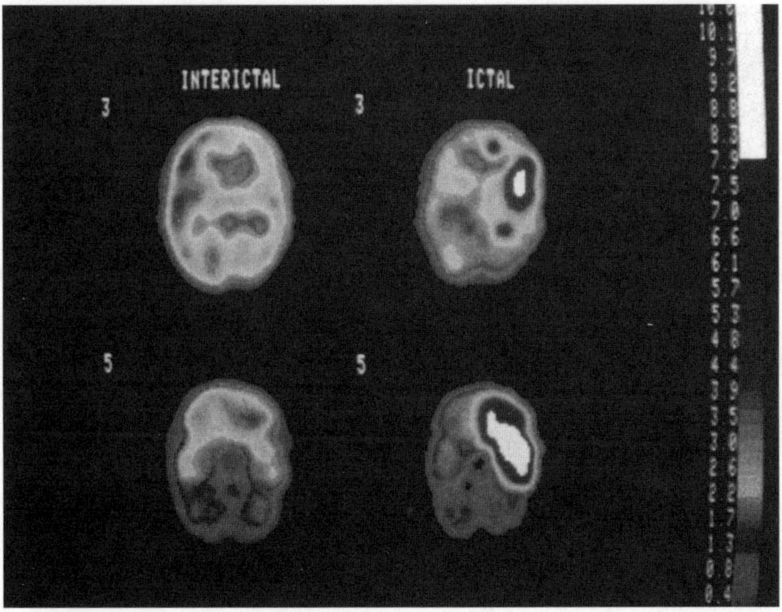

Abb. 13: PET-Aufnahme des Glucose-Verbrauchs während desselben Anfalls. (Abdruck mit Erlaubnis von Engel et. al: Neurology 33: [1983], S. 400.)

phäre aus und gehen dann auch auf die linke Gehirnhälfte über. Der Patient hatte anfangs Zuckungen in den Mundwinkeln und erlebte ungewöhnliche Gefühle. Dann drehte sich sein Kopf nach links. Als sich die epileptische Aktivität auf die linke Seite ausdehnte, verlor er fast eine Minute lang das Bewußtsein. Nach dem Anfall war die Aktivität unterdrückt, so daß das Gehirn fast gar nicht mehr funktionierte. Obwohl der Patient zu dieser Zeit Kaubewegungen machte, war er nicht ansprechbar. In der Abbildung 13 werden zwei PET-Scans gezeigt. Die beiden linken Aufnahmen entstanden, bevor der Patient den Anfall hatte. Sie zeigen seinen Normalzustand eines relativ verminderten Glucose-Stoffwechsels in der rechten Hemisphäre, wo seine Anfälle beginnen. Auf der rechten Seite der Abbildung 13 sieht man zwei Aufnahmen, die während des eben besprochenen Anfalls entstanden. Dargestellt ist die durchschnittliche Stoffwechsel-Aktivität mehrerer Minuten, während der der Anfall auftrat, den wir in Abbildung 12 gesehen haben, sowie der nachfolgenden Phase. Den angestiegenen Glucose-Verbrauch erkennt man als weiße Färbung. Die höchsten Werte zeigen an, wo der Anfall begann und von wo aus er sich über die rechte Hemisphäre ausbreitete. Die verminderte Aktivität im übrigen Gehirn deutet auf die allgemein reduzierte Gehirnfunktion hin, nachdem der Anfall vorbei war.

Es gibt noch zwei andere Anfallsformen, bei denen es zu Bewußtseinsverlust kommt. Ein konvulsiv generalisierter Anfall ist ein tonisch-klonischer Anfall, bei dem der Patient erstarrt und dann zuckt. Daran erkennt man, daß im gesamten Gehirn eine gesteigerte Aktivität vorliegt. Die andere Art des Anfalls sind Absencen, die ein sehr kurzes Aussetzen des Bewußtseins bedeuten. Das EEG einer solchen Situation sieht ganz anders aus, weil der Anfall hauptsächlich durch Hemmung und nicht durch Erregung zustande kommt. Er dauert nur wenige Sekunden, während denen das EEG hohe Spannungen bei scharfen und langen Wellen anzeigt. Die PET-Aufnahmen zeigen immer noch stark erhöhten Glucoseverbrauch für eben diese kleinen Absencen, woran man erkennt, daß Hemmung ein aktiver Prozeß ist (Abb. 12 und 13).

Während der Zustände des veränderten Bewußtseins hat der Patient Sehstörungen, wenn der Anfall das visuelle System betrifft, oder er hört irgendwelche Dinge, wenn das Hörzentrum betroffen ist. Es kann auch sein, daß er merkwürdige Dinge tut, sich schüttelt oder herumwandert. In früheren Zeiten hatte man sehr bizarre Vorstellungen davon. Menschen mit epileptischen Anfällen wurden von verschiedenen Kulturen sehr unterschiedlich betrachtet.[20] Die frühen Christen glaubten, Epileptiker seien vom Teufel besessen und verbrannten sie auf dem Scheiterhaufen. Andere Religionen nahmen an, daß diese Menschen von guten Geistern besessen sind. Für die alten Griechen galt Epilepsie als Segnung und wurde ›Heilige Krankheit‹ genannt. Heute glaubt man, daß die großartigen Visionen einiger Christen wie der Jeanne d'Arc tatsächlich epileptische Anfälle waren. Von Mohammed wird gesagt, daß er ein Epileptiker war, wie er auch in seinen Schriften zugibt.«

Epilepsie und tibetische Medizin

Dr. Engel fuhr fort: »Ich bin sehr neugierig, etwas darüber zu erfahren, wie Epileptiker von der tibetischen Kultur betrachtet werden. Vor vielen Jahren traf ich Dr. Dolma, die mir erklärte, daß Epilepsie unter Tibetern anders als im Westen kein schwerwiegendes Problem war. Heute ist Ihr Leibarzt hier bei uns, und ich möchte ihn fragen, ob denn viele Tibeter an Epilepsie leiden, ob Sie eine Heilbehandlung dagegen kennen, und ob Sie der Meinung sind, daß sie ein natürlicher Krankheitsprozeß ist, oder ob Sie glauben, daß sie irgendeine spirituelle Bedeutung hat.«

Es war bezeichnend für den Spezialisten in Dr. Engel, daß er die Gelegenheit nicht verpaßte, diese Frage zu ergründen. Seine Heiligkeit wandte sich an Dr. Tenzin Chödrak, seinen persönlichen Betreuer und einen der meistgeachteten Vertreter der tibetischen Medizintradition. Nachdem er in Tibet als Arzt praktiziert hatte, wurde er viele Jahre lang in chinesischen Gefängnissen gefangengehalten, bevor er nach Indien gelangen konnte. Nicht nur sein Wissen ist außergewöhnlich, auch von seiner Wärme und Einfachheit war ich tief beeindruckt. Er redete sehr sanft, als er wie folgt übersetzt wurde: »Es gibt in der medizinischen Literatur Tibets keine ausgedehnten

Abhandlungen über Epilepsie und ihre Behandlung, doch findet man Hinweise darauf. Man findet Beschreibungen der Symptome epileptischer Anfälle und Erklärungen der körperlichen Fehlfunktionen, die zu solchen Anfällen führen. Erwähnt werden drei Hauptarten von Epilepsie, die mit den Metabolismustypen zusammenhängen, welche man mit der Pulsdiagnose feststellen kann.

Eine Anfallsart, gegen die es keine Therapie gibt, kommt aus der ›Hitze-Störung‹, die mit einem sehr starken Puls einhergeht. Sie ist unheilbar. Die zweite Art von Anfall hängt mit einer ›Kälte-Störung‹ zusammen, die von einem feineren Puls begleitet wird und geheilt werden kann. Man betrachtet den epileptischen Anfall als vom Gehirn ausgehend, und es werden zwei Hauptursachen beschrieben. Die eine Ursache kann eine Schwellung innerhalb des Gehirns sein. Die zweite liegt in äußeren Einflüssen, kleinen Organismen etwa, die man mit dem bloßen Auge nicht sehen kann. Dies sind die beiden Ursachen, die zu Anfällen führen. Der dritte Typus von Epilepsie kann durch Pulsdiagnose bestimmt werden: Drückt man normal, das heißt sanft, spürt man den Puls. Wenn man aber etwas härter drückt, kann man ihn nicht mehr fühlen. Dies wird ein ›leerer Puls‹ genannt, weil er leer ist wie ein Ball: Man drückt ihn, und dann ist er plötzlich verschwunden.« Er machte eine kurze Pause, um dann hinzuzufügen: »Es ist sehr schwer, ein kohärentes Verständnis davon zu erlangen, wenn man nicht das ganze System der tibetischen Medizin versteht.«

Der Dalai Lama bot eine Brücke an: »Meiner eigenen Erfahrung nach stellen tibetische Ärzte ihre Diagnose sehr genau und ohne komplizierte Instrumente. So wie in dem Fall, als ich selbst ins Krankenhaus mußte; das war in Kalkutta oder Delhi, wo sie große Apparate benutzten; ihre Diagnose ging daneben. Unsere Ärzte arbeiten ohne Instrumente, berühren die Handgelenke, ertasten die verschiedenen Pulse und untersuchen die Person; dann wissen sie ziemlich genau, was los ist. Das ganze System ist wirklich bemerkenswert.

Eine allgemeine Aussage der tibetischen Medizin lautet: Die menschliche Physiologie basiert auf drei Säften – Wind, Galle und Schleim. Wie kommen Störungen oder Ungleichgewichte von Wind, Galle und Schleim zustande? Wind-, Galle- und Schleim-Störungen kommen, in dieser Reihenfolge, aus den ›Drei Giften‹, den primären geistigen Störfaktoren von Anhaften, Aggression und Unwissenheit. Aus diesen drei geistigen Störfaktoren entstehen die Störungen in den drei Säften. In den Abhandlungen findet man auch die Beziehung, daß Erkrankungen des Fleisches mit Unwissenheit, Erkrankungen der Knochen mit Aggression und Störungen des Blutes mit Anhaften zusammenhängen. Ganz allgemein gesagt, stehen die Erkrankungen des Körpers mit der Unausgeglichenheit dieser drei Säfte in Verbindung, deren Ursprung in den primären geistigen Störfaktoren liegt.

Das System der tibetisch-buddhistischen Medizin beschreibt auch äußere Kräfte, die zu bestimmten physischen Ungleichgewichten führen können.

Diese Kräfte beinhalten nichtmenschliche Wesen wie *Devas* (Götter), Nāgas (unterirdisch lebende Wesen) und andere. Diese auf unserem Planeten lebenden Daseinsformen können Menschen schädigen, ähnlich wie in den westlichen Berichten von Besessenheit. Doch obwohl sie an Leib und Leben Schaden anrichten können, sind sie nicht die Hauptursache für Krankheiten. Vielmehr stellen sie Katalysatoren für Störungen der Säfte dar.

Es gibt die unterschiedlichsten Formen der Diagnose. Zum Beispiel gibt es die Pulsdiagnose und die Urindiagnose. Beide sind sehr ausgefeilte und komplizierte Techniken. Außerdem werden die Symptome der Krankheiten untersucht, wozu auch eine Befragung über Träume gehört. Wenn die Diagnose abgeschlossen ist, erfolgt die Gabe von Medizin. Reicht die Medikation allein nicht aus, werden weitere Mittel, inklusive religiöser Zeremonien, angewendet. Die religiösen Zeremonien sind nicht allgemeiner Art, sondern beziehen sich direkt auf die in Frage kommende Krankheit. Wenn der Arzt zum Beispiel der Überzeugung ist, daß ein Deva für die Krankheit des Patienten verantwortlich ist, gibt es bestimmte Rituale, die dem entgegenwirken. Manchmal erfährt ein Patient durch die Gabe von Medizin allein über lange Zeit keine Erleichterung. Doch sobald die Rituale durchgeführt wurden, beginnt die Medizin plötzlich zu wirken.«

Pete fragte: »Besteht das Ziel einer medizinischen Behandlung darin, den Patienten um jeden Preis gesund zu machen, oder gibt es auch Fälle, wo man glaubt, daß der Patient sterben sollte und wo die Behandlung eingestellt wird?« Diese Frage brachte uns zum Thema Tod und der Ethik des Sterbens zurück.

Nach einer kurzen Rücksprache mit Dr. Choedrak gab Seine Heiligkeit die folgende Antwort: »In der Tradition der tibetisch-buddhistischen Medizin nimmt der Arzt bestimmte Gelübde, von denen eines den Arzt verpflichtet, alle ihm zu Verfügung stehenden Mittel anzuwenden, um einen Patienten zu heilen. Es entsteht niemals eine Situation, in der ein Arzt sich weigert, eine Medizin zu verabreichen, die dem Patienten womöglich helfen könnte, und er den Patienten sterben läßt. Das wäre ein klarer Bruch seiner Verpflichtung. Natürlich ist es die Frage, ob die Medizin unter allen Umständen wirksam ist; doch der Arzt hält das Gelübde, oder die Verpflichtung, alles ihm Mögliche zu tun, um den Patienten zu heilen.«

Anzeichen des Todes in der tibetischen Tradition

»Was geschieht, wenn der Patient bewußtlos ist, und wenn klar ist, daß er nie wieder zu Bewußtsein kommt?« wollte Pete wissen.

»Mit Hilfe der Pulsdiagnose als Grundlage ist es möglich, bestimmte Vorboten des nahenden Todes zu unterscheiden. Es gibt tatsächlich viele Wege, die Vorzeichen des Todes zu untersuchen. Zum Beispiel kann jemand, der darin sehr geschickt ist, den Atem genau prüfen, und ist dadurch in der

Lage, die Anzeichen eines Todes festzustellen, der noch mehrere Jahre entfernt sein kann, selbst dann, wenn die Person augenscheinlich bei bester Gesundheit ist. Verschiedene Pulsarten geben Auskunft über einen verhältnismäßig weit entfernten Tod, einen mittelweit entfernten Tod oder über einen kurz bevorstehenden Tod. Wenn, wie im letzteren Fall, der Tod nahe ist und der Arzt weiß, daß es keine Hoffnung mehr gibt, wird er nicht versuchen, die Widerstandskraft des Patienten zu wecken, indem er ihn oder sie ermutigt, trotzdem Medikamente einzunehmen. Statt dessen erlaubt der Arzt dem Patienten, alles zu essen, was er oder sie gern möchte. Wenn es vorher Diätvorschriften gab, dann werden diese jetzt aufgehoben und die Medikamente abgesetzt. Dies geschieht, weil der Arzt erkannt hat, daß ohnehin nichts mehr helfen würde.«

»Liegen diese Diagnosen niemals falsch?« fragte Pete mit einiger Verwunderung. Die Antwort kam prompt: »Doch, gut möglich.«

»Es wird von sehr verwirklichten Meistern erzählt«, schob Adam Engle ein, »die vorher ankündigen, daß sie zu einer bestimmten Zeit sterben werden, und dann sterben sie auch. Sie haben dabei die Vorstellung, daß es an der Zeit ist zu gehen, wenn der Grund für ihr Dasein in dieser Lebensspanne abgeschlossen ist. Angenommen, dies wäre wirklich wahr, an welchem Punkt wäre es dann für jemanden angemessen, ›den Stecker zu ziehen‹, wie wir sagen? In Kalifornien gibt es zum Beispiel eine Frau, die nicht gehirntot, sondern im Gegenteil noch sehr wach ist. Dennoch ist ihr Körper in solch einem schlechten Zustand, daß sie gern sterben möchte. Sie muß gefüttert und künstlich versorgt werden, und die Ärzte können dies nicht beenden. Sie ersucht den Staat Kalifornien um Erlaubnis, sterben zu dürfen. Es ist eine schreckliche Situation, doch gibt es nichts, was die Ärzte in ihrem Fall tun können. Meine Frage ist daher, wann ist es aus buddhistischer Sicht vertretbar, einen Menschen aufzugeben?«

»Als allgemeine Richtlinie muß man bedenken, was den größten Gewinn brächte«, antwortete Seine Heiligkeit. »Die Wünsche der betreffenden Person sind sehr wichtig. Dann geht es auch um den Wunsch der Verwandten. Die Kosten sollten auch in Betracht gezogen werden. Selbst wenn der Patient nicht mehr weiter zu leben wünscht oder überhaupt kein Gefühl mehr hat – das Wertvollste überhaupt, ist das menschliche Wesen. Funktioniert das Gehirn nicht mehr, und nur der Körper wird noch mit großem Aufwand am Leben erhalten, wäre es besser, das Geld für einen anderen Zweck zu verwenden, vorausgesetzt, daß es keine Hoffnung auf Besserung mehr gibt. In manchen Fällen sind die Verwandten bereit, sehr viel zu investieren, selbst wenn keine Aussicht auf Genesung besteht; das bleibt natürlich ihnen überlassen. Von einem buddhistischen Standpunkt aus würde ich sagen, daß es gut ist, wenn die Person ihr Gehirn noch zum Denken oder Bewegen benutzen kann, oder um eine positive und nützliche Motivation, wie Mitgefühl, zu erzeugen. Anders ist es mit einer Person, deren Gehirn zwar aktiv ist, aber nichts mehr leisten kann. Zudem gibt es Fälle, in denen das Gehirn sehr aktiv ist, aber nur in dem Sinne, sich dauernd depressiv, ängstlich oder besorgt zu fühlen, weil man nicht in der Lage ist, sich zu bewegen, den Körper einzusetzen, und so weiter. Das wäre ein anderer Fall, bei dem das Gehirn lediglich dazu benutzt wird, das Leiden zu verschlimmern.«

Stadien des Todes

Ich war sehr begierig, mehr über die Stadien des Todes zu erfahren, und so nutzte ich Adams Frage als Ausgangspunkt. »Es kommt offenbar vor, daß der Körper eines Yogis, der sich entschieden hat, zu sterben, noch für einige Zeit erhalten bleibt, obwohl sein Gehirn schon gestorben ist. Wir kennen Berichte von Menschen, deren Körper mehrere Tage lang nicht zerfiel. Was ist Ihre Ansicht darüber? Zu welchem Zeitpunkt tritt der Tod ein?«

»Von einer solchen Person wird gesagt, daß sie sich im Sterbezustand befindet, der Tod jedoch noch nicht eingetreten ist.«

Genau dies wollte ich auslösen, und Pete kam mir zur Hilfe, indem er hinzufügte: »Die Definition von Tod im Buddhismus scheint sich sehr von der westlichen Medizin zu unterschieden. Vor einiger Zeit traf ich den tibetischen Meditationsmeister Lama Yeshe, der in Kalifornien in einem westlichen Krankenhaus starb. Als die Ärzte sagten, er sei tot, bestanden seine Freunde darauf, daß er noch lebte und nicht bewegt werden dürfe. Drei weitere Tage vergingen ohne Verfallserscheinungen. Vermutlich befand er sich im Klaren Licht des Todes. Schließlich sagten sie, daß er gestorben sei und trugen seinen Körper weg. In diesem Prozeß finden keine Lebensvorgänge statt, die von der westlichen Medizin festgestellt werden könnten. Wie stellt die buddhistische Medizin fest, daß ein Mensch noch nicht tot ist?«

Seine Heiligkeit wandte sich erneut zur Seite, um sich mit seinem Leibarzt zu beraten. »Es gibt ein recht einfaches Kriterium: Man prüft nach Augenschein, ob der Körper zerfällt oder nicht. Falls der Körper noch nicht zerfällt, läßt man ihn in Ruhe. Außerdem habe ich Dr. Choedrak gefragt, ob die medizinischen Abhandlungen irgendwelche Hinweise auf das Verweilen im Zustand des Klaren Lichtes des Todes enthalten, und die Antwort des Doktors war, daß es keine gibt.« Für einen Moment schien er nachzudenken und fuhr dann fort.

»Lassen sie mich den Sterbeprozeß und Tod gemäß des buddhistischen Vajrayāna beschreiben. Diese Inhalte werden in den Texten genau beschrieben, doch müssen die Berichte noch mit wissenschaftlichen Methoden untersucht werden. Die Erörterung konzentriert sich auf das Energiezentrum in der Herzgegend, von dem man sagt, daß sich darin das sehr subtile weiße Element und das sehr subtile rote Element, oder die Tropfen (Skrt.: *bindu*), wie man auch sagt, treffen. Im Sterbeprozeß sinkt das weiße Element vom

Kopf aus durch den Zentralkanal nach unten bis auf die Höhe des Herzens. Von unterhalb des Herzens erscheint ein sehr subtiles rotes Element. Während das sehr subtile weiße Element zum Herzen nach unten sinkt, macht man die Erfahrung eines blassen Lichtes. Daraufhin steigt das rote Element zum Herzen auf, und man hat die Erfahrung eines rötlichen Glanzes. Sobald die beiden wie zwei Kugeln vollständig zusammengekommen sind, folgt eine Phase der Ohnmacht, als ob man das Bewußtsein insgesamt verlöre. Nach der Periode des Blackout folgt der Zustand des Klaren Lichtes des Todes.

Das Klare Licht des Todes ist etwas, das jeder ohne Ausnahme erfährt. Doch gibt es große Unterschiede darin, wie lange diese Erfahrung aufrechterhalten werden kann. Bei einigen Menschen dauert es nur wenige Sekunden, bei anderen mehrere Minuten, bei wiederum anderen mehrere Tage oder sogar Wochen. Solange die Erfahrung des Klaren Lichtes des Todes anhält, ist die Verbindung zwischen dem Sehr Subtilen Energie-Geist und dem groben physischen Körper noch nicht durchtrennt. Sie befindet sich im Prozeß des Auflösung, doch ist die Trennung noch nicht vollständig erfolgt. Erst in dem Augenblick der definitiven Trennung beginnt der Körper zu zerfallen, und wir sprechen davon, daß der Tod eingetreten ist. Als äußeres Zeichen davon, daß dies stattgefunden hat, und mit dessen Hilfe man sich vollkommen sicher sein kann, daß der Tod eingetreten ist, zeigen sich die roten und weißen Elemente an den Nasenlöchern. Man sieht dies als eine rote und eine weiße Spur, die auch aus den Genitalien austreten kann. Dies gilt sowohl für Männer wie für Frauen.«

Grobe und subtile Geistesebenen

Ich fuhr fort nachzufragen: »Eure Heiligkeit, diese Art der Beschreibung stellt wegen der dualistischen Obertöne ein großes Problem für westliche Neurowissenschaftler dar. Das berühmteste Beispiel dafür ist Descartes, der behauptete, daß die Seele und der Körper am Ort der Zirbeldrüse miteinander in Wechselwirkung stehen. In moderner Gestalt beschäftigt dieses Problem von Anfang an das wissenschaftliche Denken. Wenn etwas an etwas Zweites angeheftet ist, dann bedeutet das, daß diese beiden Dinge von unterschiedlicher Natur sind. Deshalb wird es das ›Problem der Dualität‹ genannt. Wenn Geist und Körper verschieden sind, dann können sie niemals zusammenkommen. Als Wissenschaftler mögen wir eine solche Situation überhaupt nicht, da es keinen Weg gibt, auf dem die eine Ebene von Phänomenen, die geistigen, in die biologischen und physikalischen Phänomene hineinkommen könnten. Aus diesem Grund ist uns bei dem Gebrauch von Wörtern wie Trennung immer etwas unwohl. Könnten Sie einmal ausführen, wie man vermeiden kann, die Trennung oder den umgekehrten Prozeß des Eintritts des Bewußtseins völlig dualistisch zu beschreiben? Gibt es eine ursächliche Beziehung in diesem Prozeß des Trennens und Eintretens? Wenn ja, was ist dann die Natur dieser Beziehung?«

Die Antwort, die Seine Heiligkeit auf diese Frage gab, war so präzise und bemerkenswert, daß der Leser sich etwas länger als gewöhnlich mit ihr befassen sollte. Sie beinhaltet eine Sicht von Geist und Körper, die weder materialistisch noch im banalen Sinn dualistisch ist. Darüber hinaus berührte er das Herz der buddhistischen meditativen Erfahrung jenseits intellektueller Beschreibungen. An Punkten wie diesem, wenn die Früchte einer jahrelangen Arbeit an diesen Dialogen deutlich werden, kann man gewiß sein, daß sie ihre Wirkung nicht verfehlen. Hören Sie gut zu. Besser wird es nicht!

»Zwischen Buddhismus und Wissenschaft gibt es, wenn wir zunächst ein wenig ausholen, sicherlich eine Übereinstimmung, solange man von den groben Ebenen des Bewußtseins spricht. Buddhisten stimmen zu, daß die groben Bewußtseinsebenen vom Körper abhängig sind, und daß sie nicht auftreten, wenn das Gehirn aufhört zu funktionieren. Ein sehr einfaches Beispiel dafür ist die Tatsache, daß die visuelle Wahrnehmung nicht möglich wäre, wenn die physische Basis dafür – der visuelle Cortex, die Netzhaut, der Sehnerv und so weiter – fehlen würden. Soweit ist es ganz einfach.

Wir sind uns also einig, daß das Bewußtsein in Abhängigkeit vom Gehirn entsteht. Dies ist eine ursächliche Beziehung, doch kann wiederum die Frage gestellt werden: Was ist die Natur dieser kausalen Beziehung? Stellt die Gehirnfunktion eine substanzielle Ursache für geistige Prozesse dar, oder liefert sie beitragende Bedingungen dafür? Ich habe niemals gesehen, daß dies in buddhistischen Abhandlungen explizit erörtert wurde, doch wäre es vernünftig zu vermuten, daß die Gehirnfunktion eine beitragende Bedingung für das Auftreten mentaler Prozesse darstellt. Doch was ist dann die substanzielle Ursache der primären, unterscheidenden Qualität des Bewußtseins, nämlich von Klarheit und Erkennen? Im System des Sūtrayāna wird die Antwort gegeben, daß Klarheit und Erkennen aus den latenten Neigungen des vorangehenden mentalen Kontinuums entstehen. Im Vajrayāna wird die substanzielle Ursache, wie schon erwähnt, mit dem sehr subtilen, ursprünglichen Geist identifiziert. Den Kern Ihrer Frage verstehe ich aber wie folgt: Was ist es, das die Verbindung zwischen dem Sehr Subtilen Geist und dem groben Körper oder dem groben Geist gewährleistet? An dieser Stelle sprechen wir von dem ›sehr subtilen energieerhaltenden fünf-farbigen Licht‹. Damit wird nahegelegt, daß diese sehr subtile Energie ausgestattet ist mit dem Potential, letztlich die fünf Elemente hervorzubringen: Erde, Wasser, Feuer, Luft und Raum. Aus dieser Energie entstehen zunächst die fünf inneren Elemente, und aus diesen dann die fünf äußeren Elemente.

Die buddhistischen Nur-Geist-Schulen, insbesondere der Yogāchāra, lehnen die Existenz einer äußeren Welt ab. Dies ist auch der Grund, warum ihre Vertreter das Grundlagebewußtsein postulieren. Sie brauchen es als

Speicherort für die Geisteseindrücke, die sich dann in dualistischer Weise als Subjekt und Objekt manifestieren. Folgt man dieser Sicht, dann braucht man keine äußere Welt, weil alles aus einer Quelle entsteht, die ihrer Natur nach im wesentlichen geistig ist.

Wenden wir uns nun der Schule der Prāsangika Mādhyamika zu, die wir als das höchste buddhistische philosophische System betrachten. In dieser Schule wird die Existenz einer äußeren Welt, einschließlich der Sinnesobjekte, behauptet. Wie ist diese Welt entstanden? Was ist der Ursprung dieser äußeren Welt als physikalischer Umwelt? Der Ursprung wird auf Teilchen aus leerem Raum zurückgeführt. Gleichwohl ist dieser Ursprung nicht auch der Beginn aller Zeit, weil es so etwas im Buddhismus nicht gibt, sondern der Beginn eines kosmischen Zyklus. Man kann also, kurz gesagt, das ganze Universum auf Raumteilchen zurückführen. Das bedeutet nicht, daß es sich um einen absoluten Ursprung des Universums handelt; vielmehr ist es der Beginn eines kosmischen Evolutionsprozesses. Weiterhin kann darüber gesprochen werden, was davor war. Die gesamte Evolution der natürlichen Welt stammt aus Raumteilchen, und zwar findet diese statt unabhängig davon, ob es Bewußtsein gibt oder das Karma von fühlenden Wesen.

Dieses Universum wird von Lebewesen bewohnt, die Situationen und Umwelten erfahren, welche zu ihrem Gedeihen oder Verderben führen. Es gibt eine Schnittstelle zwischen dem Karma der fühlenden Wesen und der natürlichen Umwelt. Karma modifiziert und beeinflußt die Natur der physischen Umgebung derart, daß Freude und Kummer erfahren werden. In diesem Zusammenhang sprechen wir von Glück, Unglück und so weiter. Wie entstehen heilsames und unheilsames Karma? Dies wird auf geistige Prozesse zurückgeführt, genauer gesagt, auf die eigene Motivation. Heilsame und unheilsame Motivationen sind von größter Bedeutung für die Bestimmung, ob eigene Handlungen, das eigene Karma, heilsam oder unheilsam sind. Sobald wir beginnen, uns für die Motivation zu interessieren, betreten wir den Bereich des Geistes. Und der Geist ist auf das engste mit der sehr subtilen Energie verbunden, der Energie der fünffachen Strahlung. Diese Energie trägt das Potential der fünf Elemente in sich, wobei sich die fünf äußeren aus den fünf inneren Elementen entwickeln. Karma hätte demnach diese sehr subtile Energie als Träger, wie sie sich in den äußeren und inneren Elementen manifestieren. Darin besteht also eine zweiseitige Schnittstelle zwischen dem Geist und der physischen Umwelt.«

Wir alle waren von seiner Darlegung tief beeindruckt, die so umfassend war, daß ich kaum wußte, wo ich ansetzen sollte, um noch eine Klärung zu versuchen: »Bedeutet dies nicht, daß meine Bewußtheit vielmehr eingebettet anstatt verborgen ist, und den groben Geist, der vom Gehirn abhängt, durchdringt – daß sie sich gegenseitig durchdringen?«

»Das ist ganz richtig! Es ist nicht der Fall, daß man zwei unterschiedliche Bewußtseinskontinua hat, eines sehr subtil und das andere grob. Vielmehr entstammt das grobe Bewußtsein dem Sehr Subtilen Geist; es erhält seine eigentliche Wirksamkeit aus dem Sehr Subtilen Geist. Es ist nicht etwas davon Verschiedenes.«

»Wenn wir beispielsweise eine Versuchsperson beobachten, die gerade Töne hört, dann sehen wir eine Menge komplexer Gehirnaktivität. Glauben Sie, Eure Heiligkeit, daß wir von dieser äußeren Perspektive aus nicht nur die groben, sondern auch die sehr subtilen Ebenen des Bewußtseins sehen könnten?«

Er dachte einen Moment lang nach und sagte dann: »Es wäre mit wissenschaftlichen Methoden sehr schwierig zu entscheiden. Ein Meditierender, der in seiner Praxis sehr weit fortgeschritten ist und über eine direkte Erfahrung des Sehr Subtilen Geistes verfügt, braucht keinen äußerlich wissenschaftlichen Beweis, um die Existenz des Sehr Subtilen Geistes zu bestätigen. Ohne diese Erfahrung jedoch kann die Existenz des sehr subtilen Geistes nicht bewiesen werden. Das ist vergleichbar mit der in einigen Mahāyāna-Abhandlungen diskutierten analogen Erwähnung bestimmter Zeichen von ›Unumkehrbarkeit‹. Es handelt sich dabei um eine bestimmte Stufe auf dem spirituellen Pfad. Sobald man einmal diese Stufe erlangt hat, gibt es keinen Rückschritt mehr auf dem Pfad, und man geht nur noch voran. Dann erhebt sich die Frage: Wie können wir feststellen, ob eine Person diese Zeichen besitzt? Es gibt einander widersprechende Positionen dazu, ob diese Unumkehrbarkeit überhaupt endgültig entschieden werden kann. Selbst diejenigen, die behaupten, daß es bewiesen werden könne, geben zu, daß es sich dabei nicht um eine Schlußfolgerung, sondern um einen Beweis durch Analogie handelt. Als Beispiel wird angegeben, daß man die Identität eines besonderen Hauses dadurch nachprüfen kann, daß man sagt, es sei jenes Haus, auf dem eine schwarze Krähe gesessen hat. Man benutzt die Krähe als Zeichen, um die Identität dieses besonderen Hauses anzuzeigen. Dies ist eine indirekte Aussage, die wirklich nichts mit der Natur des Hauses zu tun hat. Nichtsdestoweniger hilft es einem, das besondere Haus zu erkennen. Die Zeichen, die die Stufe der Unumkehrbarkeit anzeigen, sind in ähnlicher Weise zu verstehen.

Um nun zu bestimmen, ob das innerste, subtile Klare Licht existiert oder nicht, können wir auf folgende Weise vorgehen. Beobachten wir den Geist, dann wissen wir aus Erfahrung, daß es scheinbar drei grundlegende Arten gibt, auf Situationen oder Ereignisse zu reagieren. Die erste ist Abwehr, die zweite Anhaften und die dritte ein Zustand der Gleichgültigkeit. Von diesen drei Zuständen wird gesagt, daß Abwehr die meiste Energie erfordert, Anhaften braucht weniger und Gleichgültigkeit noch weniger.«

Er wandte sich zu mir: »Haben Sie mit den Mitteln des EEG Unterschiede festgestellt, wenn eine Person starken Ärger im Gegensatz zu starkem Anhaften oder starker Begierde erlebt? Gibt es irgendwelche quantitativen Unterschiede?«

»Das EEG ist ein sehr grobes Instrument, Eure Heiligkeit. Bei genaueren Berechnungen und Datenanalysen lassen sich aber tatsächlich Muster feststellen. Insbesondere findet man eine verläßliche Beziehung zwischen starken Emotionen und den möglichen Quellen von Oberflächenspannungen. Obwohl das noch ein offenes Gebiet ist, stellt es im Prinzip kein Problem dar. Von der Experimentiertechnik her ist es schwierig, dennoch ist eine geschickte Kombination von EEG, Magnetfeld-Aufzeichnung (MEG) und den neuen Abbildungsverfahren wie PET und funktionaler Magnetresonanz (FMRI) vielversprechend.«

Auf den vorigen Punkt zurückkommend, fuhr er fort: »Das bezieht sich auf meine Aussage über den unterschiedlichen Energieaufwand für Abwehr, Anhaften und Gleichgültigkeit. In den Schriften von Nāgārjuna ist von achtzig Arten von Konzeptualisierungen (Skrt.: *samskāra*) die Rede, die verschiedene Ebenen energetischer Aktivität anzeigen und mit verschiedenen Emotionen und Gedanken in Verbindung stehen. Sie werden in drei Gruppen eingeteilt, entsprechend höchster, mittlerer und niedriger energetischer Aktivität. In der ersten Gruppe kennt man dreiunddreißig, in der zweiten vierzig und der dritten sieben Arten von Konzeptualisierung.

Auf welcher Grundlage postulieren wir nun die Existenz des Klaren Lichtes? Wir müssen zumindest etwas Glaubhaftes vorweisen. Die achtzig Arten von Konzeptualisierung sind verschiedene emotionale und kognitive Zustände und damit auch Bestandteile des Geistes. Von diesen achtzig wird gesagt, daß sie aufhören, wenn die Atmung endet. Das gleiche würde passieren, wenn das Gehirn aufhörte zu funktionieren. Nach diesem System entsteht die Dreiteilung der Konzeptualisierung aus drei grundlegenden Zuständen, die Erscheinung, Zunahme von Erscheinung und Bewußtlosigkeit genannt werden.

Einer bestimmten Theorie zufolge, müssen diese drei Zustände selbst auf der Basis des Klaren Lichtes, dem innersten subtilen Zustand von Bewußtsein, entstehen. Untersucht man gewissenhaft die Abhandlung, die diese Theorie vertritt, und insbesondere diejenigen Punkte, die auf experimenteller Bestätigung oder zwingenden Schlußfolgerungen beruhen, so erlangt man schließlich ein Vertrauen in die Wahrhaftigkeit jener Zustände, die selbst nicht auf solche Weise zu bestätigen sind. Dann hat man zwei Möglichkeiten: sie entweder zu verwerfen, oder sie zu akzeptieren, da es keine Belege gibt, die gegen sie sprechen.

Um diese Methode anwenden zu können, müssen wir die dreifache buddhistische Einteilung der Phänomene verstehen: (1) *offensichtliche Phänomene*, die direkt wahrgenommen werden können, (2) *entfernte oder verborgene Phänomene*, die durch Schlußfolgerung erkannt werden, (3) *äußerst entfernte oder verborgene Phänomene*, die nur durch das Zeugnis einer dritten Person erkannt werden. Ein derartiges auf ein fremdes Zeugnis gegründetes Wissen kommt im Kontext von Systemen vor, zu denen man selbst durch eigene Untersuchung ein hohes Maß an Vertrauen gewonnen hat. Wenn man also durch eigene Anstrengung das Vertrauen entwickelt hat, dann ist es zulässig, daß man in diesem Kontext von einer auf ein Zeugnis gegründeten Schlußfolgerung spricht. Dies ist etwas ganz anderes, als schlicht die Aussage von jemandem ohne solchen Kontext zu akzeptieren.«

»Die grundlegende Struktur ist doch, daß wir zwei Extreme vermeiden«, warf ich ein. »Das dualistische Extrem wäre, daß wir Klares Licht und grobes Bewußtsein als völlig getrennt ansehen. Das andere Extrem wäre, daß Klares Licht und grobes Bewußtsein völlig vermischt sind. Die Zwischenposition scheint hier zu sein, daß Klares Licht die Quelle kontinuierlicher Ebenen von Manifestation ist, deren tiefste Ebenen sehr versteckt sind.«

»Nicht ganz so«, kam die Antwort. »Es ist nicht einfach eine ursächliche Beziehung nach der ein Phänomen das Erscheinen eines anderen, davon verschiedenen Phänomens bewirkt. Zunächst einmal sind der Sehr Subtile Geist und das grobe Bewußtsein von derselben Natur und nicht unterschiedlicher Natur. Das gesamte Thema scheint in der Dzogchen-Literatur am deutlichsten behandelt zu werden. Darin wird die Beziehung zwischen dem innersten Klaren Licht und dem groben Bewußtsein nicht einfach dualistisch behandelt, sondern wesentlich raffinierter. Wie ich gestern schon erwähnt habe, wird das Klare Licht des Todes, das sich zum Todeszeitpunkt manifestiert, auch *Natürliche Ursprüngliche Bewußtheit* (tib.: *rig pa*) genannt. Es ist dennoch möglich, daß sich Urspüngliche Bewußtheit auch während eines groben Bewußtseins manifestiert, nur wird ihm dann ein anderer Name gegeben. Wie ich gestern sagte, wird es *Ausstrahlende Ursprüngliche Bewußtheit* genannt, oder auch *Ursprüngliche Bewußtheit, die den Grund erscheinen läßt*. Sie manifestiert sich zusammen mit dem groben Bewußtsein. Von daher stimmt es nicht, daß die Ursprüngliche Bewußtheit gänzlich untätig ist, solange das grobe Bewußtsein aktiv ist. Die Tatsache, daß man Ausstrahlende Ursprüngliche Bewußtheit erfahren kann, während es immer noch grobes Bewußtsein gibt, legt nahe, daß erstere wesentlich durchdringender ist, als lediglich eine Ursache des groben Bewußtseins zu sein.«

Er machte eine kurze Pause und horchte mit einem Ausdruck der Verwunderung in sich hinein. Seine enorme Hochachtung der meditativen Dzogchen-Tradition wurde deutlich. »Ich habe einige Dzogchen Praktizierende, die die Erfahrung Ursprünglicher Bewußtheit pflegen, befragt. Unlängst traf ich einen 25-jährigen Meditationsmeister, der eine sehr deutliche Erfahrung Ursprünglichen Gewahrseins hatte. Es ist nicht lange her, daß er nach Tibet, in die Region Dzamthang, zurückgekehrt ist. Ich fragte ihn nach seiner Erfahrung des Klaren Lichtes, besonders während des Wachbewußtseins. Er sagte mir, daß er inmitten seines wachen Bewußtseins in der Lage war, die Eigenschaften der Ursprünglichen Bewußtheit festzustellen. Im allgemeinen sprechen wir davon, daß die Natur des Geistes lediglich Klarheit und Erkennen ist. Ist die Erfahrung der Ursprünglichen Bewußtheit manifest, dann lassen sich diese Eigenschaften von Klarheit und Erkennen, die von der Klarheit und dem Erkennen eines Objekts verschieden sind, feststellen.

Dies ist der Bericht von Menschen, die eine ausgezeichnete Erfahrung in Dzogchen haben. Durch diese Erfahrung nimmt auch das eigentliche Verständnis des Klaren Lichts zu. Obwohl man keine Erfahrung mit dem Klaren Licht des Todes hat, nähert man sich in der Praxis immer tiefer und tiefer diesem Phänomen an.«

Grobe und subtile sexuelle Vereinigung

»Da es sich offenbar nur durch indirekte Beweisführung ermitteln läßt, würde man also niemals grobe wissenschaftliche Messungen anstellen können, um die Existenz von Ursprünglicher Bewußtheit in der Erfahrung eines Menschen zu bestätigen?« Der Neurowissenschaftler in mir konnte sich einfach nicht zurückhalten, weiterzubohren.

»Doch, ich halte es im Prinzip für möglich, etwas Signifikantes zu finden, wenn man Forschungen an Menschen macht, die im meditativen Gleichgewicht ruhen. Wir müssen dies aber von der *Grundlegenden* Natürlichen Bewußtheit unterscheiden. Meiner Meinung nach kann man für die Grundlegende Natürliche Bewußtheit keine wissenschaftlichen Beweise finden. Von ihr sprechen wir hier aber nicht. Hier diskutieren wir die *Ausstrahlende* Ursprüngliche Bewußtheit, zu der wissenschaftliche Forschungen durchführbar sein könnten, die ihre Existenz anzeigen.

Beispielsweise gibt es einen großen Unterschied in der Bewegung der regenerativen Flüssigkeiten bei zwei Menschen, die gewöhnlichen Geschlechtsverkehr haben, und einem verwirklichten männlichen Yogi und einer weiblichen Yogini, die sich in geschlechtlicher Vereinigung befinden. Obwohl es generelle Unterschiede gibt, so sollten doch Ähnlichkeiten darin erkennbar sein, wie die regenerativen Flüssigkeiten bis zu einem bestimmten Punkt nach unten fließen. In beiden Fällen, dem gewöhnlichen Geschlechtsverkehr und der sexuellen Vereinigung, die von fortgeschrittenen tantrischen Praktizierern ausgeführt wird, bewegen sich die regenerativen Flüssigkeiten bis zum Ort der Genitalien. Aus diesem Grund wäre es möglich, Forschungen darüber anzustellen, welche Prozesse beim gewöhnlichen Geschlechtsakt stattfinden.

Der wesentliche Unterschied zwischen den beiden Arten von Geschlechtsverkehr besteht in der Kontrolle des Flusses der regenerativen Flüssigkeiten. Tantrische Praktizierende verfügen über eine solche Kontrolle. Jene mit großer Erfahrung können sogar die Richtung des Flusses umkehren, selbst wenn er schon die Spitze des Genitals erreicht hat. Weniger erfahrene Praktizierende müssen die Umkehr des Flusses an einem höheren Punkt vollziehen. Je weiter die Flüssigkeiten nach unten gesunken sind, um so schwerer ist es, sie zu kontrollieren.

Eine besondere Übung, an der man die Fähigkeit zur Kontrolle messen kann, besteht darin, einen Strohhalm in das Genital einzuführen. Zuerst zieht der Yogi Wasser, später dann Milch durch den Strohhalm herauf. Damit wird die Fähigkeit der Umkehr des Flusses während des Geschlechtsverkehrs geübt. Wer eine sehr große Erfahrung darin hat, kann nicht nur den Fluß an einem sehr weit unten liegenden Punkt umkehren, sondern auch die Flüssigkeit bis zum Scheitel aufsteigen lassen, dem Ort, von dem sie ursprünglich heruntergesunken war.

Was aber ist das weiße Element, das bis zum Scheitelpunkt des Kopfes heraufgezogen wird? Nach dem Verständnis der westlichen Medizin stammen die Spermien aus den Hoden, und der Samen entsteht in der Prostata. Der tibetischen Medizin zufolge wird der Samen in den Samenbläschen (tib.: *bsam se'u*) gebildet. Was wird also emporgehoben? Ist es der Samen, die Spermien oder etwas anderes? Dr. Tenzin Chödrak hat bekräftigt, daß es keine dieser groben Substanzen ist, die beide im System der Tibetischen Medizin erwähnt werden. Vielmehr handelt es sich hierbei um eine sehr subtile Substanz, die zum Scheitel heraufgezogen wird, und nicht um die groben Flüssigkeiten aus Samen oder Spermien.

Dann mag man fragen, wie sie dort heraufkommt. Durch welchen Kanal oder welche Mittel bewegt sie sich? Es gibt drei Kanäle – den zentralen, den rechten und linken Kanal. Auf dem Zentralkanal gibt es sechs Zentren, von denen ein jedes Verknotungen enthält, die entwirrt werden müssen. Bis man nicht den allerhöchsten Zustand in der Praxis erreicht hat, bei dem alle Knoten in den verschiedenen Zentren gelöst sind, kann das weiße Element unmöglich hindurchgehen. Es muß einen klaren Durchgang durch jedes dieser Zentren geben, bevor das weiße Element aufsteigen kann. Bei einem fortgeschrittenen Yogi, der diesen höchsten Zustand nicht erreicht hat, wird das weiße Element durch den rechten und linken Seitenkanal heraufgezogen. Erst wenn der Yogi den höchsten Zustand erreicht, fließt das weiße Element durch den Zentralkanal bis zum Scheitelpunkt des Kopfes hinauf. Sobald man die Verknotungen einmal gelöst hat, bleiben sie auch so.

Frauen haben dieselben sechs Zentren wie Männer. Es heißt, daß bei Frauen das rote Element stärker vorherrscht, doch auch sie haben das weiße Element. Die Tatsache, daß Frauen auch über das weiße Element verfügen, ist ebenfalls ein Anzeichen dafür, daß es sich dabei nicht um Samen oder Spermien handeln kann. Ich habe einmal mit einigen Hindu-Yogis gesprochen, die in der Praxis des Prāna-Yoga und der Kanäle und Energien sehr erfahren waren. Einige dieser Leute haben bestätigt, daß das weiße Element auch bei Frauen vorhanden ist, obwohl das rote Element bei ihnen stärker ist. Deshalb ist die Praxis der vorher beschriebenen tantrischen Meditation für Frauen dieselbe; das weiße Element sinkt in genau derselben Weise und wird dann wieder heraufgezogen. In der tantrischen Literatur werden vier Arten von Frauen oder Gefährtinnen (Skrt.: *mudrā*) beschrieben: die Lotos-artige, die Reh-artige, die Muschel-artige und die Elefanten-artige.« Da er sehr wohl bemerkte, daß das Thema bei jedem im Raum Lächeln hervorrief, witzelte er: »Wenn diese Einteilung aus Tibet stammte, dann hätte man sie Yak-artige genannt.« Wir alle lachten mit einiger Erleichterung. »Diese Unterscheidungen haben in erster Linie etwas mit der Form der Genitalien zu tun, doch beziehen sie sich auch auf Verschiedenheiten in der körperlichen Konstitution. Für Männer gibt es keine derartige Einteilung.

»Sie sehen, wie subtil das ist. Und zum Zeitpunkt des Todes ist dieser Prozeß sehr schwer zu untersuchen.«

Bewußtseinsübertragung

»Ist die eigene Übung mit dem Bewußtsein stark genug, dann sind die Resultate offensichtlich. Die Auswirkung des Bewußtseins auf den Körper erscheint am deutlichsten in der *Powa*-Praxis, dem Ausschleudern des Bewußtseins. Wenn man sich darin sehr weitgehend geübt hat, dann fällt der Körper bei Powa einfach in sich zusammen, obwohl man bei bester Gesundheit ist. Manchmal gibt es als Folge dieser geistigen Praxis an der höchsten Stelle des Schädels eine kleine Beule, und etwas Flüssigkeit tritt aus. Aus diesen Gründen empfiehlt die Tradition, daß die Powa-Praxis mit Gebeten für ein langes Leben abgeschlossen wird. Es hat einige tibetische Meditierende gegeben, die diese Praxis ausführten, als sie in chinesische Gefängnisse gebracht wurden.«

Pete fragte: »Mir scheint, daß die Powa-Praxis hervorragend geeignet wäre, um daran die Art von Forschungen durchzuführen, die sie angeregt haben, weil es eine physische Manifestation des subtilen Geistes gibt. Die Vorbehalte, die Sie vorher über Experimente an Sterbenden äußerten, würden wegfallen. Von daher stellte Powa einen möglichen Forschungsbereich dar, der sich nicht mit dem Sterbeprozeß eines fortgeschrittenen Praktizierenden überlagern würde. Könnten Sie in diesem Zusammenhang Powa noch einmal für diejenigen von uns beschreiben, die es nicht kennen?«

»Es werden Visualisationen in der Meditation benutzt, um die Verbindung des subtilen Geistes mit dem groben Körper zu durchtrennen, ohne daß der Körper dabei Schaden nimmt. Wendet man Powa ohne besonderen Grund an, bevor irgendwelche Anzeichen des Todes aufgetreten sind, dann besteht die Gefahr, sich damit unabsichtlich umzubringen. Dennoch mag man Vorzeichen des kommenden Todes schon erkennen, während man noch bei guter Gesundheit ist. Die Zeichen kann man schon drei bis vier Monate vor dem Tod sehen. Dies rechtfertigt die Anwendung von Powa, um damit sein Leben drei oder vier Monate früher zu beenden, insofern als es der Verfall des Körpers durch Krankheit erschweren würde, zu meditieren und das Leben in einer günstigen Weise zu verlassen.

Wendet ein Meditierender die Technik der Bewußtseinübertragung oder Powa an, um die Verbindung zwischen dem groben Körper und dem Sehr Subtilen Geist zu lösen, dann kommt dies praktisch einer Todeserfahrung gleich. Obwohl man nicht in der gewöhnlichen Art und Weise durch die einzelnen Stadien geht, durchläuft man sie doch stufenweise, in der richtigen Reihenfolge, bis sie schließlich in der eigentlichen Erfahrung des Todes gipfeln.

Es gibt noch eine zweite Variante dieser Praxis, die Drongjuk (tib.: *grong 'jug*) heißt; dabei überträgt man sein Bewußtseinskontinuum in einen anderen intakten Körper. Der andere Körper ist natürlich kein lebender Körper, und man verdrängt dabei auch nicht das Bewußtsein eines anderen oder tötet jemanden. Vielmehr bringt man sein Bewußtsein in einen gerade gestorbenen Körper hinein. Dies wäre die Entsprechung zur Körper- oder Gehirntransplantation: Der zweite Körper wird zur ersten Person. Von den Menschen, die dies getan haben, wird erzählt, daß sie all ihre erlernten Fähigkeiten mitgenommen haben. Den Tod haben sie dabei nicht erfahren, da sie nicht durch die acht Auflösungsphasen gegangen sind.

Man muß aber daran denken, daß der Suizid im Buddhismus als untugendhaft gilt. Powa sollte daher, wie erwähnt, nur angewendet werden, wenn man bereits Anzeichen des Todes sieht. Die vorzeitige Anwendung entspräche einem Selbstmord. In der korrekten Praxis sollte man festgestellt haben, daß man bald sterben wird; dann beschleunigt man den Prozeß, solange man bei Kräften ist, was annehmbar ist.«

Möglichkeiten der experimentellen Erforschung des Subtilen Geistes

Angesichts der Bedeutsamkeit des Themas fiel es uns allen nicht leicht, von der möglichen Brücke abzulassen, die sich zwischen den Lehren vom subtilen und groben Bewußtsein und den neurowissenschaftlichen Werkzeugen und Methoden darbot. Doch da unsere Zeit langsam zu Ende ging, versuchte ich noch einmal, zusammenzufassen: »Das Klare Licht des Schlafes sowie das grundlegende, reine Gewahrsein, das von Dzogchen-Praktizierenden beschrieben wird, scheinen am ehesten direkt zugänglich zu sein, wenn wir die subtileren Ebenen des Bewußtseins in der westlichen Medizin bestätigen wollten.«

Dem stimmte seine Heiligkeit zu: »Sie könnten Untersuchungen an jemandem durchführen, der Powa übt. Niemand praktiziert wohl heute noch die Bewußtseinsübertragung in einen anderen Körper. Diese Tradition ist verlorengegangen.«

Pete fragte noch einmal: »Würden Sie in jenen Zuständen, die dem Klaren Licht des Todes ähneln, tatsächlich physische Anzeichen im Körper erwarten?«

Seine Heiligkeit fügte hinzu: »Es gäbe sogar noch eine vierte Möglichkeit für Forschungen, indem sie Messungen an Meditierenden vornehmen, die die sogenannte Vasenatmung praktizieren. Es wird gesagt, daß Meditierende auf einer niederen Realisationsstufe den Vasenatem für gerade einmal zwei Minuten halten können. Fortgeschrittene Praktizierende können vier bis fünf Minuten darin verweilen, und einige bleiben sogar acht bis neun Minuten ohne Atem. Das Herz schlägt kaum noch. Ist es nach Ansicht westlicher Medizin möglich, den Atem so lange anzuhalten? Wie lange können zum Beispiel japanische Muscheltaucher ohne zu atmen unter Wasser bleiben?« Die beiden anwesenden Ärzte waren sich einig: nur etwa fünf Minuten. Er ließ nicht locker: »Ist es nach wissenschaftlichen Erkenntnissen möglich, neun oder zehn Minuten ohne Atmung zu bleiben?«

»Ja«, antwortete Pete, »allerdings nur durch eine Absenkung der Stoffwechselrate, etwa durch ein Abkühlen des Körpers. Praktizierende haben vielleicht andere Fähigkeiten, um den Stoffwechsel zu senken und das Gehirn vor einem Mangel an Sauerstoff zu bewahren. Meiner Meinung nach könnte PET einige dieser Fragen beantworten, doch würde man ihnen dazu einen Tracer in die Venen injizieren müssen. Glauben Sie, daß die Praktizierenden das erlauben würden?«

»Das hängt vom einzelnen ab. Vermutlich nicht, während sie gerade meditieren. Es könnte sein, daß das Störungen verursacht. Aber das hängt ganz vom Grad der Erfahrung des Praktizierenden ab. Wenn sie über eine echte, tiefe, stabile und subtile Erfahrung verfügen, dann, glaube ich, gibt es weniger Schwierigkeiten.«

Pete drückte aus, was wir alle fühlten, indem er sagte, daß solche Experimente wirklich etwas Außergewöhnliches wären. Mit seiner Offenheit für wissenschaftliche Belange bot Seine Heiligkeit uns an: »Ich werde geeignete Leute dafür suchen. Unsere Aufgabe ist es, die Probanden zu finden. Ihr Wissenschaftler könnt eure schrecklichen Apparate bauen und wir werden erst einmal versuchen, eine tote Person ausfindig zu machen.« Wir lachten alle über diese komische Äußerung. »In den sechziger Jahren traf ich einen Wissenschaftler, der mein treuer Freund geworden ist. Mit ihm sprach ich über diese Phänomene. Er sagte mir, daß er gern Forschungen dazu durchführen würde, doch ich gab zur Antwort, daß die Meditationspraktiker, die er brauchen würde, erst noch geboren werden müßten! In den vergangenen zwanzig Jahren hat es zwar einige Leute mit Erfahrung gegeben, aber es ist immer schwer, sie zu finden, weil sie sehr dünn gesät sind. In Ladakh gibt es einige wirklich religiöse buddhistische Praktizierende, doch sind sie völlig selbständig. Niemand kann ihnen sagen, was sie tun sollen. Einige von ihnen sind sehr eigensinnig. Aber wie auch immer, ich glaube, daß dies, wenn man die Situation allgemein betrachtet, etwas sehr Wichtiges ist.

Wir haben über die wesentlichen Voraussetzungen gesprochen, über die Wissenschaft und Buddhismus miteinander in Dialog treten können, insbesondere die Position des Māhāyana, die den einzelnen ermutigt, aufgeschlossen zu sein. Daraus folgt auch eine kritische Einstellung gegenüber den Lehren des Māhāyana selbst. Man muß sich selbst aktiv einsetzen und einem inneren Fragen nachgehen und kann diese Dinge nicht nur von der

Warte eines unbeteiligten Skeptizismus aus sehen, der sie nicht wirklich ernst nimmt. Der Buddha wollte, daß wir seine Worte nicht einfach bloß aus Verehrung für ihn annehmen; wir sollten sie untersuchen, wie ein Goldschmied das Gold untersucht, das er kaufen möchte. Das ist also die Grundlage für uns: Untersuchungen, noch mehr Untersuchungen und weitere Diskussion.« Er lachte sanft. Es waren die perfekten Schlußworte für eine bemerkenswerte Sitzung.

8
Nahtod-Erfahrungen

Tod als Übergangsritual

Joan Halifax ist vom konventionellen Standpunkt her eine Kulturanthropologin. Sie begann ihre Laufbahn mit interkultureller Anthropologie, beschäftigte sich dann mit medizinischer und schließlich mit klinischer Anthropologie. Heute ist sie in erster Linie als Kulturökologin bekannt. Ihre Arbeit lebt und gedeiht inmitten von Veränderung. Der scharfe Blick ihrer blauen Augen verriet eine besondere Intensität, als sie neben Seiner Heiligkeit Platz nahm.

»Was uns heute beschäftigen soll, sind die sogenannten Nahtod-Erfahrungen (NDE). Dies sind die Berichte von Menschen, die einen klinischen Tod gestorben sind und dann wiederbelebt wurden oder spontan daraus zurückkehrten.

Die Form dieser Geschichten ist ziemlich interessant. In der Anthropologie gehen wir davon aus, daß Menschen aller Kulturen ihre kosmologischen Einsichten oder Einsichten in die Natur des Selbst durch ereignisreiche Erzählungen in das Gewebe der Gesellschaft einflechten. Schauen wir uns diese Erzählungen von einem interkulturellen Standpunkt aus an, dann entdecken wir, daß Beschreibungen vom Eintritt des Todes und den gleich darauffolgenden Erfahrungen allgemein verbreitet sind. Wir finden in der westlichen Kultur beispielsweise die mittelalterlichen Berichte über Nahtod-Erfahrungen, im Osten Werke wie das *Bardo Thödol*[20] in dem die Erfahrung des Todes ausführlich dargestellt ist; und schließlich gibt es sie auch in allen heute existierenden Stammesgesellschaften. Der Tod wird nicht nur in Geschichten zum Ausdruck gebracht, sondern wird auch in der Kultur inszeniert. Es gibt zahlreiche Riten und rituelle Handlungen, die Tod und Wiedergeburt enthalten.

Diese rituellen Ereignisse, die allgemein Übergangsrituale genannt werden, kommen nicht nur im Leben jedes einzelnen periodisch vor, sondern auch, wie etwa bei einem Gang ins Exil, als geographischer Wechsel. Ein Übergangsritual ist mit anderen Worten ein rituelles Ereignis, bei dem man die alte Weise des Seins verläßt und im Licht eines neuen Verständnisses, einer neuen Lebensweise, wiedergeboren wird. Dies kann auf das Alter gegründet werden: Zum Beispiel gehen Jugendliche durch ein Übergangsritual. Frauen, die ein Kind gebären, erleben ein Übergangsritual. Hochzeit ist ein Übergangsritual, und auch die Angehörigen von Verstorbenen gehen durch ein Übergangsritual. Es gibt Übergangsrituale, die mit dem Prozeß der Reifung zu tun haben. Für viele Kulturen sind diese Rituale mehr als rein äußerliche Ereignisse der menschlichen Erfahrung. Stammesgesellschaften führen sie oft sogar auf sehr dramatische Art und Weise durch. Zum Beispiel können Jungen bei einem Übergangsritual, das den Übergang zur Adoleszenz markiert, einer Zeit äußerster Abgeschiedenheit ausgesetzt sein und körperliche Verstümmelung erfahren. Es werden ihnen Geschichten und Mythen erzählt, die ihrer Erfahrung eine kosmologische Grundlage geben und die Heranwachsenden auf das Erwachsensein vorbereiten. Eine Reihe von Ereignissen können das Individuum in einen Zustand veränderten Bewußtseins stürzen, bei dem das gewöhnliche Verständnis gestört oder völlig außer Kraft gesetzt wird. Der Eingeweihte kann sogar durch ein Koma oder eine Art Nahtod-Erfahrung gehen und daraus zurückgeholt werden, damit er zu einer Erleuchtungserfahrung kommt.

Übergangsrituale bereiten den Menschen nicht nur für das Leben vor, sondern auch auf den Tod. Derartige Zeremonien existieren an und für sich in der modernen westlichen Kultur nicht. Dabei ist die Abwesenheit dieser Riten sehr folgenreich und führt meist zu Entfremdung. Der Tod wird von der westlichen Kultur verdrängt, wie Charles bereits erwähnte. Dennoch hat der durchschnittliche Teenager in den Vereinigten Staaten, wenn er mit achtzehn Jahren von der Schule abgeht, über zwanzigtausend Morde im Fernsehen betrachtet. Nicht nur, daß der Tod in einer für die Gesellschaft schädlichen Weise auftaucht – seine Verdrängung führt zu einer regelrechten Besessenheit davon –, eine Haltung, die den Tod objektifiziert und ausgrenzt, trennt auch von der Vertrautheit und dem Mitgefühl, das so besonders kennzeichnend für den tibetischen Umgang mit dem Tod ist.«

Erkundungen am Rand des Todes

»In den sechziger Jahren wuchs durch den Vietnamkrieg und die Menschenrechtsbewegung in den Vereinigten Staaten der starke Impuls, die sozial und kulturell unterdrückten Völker zu befreien. Es kam zu einer geistig-gesellschaftlichen Revolution, in der Menschen auf breiter Front Erfahrung mit spirituellen Praktiken machten. Am Ende der Sechziger waren Tod und Sterben zu einem Bereich spiritueller, psychologischer und philosophischer Untersuchung geworden.

In dieser Aufbruchsphase war ich Anfang der siebziger Jahre an einem Projekt beteiligt, das vom Gesundheitsministerium gefördert wurde. In diesem Projekt arbeitete eine Gruppe von Psychiatern und Sozialwissenschaftlern mit der Wirkung von bewußtseinsverändernden Substanzen auf Menschen, die an Krebs sterben, und solche, die an akuten Schmerzen, Angst und Depressionen leiden. Mit den Menschen, die unserem Programm anempfohlen wurden, führten wir intensive Gespräche und gingen in einen tiefen psychotherapeutischen Prozeß, in dessen Verlauf den Patienten mit ihrem Einverständnis eine psychoaktive Droge verabreicht wurde.

Psychoaktive Drogen sind Substanzen, die bei Stammeskulturen überall auf der Welt dafür bekannt sind, tief veränderte Bewußtseinszustände hervorzurufen. Diese Klasse von Substanzen wurde in Europa und den USA in den späten fünfziger Jahren untersucht. Unser Projekt benutzte LSD, die erste künstlich hergestellte psychotrope Substanz.

Eine ganze Reihe von Dingen wurde mir als Anthropologin dabei besonders klar. Erstens schien diese Anwendung für die Menschen eine nützliche Erfahrung zu sein, die auf den Tod nicht vorbereitet waren – ein zeitgemäßes Übergangsritual. Das zweite war, daß das Sterben selbst eine Bewußtseinsveränderung mit sich bringt – vielfältige psychologische Effekte bewirken eine Transformation des Geisteszustandes –, und daß es vielleicht gar nicht nötig war, bewußtseinsverändernde Mittel einzusetzen.

Seit dieser Zeit praktizierte ich weiterhin klinische Anthropologie, das heißt, daß ich mit Leuten zusammenkomme, die im Sterben begriffen sind. Ich bringe den sterbenden Menschen Meditation bei und ermutige sie, nicht vor den Zuständen zurückzuschrecken, die während der Erfahrung des Sterbens auftreten, sondern eine feste geistige Grundlage zu schaffen, so daß sie diese Zustände mit einem gewissen Gleichmut untersuchen können. In den letzten sechs Jahren habe ich vor allem mit homosexuellen Männern gearbeitet, die an AIDS sterben. Diese Gruppe ist besonders interessant: Diese Männer sind meist recht gebildet und ziemlich spirituell geneigt. Viele sehen ihre Erfahrungen als eine Art Mission für ihre Brüder an, die oft unter ähnlichen Bedingungen zu leiden haben. Sie sind sehr motiviert, den Sterbevorgang gut zu nutzen.«

Archäologie der Todesrituale

»Wenden wir uns den menschlichen Ursprüngen zu, dann finden wir eine lange Reihe von Zeugnissen über die Einstellung von Menschen zum Tod. Körper wurden zusammen mit Artefakten oder in bestimmten Positionen bestattet. Man hat zum Beispiel abgetrennte Köpfe in einer Begräbnisstätte gefunden, die eine halbe Million Jahre alt ist, einer kleinen Höhle in China. Paleo-Anthropologen schließen daraus, daß es entweder eine Art rituellen Kannibalismus gab, oder daß man den Kopf als Sitz des Bewußtseins besonders verehrt hat. Bei archäologischen Ausgrabungen im Mittleren und Nahen Osten gab es reiche Funde über Neandertaler, die bis zu sechzigtausend Jahre alt sind. So auch in einer Höhle bei Le Moustier in Süd-Frankreich, in der man die Überreste eines Jugendlichen in einer Grube fand, seinen Kopf auf die Arme gestützt wie im Schlaf. Neben ihm lagen eine Steinaxt und eine Mahlzeit als Grabbeigabe. Paleo-Anthropologen sind daher der Ansicht, daß das Grab den Glauben an ein Leben nach dem Tod oder an eine Reise in eine Nachwelt belegt. Ähnliche Spuren finden wir bei heutigen Stammeskulturen, die die paleolithische Periode überlebt haben.

Eines der faszinierendsten Gräber befindet sich in Shanidaar im Irak. Der Leichnam wurde in ein Bett aus Blumen gelegt, von denen viele von medizinischer Bedeutung waren. Es wird angenommen, daß diese Blumen Teil der Ausstattung für das Leben danach waren. In der Cro-Magnon-Periode von vor 35 000 bis vor 10 000 Jahren wurden Menschen zusammengebunden oder in Fötalhaltung begraben, was eine enge Verbindung mit der Neugeburt vermuten läßt. Funde aus dem Jung-Paläolithikum vor rund 15 000 Jahren wie die Höhlengemälde in der Dordogne in Frankreich deuten auf zeremonielle Verhaltensweisen dem Tod gegenüber hin, die wir als sakral bezeichnen könnten. Das interessanteste dieser Gemälde befindet sich in der Höhle von Lascaux; man sieht darauf einen auf dem Rücken liegenden Mann. Der Mann erscheint wie tot, doch trägt er auf dem Kopf eine Vogelmaske und sein Penis ist aufgerichtet. Neben ihm steht ein von einem Speer getroffener Bison, dessen Innereien herauszufallen scheinen. Der sterbende Bison wendet den Kopf nach hinten, als betrachte er seine eigenen Eingeweide, und sein Blick scheint auch zu dem Mann herüberzugehen. Wir glauben, daß es im Bewußtsein der Steinzeitmenschen eine Beziehung von Geburt, Tod, Sexualität und Trance gegeben haben muß. Und es scheint, daß uns die heutigen Praktiken, die Stammesvölker über die Jahrhunderte bewahrt haben, etwas zu sagen haben.«

Entdeckung des Lebens nach dem Tod im Westen

»In der westlichen Kultur hat es vor allem im Mittelalter vom fünften bis fünfzehnten Jahrhundert eine Zeit lebhaften Interesses für den Tod gegeben. Es gibt eine Vielzahl von Berichten über Nahtod-Erfahrungen aus allen Schichten der Bevölkerung: von Reichen, Armen, Päpsten, Königen und Kindern. Diese Zeugnisse sollten vor allem das Leben nach dem Tod bestätigen. Die visionären Bezeugungen des Mittelalters beschäftigen sich mit der Vermeidung der Höllen durch ein angemessenes Verhalten zu Lebzeiten. Interessanterweise spielt die Hölle in den berichten von Nahtod-Erfahrungen in der heutigen Kultur kaum noch eine Rolle.

Erst im späten neunzehnten Jahrhundert nimmt das Interesse am Tod wieder zu. Es gab einen Schweizer Geologen und Bergsteiger namens Albert Heim, der abstürzte und ein starkes mystisches Erlebnis hatte. Er entwickelte daraufhin ein besonderes Interesse für Menschen, die Unfälle überlebt hatten, und begann, deren Berichte über Nahtod-Erfahrungen zu sammeln. Diese Geschichten kamen von Leuten, die nicht besonders spirituell waren, jedoch ein spirituelles Erlebnis im Zusammenhang mit ihrem Unfall hatten.

Am Ende des letzten Jahrhunderts kam auch der Spiritismus auf. Spiritismus bedeutet die Fähigkeit, den Geist Verstorbener zu sehen und mit ihm zu kommunizieren. Mit der Verbreitung der spiritistischen Bewegung und ihrer Popularität entstand auch ein neuer Forschungsbereich, der sich mit der Erkundung paranormaler und psychischer Ereignisse befaßte. Es wurde eine Reihe von Büchern über das Wesen des Menschen und sein Überleben des körperlichen Todes geschrieben. Führende Forscher waren F.W.H. MYERS, JAMES HYSLOP und WILLIAM BARRETT. 1918 wurde sogar eine Volksbefragung über Todesvisionen vorgeschlagen, um die Behauptungen der Spiritisten zu stützen.

In den fünfziger Jahren kam dieser Hang zu medialen und spirituellen Dingen etwas aus der Mode, und es entstand das, was heute Parapsychologie und die Erforschung außergewöhnlicher Bewußtseinszustände genannt wird. Gegen Ende der Fünfziger begann der Forscher CARLOS OSIS mit der Sammlung von Berichten über Nahtod-Erfahrungen von Ärzten und Krankenschwestern. Weil vergleichende Religionswissenschaft damals ebenfalls viel Interesse fand, untersuchten Osis und sein Kollege ERLENDUR HARALDSON auch Nahtod-Erfahrungen aus Indien. Ein anderer Parapsychologe, IAN STEVENSON von der Universität Virginia, interessierte sich vor allem für eine Bestätigung von Wiedergeburtserlebnissen.

In den späten Sechzigern war die Parapsychologie wieder weniger gefragt. Es entwickelte sich ein Zweig der westlichen Psychologie, der Transpersonale Psychologie genannt wurde. Dabei orientierte man sich an dem Werk von WILLIAM JAMES (1842–1910), der ein Philosoph und Erforscher mystischer Erfahrungen war. Der Schwerpunkt verlagerte sich dann zunehmend auf die Frage nach der Bedeutung dieser Erfahrungen für das Leben der Menschen.

In den Sechzigern und Siebzigern begannen die beiden Psychologen RUSSELL NOYES und ROZ KLETTI an der Universität von Iowa Nahtod-Erfahrungen als pathologisches Syndrom zu untersuchen. Anfang der Siebziger unternahmen der Psychiater STANISLAV GROF und ich Forschungen an Krebspatienten. Darauf folgten dann die Arbeiten von ELISABETH KÜBLER-ROSS, die den Tod als Übergangsritual verstand, und von RAYMOND MOODY an über Nahtod-Erfahrungen. Seit Mitte der siebziger Jahre hat es ein reges Interesse am Phänomen Tod gegeben, Eure Heiligkeit.«

Die Zeugnisse und ihre Muster

»Ich möchte Ihnen jetzt kurz einige Berichte von Menschen vorstellen, die durch Nahtod-Erfahrungen gegangen sind. Dabei will ich mich auf einige wesentliche Details beschränken. Auch das *Bardo Thödol* gründet sich auf solche Einzelheiten. Was ich zu präsentieren habe, ist nicht so außergewöhnlich wie das, was Ihre Tradition in Erfahrung gebracht hat. Ich gebe es hier zum Vergleich, und vielleicht können wir daraus zusammen ein Bild von der tatsächlichen Erfahrung des Todes zeichnen.

Der erste Bericht stammt von einem gewissen Dr. Richey. In den ersten

Minuten seiner Nahtod-Erfahrung erlebte er sich außerhalb seines Körpers und blickte auf die leblose Form zurück, die er nur durch einen Freundschaftsring an einem seiner Finger erkannte. Er war darüber so bestürzt, daß er in seinem entkörperlichten Zustand aus dem Krankenhaus floh. Er machte sich auf den Weg nach Richmond, Virginia, um eine Verabredung, die er hatte, einzuhalten. Doch kehrte er in seinem Entsetzen bald zurück, um seinen Körper zu suchen. Als er ihn schließlich wiederfand, konnte er nicht wieder in ihn hineingehen. In diesem Augenblick füllte sich das Zimmer mit Licht, und er hatte das Gefühl, als sei er in Christi Gegenwart; dieser wies ihn an, alle Taten seinen Lebens noch einmal zu überblicken. Christus zeigte ihm dann die verschiedensten Bereiche von Leid und Glückseligkeit, die zwar völlig anders waren als unsere Welt, doch denselben Raum einzunehmen schienen. Nach einem kurzen Blick auf glühende Straßen und Gebäude und leuchtende Menschenmassen, schlief Richey ein und erwachte schließlich im Krankenzimmer. Richey war überzeugt davon, daß er ins Leben zurückgekehrt sei, um Arzt zu werden, ›so daß ich etwas über den Menschen lerne, und sodann Gott dienen kann‹.«

Wie erleichtert darüber, daß die Hintergrundinformationen abgeschlossen waren und der empirische Teil begonnen hatte, fragte Seine Heiligkeit, wie lange die Person klinisch tot gewesen war. »Es ist eine übereinstimmende Erfahrung, daß die Wahrnehmung von Zeit stark verändert erscheint«, antwortete Joan. »In kurzer Zeit passieren sehr viele Dinge. Es scheint, als könne ein ganzes Leben in einem einzigen Moment vom Geist überblickt werden. Richey jedenfalls hatte einen Herzanfall erlitten und wurde gerade wiederbelebt, als all dies geschah.«

Der Dalai Lama schwieg einen Moment, um dann hinzuzufügen: »Es ist schwierig zu bestimmen, ob diese Person sich tatsächlich außerhalb ihres Körpers befand, oder ob der Mensch sich das einfach nur eingebildet hat.«

Pete Engel erwiderte: »Ihr Kriterium von gestern würde aber doch gelten: daß die Person, die sich wirklich außerhalb ihres Körpers aufgehalten und etwas anderes getan hätte, von Dingen berichten könnte, die sie nicht anderweitig erfahren haben kann.«

»Dazu kommen wir später«, sagte Joan. »Lassen Sie mich noch auf gewisse Muster hinweisen, die aus den verschiedenen Berichten wie dem von Dr. Richey hervorgehen. Die Tabelle in Abbildung 14 gibt die Muster von Nahtod-Erfahrungen wieder, wie sie von drei zeitgenössischen Forschern zusammengestellt wurden: von Raymond Moody, der zuerst Philosoph war und nun als Psychiater arbeitet; von Kenneth Ring, einem Psychologen; und von Michael Sabom, einem Herzspezialisten[1]. Wir sehen hier prototypische Sequenzen von Ereignissen, durch die eine Person, welche eine Nahtod-Erfahrung durchmacht, hindurchgehen kann. Die kursiv gesetzten Punkte tauchen bei allen drei Forschern auf, aber es gibt auch interessante Varianten in der Abfolge der Ereignisse.

Raymond Moody beschreibt einen exemplarischen Verlauf einer Nahtod-

R. Moody	K. Ring	M. Sabom
– die Nachricht erfahren	*Frieden*	Gefühl, tot zu sein
– Gefühl von *Frieden*	*Trennung vom Körper*	Emotionen: *Frieden*, Ruhe
– der Weise	In Dunkelheit eintreten	*Trennung vom Körper*
– Reise durch Dunkelheit	Anwesenheit	Beobachtung physischer Ereignisse
– *außerhalb des Körpers*	*Lebensrückblick*	Dunkler Bereich
– andere treffen	Entscheidungskrise	*Lebensrückblick*
– *Lichtwesen*	das *Licht*	*Licht:* himmliche Wesen
– die *Rückschau*	Rückkehr	*andere treffen*
– die Grenze	mit anderen sprechen	
– Zurückkommen		
– *mit anderen sprechen*		
– Wirkung auf Individuum		
– neue Sicht des Todes		
– Bestätigung		

Abbildung 14: Struktur von Erzählungen über Nahtod-Erfahrungen nach drei unabhängigen Studien

Erfahrung folgendermaßen: Ein Mensch stirbt und hört im Moment größter körperlicher Not, wie er für tot erklärt wird. Dann vernimmt er merkwürdige Geräusche, lautes Klingeln oder ein Surren, und gleichzeitig entsteht das Gefühl, sich schnell durch einen dunklen Tunnel hindurch zu bewegen. Gleich danach findet er sich plötzlich außerhalb seines Körpers wieder, aber immer noch in derselben unmittelbaren Umgebung. Er blickt wie ein Zuschauer aus einiger Entfernung auf seinen Körper herunter. Von seiner ungewöhnlichen Perspektive aus beobachtet er die Wiederbelebungsversuche. Er befindet sich in einem Zustand emotionalen Tumults, ohne jedoch zu wissen, warum. Nach einer Weile sammelt er sich und gewöhnt sich etwas an diese sonderbaren Verhältnisse. Er stellt fest, daß er immer noch einen Körper hat, allerdings einen sehr verschiedenen und mit ganz anderen Kräften ausgestatteten als der Körper, den er zurückgelassen hat. Bald darauf geschehen andere Dinge: Andere Wesen kommen, die ihn treffen und ihm helfen wollen. Er nimmt die Erscheinung von schon gestorbenen Verwandten und Freunden wahr und die liebevoll warme Erscheinung eines Lichtwesens, wie er es nie zuvor gesehen hat. (Dieses Lichtwesen, das gewöhnlich nicht verkörpert ist oder menschliche Züge trägt, kann jedoch auch in menschlicher Form erscheinen.)

Das Lichtwesen fragt ihn eine fundamentale Frage. Obwohl es die Frage aller Fragen ist, versteht er sie aber nicht unbedingt, da sie meistens nichtverbal gestellt wird. Diese Frage veranlaßt den Menschen, die Ereignisse seines Lebens zu überdenken. Wir nennen es die Lebensrückschau. Es ist interessant, daß für die Sterbenden heute, anders als in den mittelalterlichen Berichten, keine Gefühle von Schuld oder eines Gerichts existieren.

Ab einem gewissen Punkt bemerkt der Sterbende, wie er sich einem Hindernis oder einer Grenze nähert, die offenbar die Grenze zwischen dem irdischen und dem nächsten Leben markiert; er hat jedoch das Gefühl, zur Erde zurückkehren zu müssen, und daß die Zeit für den Tod noch nicht gekommen ist. Meistens entwickeln sich hier Widerstände. Die Menschen wollen interessanterweise nicht zurückkehren, weil sie inzwischen ganz in der Erfahrung eines nachfolgenden Lebens aufgehen. Der Sterbende ist ergriffen von intensiven Gefühlen der Freude, der Liebe und von Frieden. Dennoch muß er, trotz seiner Unwilligkeit, zurück in den Körper, und er lebt weiter. Später dann möchte er anderen davon erzählen; er hat einen messianischen Drang, anderen mitzuteilen, was er über das Leben danach erfahren hat. Doch die meisten Menschen im Westen reagieren negativ auf das Thema Tod, so daß er seine Erfahrungen für sich behält und nicht mehr darüber spricht. Dennoch spürt dieser Mensch, daß sich sein Leben durch diese mystische Erfahrung im Zusammenhang mit dem Tod gewandelt hat.«

»Spielt das Alter bei der Nahtod-Erfahrung eine Rolle?« fragte seine Heiligkeit.

»Alle der genannten Forscher untersuchten eine Gruppe von Menschen, die sowohl Kinder als auch alte Menschen beinhaltete. Rings Studie stützt sich auf 150 Fälle, und mindestens genauso viele verzeichnet auch Moody. Sabom hat 34 Fälle untersucht. Er setzte strengere Kriterien an, doch kam er im wesentlichen zu denselben Resultaten.«

Mit seiner skeptischen Art zu fragen, fuhr Seine Heiligkeit fort: »Haben die Menschen mit Nahtod-Erfahrungen vorher jemals das *Bardo Thödol* gelesen, so daß sie davon beeinflußt gewesen sein könnten?«

»Nein, ganz gewiß nicht. Gelegentlich gibt es zwar symbolische Anspielungen auf religiöse Gestalten, wie zum Beispiel auf Jesus und die Heiligen, aber sehr oft kommt das eigentlich nicht vor. Vielmehr ist es so, daß vielen von ihnen Dinge passieren, die sie niemals vorher geglaubt hätten.«

Seine Heiligkeit blieb beharrlich: »Aber es könnte doch sein, daß sie in sehr jungen Jahren religiöse Erfahrungen hatten. Sie mögen auf der bewußten Ebene absolute Atheisten sein, jedoch tief im Inneren tragen sie noch religiöse Eindrücke.«

»Das kann natürlich sein, aber immer in westlichen Ausdrucksformen«, erwiderte Joan. »Kommen wir also zu der Beschreibung von Ring«, fuhr sie fort. »Demnach beginnt die Erfahrung mit einer friedlichen Leichtigkeit und einem Wohlbehagen, das alsbald in überwältigende Freude und Glückseligkeit übergeht. Dieser ekstatische Unterton scheint sich als durchgehender emotionaler Untergrund fortzusetzen, während die anderen Erfahrungen sich entfalten, wobei seine Intensität jedoch von Fall zu Fall verschieden sein mag. Die Person wird sich auf einmal bewußt, daß sie keine Schmerzen oder andere körperliche Empfindungen mehr hat. Am Anfang ist alles still. Diese Anzeichen können ihr vermitteln, daß sie sich entweder im Sterbeprozeß befindet oder bereits gestorben ist.

Der Mensch mag sich eines vorübergehenden Summens oder eines windartigen Geräusches bewußt werden; auf jeden Fall findet er sich außerhalb seines physischen Körpers und schaut bei allen Ereignissen wie von einem erhöhten Ausguck darauf zurück. Er entdeckt, daß er ausgezeichnet sehen und hören kann. Er nimmt alle Handlungen und Gespräche in der Umgebung wahr. Er selbst ist in der Rolle eines passiven, losgelösten Zuschauers, der das sich abspielende Drama betrachtet. Es erscheint ihm alles sehr real und sogar natürlich, überhaupt nicht wie ein Traum oder eine Halluzination. Im Gegenteil, sein geistiger Zustand ist von klarer Wachheit.

An einem gewissen Punkt scheint es ihm, daß er eine Art Doppelwahrnehmung hat. Während er immer noch die physische Szenerie um ihn herum wahrnimmt, wird ihm auch eine ›andere‹ Realität bewußt, in die er sich hineingezogen fühlt. Er treibt auf eine dunkle Leere oder einen Tunnel zu oder wird dorthin geführt, und es fühlt sich an, als würde er durch sie hindurch gleiten. Auch wenn er sich gelegentlich einsam fühlen mag, herrscht hier doch eine friedliche und heitere Stimmung vor. Alles ist ausgesprochen still, und der Mensch ist sich nur seines Geistes und des Schwebegefühls bewußt. Plötzlich wird er sich der Anwesenheit von etwas bewußt, doch kann er es nicht sehen. Diese Präsenz, deren Stimme er vielleicht vernimmt oder die Gedanken in seinem Geist hervorruft, veranlaßt ihn, sein Leben rückblickend zu betrachten. Die Präsenz fragt ihn, ob er lieber leben oder sterben möchte. Die Rückschau auf sein Leben kann auch in Form schneller und lebendiger Bilder vor ihm ablaufen. Zu diesem Zeitpunkt gibt es keinerlei Bewußtsein für Zeit und Raum; die Konzepte selbst sind völlig ohne Bedeutung. Er identifiziert sich weder mit seinem eigenen Körper noch mit irgend einem anderen. Es ist der reine Geist, der logisch und rational die beiden Alternativen erwägt, vor die er sich an der Schwelle von Leben und Tod gestellt sieht. Die Frage ist, ob er tiefer in diese Todeserfahrung hineingehen oder zum Leben zurückkehren soll. Gewöhnlich entscheidet sich ein Mensch zur Rückkehr, jedoch nichtt, weil er selbst das vorzöge, sondern weil er sich der Verantwortung gegenüber geliebten Menschen bewußt wird.

Manchmal kann die Entscheidungskrise, ob er zurückkehren oder bleiben soll, erst zu einem späteren Zeitpunkt vorkommen oder auch völlig fehlen. Dann begegnet der Mensch weiteren Erfahrungen. Es kann zum Beispiel sein, daß er durch die dunkle Leere auf ein strahlend goldenes, ihn magnetisch anziehendes Licht zutreibt, von dem Gefühle der Liebe, Wärme und des vollkommenen Angenommenseins ausgehen. Oder er tritt in eine Welt aus Licht ein, die von großer Schönheit ist und in der er mit schon gestorbenen Verwandten zusammentrifft. Die Verwandten werden ihm wahrscheinlich mitteilen, daß für ihn die Zeit zu sterben noch nicht gekommen ist. Er muß also zurückkehren, und das tut er dann auch. Sobald eine solche Entscheidung einmal gefallen ist, geht die Rückkehr gewöhnlich recht schnell. Typischerweise hat er aber keine Erinnerung daran, wie er diesen Wiedereintritt zustande gebracht hat, da in diesem Augenblick der Rückkehr ins Leben eine

Neigung besteht, das Bewußtsein ganz zu verlieren. Sehr selten kommt es vor, daß sich ein Mensch bei der Rückkehr in seinen Körper an einen Stoß erinnert, oder sogar an ein quälendes Gefühl der Verrenkung.

Sobald er danach von seiner Erfahrung erzählen möchte, entdeckt er, daß es schlicht keine passenden Worte gibt, die es ihm ermöglichen, die Gefühle und die Qualität seiner Wahrnehmung mitzuteilen. Es kann sein, daß er sehr zurückhaltend wird, überhaupt mit anderen darüber zu sprechen, weil er befürchtet, daß ihn niemand verstehen würde, oder daß man ihn für verrückt erklären würde.

Der letzte, von dem Kardiologen Michael Sabom und seiner Kollegin Sarah Kreutzinger stammende Report, wendet wesentlich strengere Kriterien an, wenn es darum geht, ob jemand eine Nahtod-Erfahrung erlebt hat. Letztlich haben sie aber eine ähnliche Konfiguration aufgestellt, wie die beiden anderen Forscher. Das Interessante an ihren Ergebnissen sind nicht unbedingt neue Informationen, sondern daß sie in mehreren Fällen nachweisen konnten, daß die Personen tatsächlich für klinisch tot erklärt wurden. Das überraschte sie und steigerte die Begeisterung für ihre Forschungsarbeit, weil sie es nicht für möglich gehalten hatten, daß so etwas passieren könnte. Eine große Gallup-Umfrage hat ergeben, daß fünfzehn Prozent der Bevölkerung in den USA den Tod gestreift haben, und von diesen gaben vierunddreißig Prozent an, daß sie ein Gefühl von Frieden und Schmerzfreiheit, eine außerkörperliche Erfahrung, den Eindruck einer anderen Wirklichkeit oder die Erfahrung der Rückschau auf ihr Leben hatten.« Joan schloß ihren Vortrag mit der Frage an Seine Heiligkeit, ob ihm einiges in den genannten Bildern vertraut vorkomme.

Die Natur der Nahtod-Erfahrung

Seine Heiligkeit stellte die gängige Interpretation dieser Beobachtungen – nämlich daß sie etwas mit »wahrer« Todeserfahrung zu tun haben – in Frage. »Ich frage mich, ob diese Erfahrungen nicht eher eine Art Traum waren, weil immer wieder von dem freudigen Wiedersehen mit Verwandten die Rede ist. Es kommt nämlich nur sehr selten vor, daß Verwandte, die bereits gestorben sind, noch in dieser Art der Existenz weilen. Gewöhnlich haben sie längst in einem anderen Bereich Geburt angenommen. Die Wahrscheinlichkeit ist sehr gering, daß schon Gestorbene in dem Zustand bleiben, in dem sie mit denjenigen, die eine Nahtod-Erfahrung haben, Kontakt aufnehmen könnten. Das ist so gut wie ausgeschlossen. Dagegen ist es wahrscheinlicher, daß diese Bilder von den Geliebten, die einem Rat und Ermutigung geben, aufgrund der eigenen latenten Neigungen und Eindrücke im Geist erscheinen. Dann handelt es aber um ein rein subjektives Phänomen.«

An dieser Stelle warf Bob Livingston ein, daß dies auch in Übereinstimmung mit der Tatsache stünde, daß die Menschen im Westen daran glaubten, in den christlichen Himmel zu kommen, und nicht wiedergeboren zu werden. Dies würde erklären, warum ihnen die Verwandten erscheinen.

Seine Heiligkeit verlangte nach Klärung: »Wenn man nach dieser Ansicht nach dem Tod direkt in den Himmel oder in die Hölle kommt, welche Bedeutung hat dann noch das Jüngste Gericht? Hat man es bereits in den Himmel geschafft, wen kümmert dann noch das Jüngste Gericht? Und dann gibt es auch keine Veranlassung dafür, den Körper in einem Sarg aufzubewahren, oder? Soweit ich das verstanden habe, ist der Sinn davon die körperliche Auferstehung nach dem Jüngsten Gericht.«

Charles Taylor erklärte dies: »Es handelt sich hier um einen Unterschied zwischen der jüdischen und der christlichen Ansicht von Auferstehung. Nach jüdischer Ansicht verbleibt der Gestorbene solange im Reich der Toten, bis der Messias kommt. Und nach jüdischem Glauben ist der Messias noch nicht erschienen. In der christlichen Tradition ist der Messias schon erschienen, so daß der Tod besiegt wurde und man direkt nach dem Tod aufersteht. Das Ganze muß im Kontext dieser paradoxen Beziehung von zwei Arten der Zeit verstanden werden. Sieht man die Ewigkeit als eine andere Dimension, dann kann das Jüngste Gericht nicht unzweideutig datiert werden. Es gibt hier also eine Abweichung von dem, was westliche Juden oder Christen erwarten würden: Heutige Nahtod-Erfahrungen beinhalten keine Gabelung des Weges, keine Frage der Wahl von Himmel oder Hölle.«

»Ich versuche eigentlich immer noch herauszufinden, ob diese Erfahrungen nicht vielmehr traumartig sind«, beharrte der Dalai Lama. Ich schlug ihm den Test vor, den er selbst aufgezeigt hatte: »Was halten Sie davon, wenn der Patient davon berichten kann, was die Ärzte mit ihm gemacht haben? Würden Sie das als Beweis akzeptieren?«

»Selbst dann müßte man noch klären, ob es sich nicht um eine außerkörperliche Erfahrung während des Traumzustands handelt, in dem man über einen Traumkörper verfügt. Mit anderen Worten, ist es eine durch die Umstände oder eine Krankheit verursachte traumartige Erfahrung, bei der man noch lebt, oder handelt es sich um eine echte Bardo-Erfahrung? Das müssen wir herausfinden. Eventuell gibt es sogar noch eine dritte Möglichkeit.«

Joan sagte: »Schauen wir uns doch einige Einzelheiten an. Vielleicht können wir dann mehr sagen. Sie sind vermutlich eine der wenigen Personen, die das überhaupt beurteilen können. Ein Forscher gab zum Beispiel an, daß achtundfünfzig Prozent der Menschen, die er befragt hatte, einen völlig intakten Körper erhielten: Er war von gleicher Größe und demselben Alter, fühlte sich aber leichter an. Ein anderer Forscher fand, daß der Körper eine durchsichtige oder nebelartige Gestalt annimmt, die dem physischen Körper nachempfunden ist. Wieder ein anderer berichtete, daß der Körper genauso ist wie der zu Lebzeiten, jedoch frei von allen Fehlern.«

Seine Heiligkeit antwortete: »In der tibetisch-buddhistischen Literatur wird der Bardo-Körper als völlig makellos beschrieben, selbst wenn die Person im früheren Leben körperliche Mißbildungen hatte. Es gibt zwei Ansichten über die genaue Natur der physischen Form des Bardo-Wesens. Nach der einen ist der Körper dem aus dem früheren Leben ähnlich, nach der anderen eher dem des zukünftigen Lebens. Nach einer dritten Ansicht ähnelt der Körper in der ersten Hälfte des Bardo dem vorigen Körper und in der zweiten Hälfte dem zukünftigen.«

Joan fügte noch hinzu: »Es gibt schließlich noch die Theorie, daß die Seele überhaupt keinen Körper hat, daß man keinerlei Erfahrung eines Körpers macht.«

»Hat man dann ein Gefühl von Formlosigkeit?« fragte Seine Heiligkeit.

Joan bejahte dies und sagte, daß es in einigen Berichten eine Art Schnur gegeben haben soll, durch die die Menschen mit ihrem Körper in Kontakt standen. Zum genauen Todeszeitpunkt – wann immer dieser auch eintreten mag – wird die Schnur durchtrennt. »Die Schnur taucht aber nur in einigen wenigen Berichten auf. Dieses Detail könnte auch gut mit Bildern der geburt zusammenhängen.«

»Das klingt ein bißchen wie eine gängige Visualisationspraxis, bei der man sich Maitreya vorstellt«, sagte Seine Heiligkeit. »Vom Herzen Maitreyas geht dann ein wolkenartiges Band aus, das zu einem Wesen herunter reicht, mit dem man eine besondere Verbindung hat. Dies könnte zum Beispiel der Lama Tsongkhapa sein. Vielleicht ähnelt das dem ein wenig, was Sie beschrieben haben.«

Gefühle und Empfindungen

Joan machte weiter. »Lassen Sie uns noch die Gedanken, Gefühle und Empfindungen des Nachtod-Zustandes untersuchen. Übereinstimmend wird hier von einer Wärme berichtet.«

»Wärme im emotionalen Sinne?« fragte der Dalai Lama.

»Gedanken, Gefühle und Empfindungen scheinen in diesem Nachtod-Zustand zu einer ununterscheidbaren Einheit zu werden«, sagte Joan. »Da ist auch das Gefühl von Schmerzfreiheit, als empfinde der Nachtod-Körper nicht mehr die Schmerzen, die der diesseitige Körper hatte. Auch was den Gesichtssinn betrifft, haben die Menschen verschiedene Arten von Lichtern, Erscheinungen, Leuchten, Auras und sichtbare Gestalten erlebt, und ebenso den dunklen Tunnel. Die Hörerfahrung beinhaltet alles von Windgeräuschen bis Klingeln, ein surrendes Geräusch, sogar Sägegeräusche und himmlische Chöre. Der Geruchssinn scheint den Berichten zufolge nicht vorhanden zu sein, ebenso auch kein Geschmackssinn. Auch gibt es keinen Sinn, der das Gewicht mißt, oder Bewegung und Lage feststellt. Man befindet sich in einem schwerelosen Zustand, ohne Gleichgewichtssinn. Es kann jede beliebige Lage eingenommen werden.«

»Spüren sie Berührung?« fragte Bob Livingston. »Riechen, Schmecken und Berührung erfordern einen direkten Körperkontakt mit einem Stoff oder einem Objekt.«

Seine Heiligkeit fügte hinzu: »Dies ist in Übereinstimmung mit der buddhistischen Diskussion der verschiedenen Arten von erweitertem Bewußtsein. Es gibt dort Hinweise auf Hellhörig- und Hellsichtigkeit, aber keine Erwähnung von erweiterter Geschmacks-, Geruchs- und Berührungswahrnehmung. Diese drei scheinen durch Meditation nicht erhöht zu werden.«

Pete Engel wollte wissen, ob Gesichts- und Gehörsinn im Sterbeprozeß vor Geschmack und Berührung verschwinden. »Zuerst verlieren wir den Gesichtssinn«, antwortete der Dalai Lama, »als zweites das Gehör. Dann folgen in der Auflösungsphase Geruchssinn, Geschmackssinn und als letztes der Tastsinn.«

Joan sagte: »Nach meiner klinischen Erfahrung mit den Menschen, die ich während dieser letzten Lebensphase begleitet habe, verloren sie, bevor sie durch die Todeserfahrung gingen, eigentlich den Geschmacks- und Geruchssinn zuerst. Zunächst verminderte sich das Riechvermögen und dann folgte Geschmack. Ein kleiner Überrest von Geschmacksvermögen blieb, bis er kurz vor dem Tod verschwand, manchmal auch schon einige Wochen vorher. Im eigentlichen Sterbevorgang schwindet das Hören zuletzt. Selbst Menschen im Koma können noch auf Hörreize reagieren.«

»Das muß bezüglich der buddhistischen Lehren noch einmal untersucht werden«, stellte Seine Heiligkeit fest. »In Anbetracht dessen, was wir gerade gehört haben, müssen die Auflösungsphasen, wie sie im *Guhyasamāja-Tantra* beschrieben werden, noch einmal überprüft werden. Sowohl nach dem *Sūtrayāna*- als auch nach dem Vajrayāna-System zieht sich die Wärme im Körper beim Sterbevorgang zuletzt am Ort des Herzens zusammen.«

»Nach meiner Erfahrung«, sagte Joan, »kühlen die Extremitäten stark aus, und die Kälte steigt im Körper nach oben. Der letzte Bereich, an dem Menschen, die noch nicht gestorben sind, Wärme wahrnehmen ist am Herzen.«

Seine Heiligkeit bemerkte: »Nach der buddhistischen Ansicht verschwindet sie von oben nach unten und von unten nach oben, bis sie zum Schluß beim Herzen übrigbleibt. Es wird allgemein als besser angesehen, wenn sich die Wärme von unten her nach oben zurückzieht. Das Sūtrayāna-System sagt, daß es nicht so günstig ist, wenn sie von oben nach unten abnimmt.«

»Physiologisch gesehen, wird die Energie von der Blutzirkulation transportiert. Wenn das Herz aussetzt, sind es die entfernten Körperteile, die Extremitäten und der Kopf, die zuerst Energie verlieren«, klärte uns Pete auf.

Seine Heiligkeit wandte sich an die biomedizinischen Experten im Raum: »Ist es nicht so, daß das Gehirn noch für ein oder zwei Minuten am Leben bleibt, nachdem das Herz stehengeblieben ist? Würde in diesem Fall die Wärme auch dort noch etwas länger anhalten?«

Bob Livingston wies darauf hin, daß das Gehirn nur zwei Prozent des Körpergewichts ausmacht und dennoch zwanzig Prozent des Sauerstoffs und der Glucose verbraucht sowie zwanzig Prozent der Blutzirkulation, so daß es vergleichsweise warm bleibt. Ich erklärte, daß wir es allerdings nicht spüren können, wenn das Gehirn warm ist, weil es dafür keine Empfindung im Gehirn gibt. Nur die Kopfhaut kann Wärme im Kopf spüren. Diese beiden Dinge widersprechen sich also nicht.

»Ich meinte auch gerade diese äußerlichen Zeichen«, sagte der Dalai Lama. »Ich spreche nicht von der unmittelbaren Erfahrung der sterbenden Person, sondern von einer äußeren Beobachtung durch eine objektive Messung am Sterbenden. Ist es denn von außen gesehen richtig, daß sich die letzten Spuren von Wärme am Herzen finden lassen?« Bob bestätigte, daß die Wärme am längsten in der Brust verbleibt, wenn auch nicht unbedingt im Herzen. »Ich habe schon früher erwähnt, daß wir, wenn wir in diesem Zusammenhang vom Herzen sprechen, nicht das Herz als Organ meinen, sondern das Zentrum in der Brust. Es entspricht also der Auffassung des Buddhismus, des Sūtrayāna wie auch des Vajrayāna, daß der Ausgangsort des Bewußtseins bei der Empfängnis im Herzen ist; auf ähnliche Weise ist auch der letzte Ort des Bewußtseins vor dem Tod wieder das Herz.«

Bob lächelte und sagte: »Ja, das würde übereinstimmen. Nur hat für die westlichen Neurowissenschaftler und Ärzte die Wärme überhaupt nichts mit dem Bewußtsein zu tun ...«

Seine Heiligkeit lächelte zurück. »Die Neurologie weiß natürlich auch nichts über das Klare Licht zu sagen. Wenn vom anfänglichen und letzten Ort die Rede ist, meine ich jedoch dieses Klare Licht, das sich außerhalb der Reichweite von Neurologie oder Neurowissenschaften befindet. Es wurde bereits gesagt, daß das vom Gehirn abhängige grobe Bewußtsein ausgelöscht wird.«

Kernerfahrungen

Joan lenkte das Gespräch wieder zurück. »Es treten zwei wichtige kognitive Transformationen auf. Die Veränderung der Zeitwahrnehmung haben wir schon erwähnt. Sie wandelt sich von chronologisch zu zeitlos. Die zweite Veränderung betrifft die geistige Klarheit. Die Menschen berichten, daß sie sich in diesem Zustand geistig klarer als sonst erlebt haben. Ein Überlebender eines anaphylaktischen Schocks – einer allergischen Überempfindlichkeitsreaktion, die zum plötzlichen Tod führen kann – erzählte: ›Ich war mir vollkommen bewußt darüber, was rein physisch in meiner Umgebung geschah, als auch was im Bewußtsein der Menschen im Behandlungszimmer vorging, bis ich wiederbelebt wurde; von diesem Moment an war ich sehr verwirrt.‹ Es gibt viele Berichte dieser extrem genauen, geistigen Klarheit. Wenn sie dann in dieses Leben zurückkehren, sind sie völlig verwirrt. In den Schriften der Spiritualisten wird der ›neue Tote‹ – jemand, der gerade gestorben ist – auch als Verwirrter beschrieben.

Die Nahtod-Erfahrung wird immer als eine Art Reise angesehen. Unvermeidlich kommen in den Erzählungen Fahrzeuge oder irgendeine Art der Fortbewegung vor. Meine eigene Mutter, die einen klinischen Tod erlebte, beschrieb, daß sie mit einem Kreuzfahrtschiff unterwegs war, das die Häfen ihrer Vergangenheit anlief. Sie und mein Vater hatten gern Kreuzfahrten unternommen. Eine Inderin beschrieb, daß sie im Nahtod-Zustand einen Elefanten ritt. Man kann eine psychische und kulturelle Bedingtheit erkennen. In anderen Erzählungen wird die Person von einer unsichtbaren Kraft angetrieben und bewegt sich mit großer Geschwindigkeit, dreht sich, oder wird aufgesogen und treibt durch einen dunklen Tunnel. Wiederum andere haben Ähnlichkeit mit Geburtsvorgängen, bei den man aus dem Uterus gepreßt wird oder durch einen Geburtskanal in den Nahtod-Zustand kommt. Es gibt noch eine große Zahl anderer Bilder, die kulturell bedingt zu sein scheinen, Eure Heiligkeit: Man geht durch einen riesigen Kanal oder eine Röhre, dreht sich in schwindelerregenden Spiralen, steigt in Brunnen oder Höhlen hinab, folgt einem Licht durch ein dunkles Tal und so weiter.

In allen Berichten bewegt man sich aber aus der Dunkelheit ins Licht. Diese Erfahrung des Lichtes, die offenbar in allen Kulturen vorkommt, nennen die Forscher *Kernerfahrung*. Das Licht wurde als klar, weiß, orangefarben, golden oder gelb beschrieben, und es ist deutlich von einer anderen Qualität als das Tageslicht. Es ist strahlender, aber auch weicher. Gleichzeitig sieht man es und ist auch darin gefangen. Es scheint den Geist völlig zu durchfluten. Auch strahlt es geistige Qualitäten aus, hauptsächlich Weisheit und Mitgefühl. Mit anderen Worten, es gibt keinen Unterschied zwischen diesem Licht und dem Geist selbst, so als ob der Geist der Träger dieses Lichtes wäre. Im Augenblick dieses vollkommenen Erstrahlens scheint man alles zu begreifen.«

»Ich frage mich gerade, ob auch Menschen unter Narkose Frieden und Glück einfach nur deshalb erfahren, weil ihre vorherige Erfahrung, die vielleicht sehr unangenehm war, durch die Wirkung des Betäubungsmittels aufgehoben wird«, sagte Seine Heiligkeit. »Hier könnte es eine Parallele zu der Annäherung an den Tod geben. Vor dem Tod mag es eine Menge Unbehagen im Körper und vielleicht auch im Geist gegeben haben. Und sobald man von diesem Unbehagen befreit wird, würde man Frieden und Freude erfahren.«

Joan antwortete: »Das Licht ist zwar eine visuelle Erfahrung, doch ist es mit Glanz, Klarheit, Transparenz, Wärme und Energie verbunden, einer Empfindung grenzenloser Liebe und von einem alles einschließenden oder allumfassenden Wissen. Diese Qualitäten des Lichtes findet man nicht nur kulturübergreifend, sondern auch auf ähnliche Weise in mittelalterlichen Berichten beschrieben.

Dann kommen wir zu dem, was man im Mittelalter das Gericht nannte, und wovon wir heute als Lebensrückschau sprechen. Gewöhnlich wird es von den Menschen, die eine Nahtod-Erfahrung erlebt haben, als ein nonverbaler Dialog mit einem Lichtwesen, nicht notwendigerweise dem großen Licht, beschrieben. Übereinstimmend, aber nicht bei allen Fällen, gibt es den

Eindruck der Prüfung und des Abwägens des eigenen Lebens. Oft geschieht dies aus einer Art visueller Erinnerung heraus. Man sieht sein Leben in chronologischer oder umgekehrter Reihenfolge ablaufen, oder man sieht alles auf einmal in einem einzigen Moment. Die Bilder dieser Rückschau sind besonders lebendig, als ob die Ereignisse tatsächlich stattfänden; dennoch ist die Zeitlichkeit aus der Sicht des Erlebenden eine andere. Viele der untersuchten Menschen sind der Meinung, daß der Zweck dieser Rückschau ein Verstehen des Fortschritts ist, den sie in ihrem Leben gemacht haben.

Ich möchte Ihnen gern einen dieser Bericht vorlesen, damit Sie einen Geschmack davon bekommen. Es handelt sich um eine Frau, die 1937 geboren wurde. Auffällig ist, daß sie von sich in der dritten Person spricht; ihre Beschreibung wirkt sehr objektiv. ›In diesem außerordentlichen Frieden, zu dem ich geworden war, zog Phyllis' Leben [ihr eigener Name] an mir vorbei. Nicht wie im Kino, sondern in einem Wiedererleben. Dieses Wiedererleben schloß nicht nur alle Taten mit ein, die Phyllis seit ihrer Geburt 1937 in Twin Falls, Idaho, begangen hatte, sondern auch jeden Gedanken, den sie jemals gedacht hatte, jedes Wort und jede Tat gegen all und jeden, der jemals in ihren Einflußbereich gekommen war, ob er ihr nun bekannt war oder nicht. Hinzu kamen noch die Auswirkungen ihrer Gedanken, Worte und Taten auf das Wetter, die Luft, den Boden, auf Pflanzen und Tiere, das Wasser und auf alles in der Schöpfung, das wir Erde nennen und den Raum, den Phyllis einst besetzte. Ich hatte keine Ahnung, daß eine Lebensrückschau jemals so sein könnte. Niemals vorher hatte ich realisiert, daß wir für jede kleine Sache, die wir tun, verantwortlich sind und Rechenschaft schuldigen. Dies war überwältigend. Ich richtete über mich selbst, nicht der himmlische Petrus, und mein Gericht war kritisch und streng. Mit vielem, das Phyllis getan, gesagt und gedacht hatte, war ich nicht zufrieden. Es gab ein Gefühl der Trauer und des Versagens, doch nahm auch die Freude mit der Erkenntnis zu, daß Phyllis immer etwas getan hatte. Viele Taten waren unehrenhaft und negativ, doch tat sie immer etwas, sie hatte es zumindest versucht. Vieles davon war konstruktiv und positiv. Sie lernte und wuchs in ihrem Lernen. Dies war befriedigend. Phyllis war in Ordnung.‹

Ein eigentümliches Merkmal sowohl der Rückschau als auch der Erfahrung des Lichtes ist das Gefühl umfassenden Wissens. Ein anderes ist, daß man oft vergißt, was es war, das man wußte, sobald man zurückgekehrt ist. Man kommt hierher zurück und weiß, daß man dort den Sinn des Lebens verstanden hat, und daß es einem unbeschreibliche Freude bereitet hat. Aber irgendwie kann man sich nicht daran erinnern, was es war, das man verstand.«

Seine Heiligkeit bemerkte: »Dieses Vergessen ist ein interessantes Phänomen – daß die Person sich zwar erinnert, etwas sehr Entscheidendes gewußt zu haben, es aber nicht abrufen kann, und sich dennoch davon berührt fühlt. Kommt dieses Phänomen allgemein bei allen Menschen mit einer Nahtod-Erfahrung vor, einschließlich jener, deren Berichte man überprüfen kann? Sie haben das Beispiel einer Person erwähnt, die lebhaft zuhören und einem Gespräch folgen konnte, und dann als er oder sie zurückgekehrt war, von Dingen erzählen konnte, die woanders stattfanden. Schauen wir uns diesen Fall einmal gesondert an, denn es ist etwas sehr Bedeutsames und sicherlich keine bloße Erfindung. Würde eine solche Person auch diese Art von Vergessenheit erfahren?«

Joan bestätigte und sagte, daß das Vergessen zwar nicht in jedem Fall auftritt, aber doch oft genug.

»Der Grund für meine Frage ist nämlich, daß die Erinnerungen einer Person, die sich tatsächlich vom Körper löst und hinterher Erinnerungen an diese Erfahrung hat, nicht vom Gehirn abhängig sein würden. Das wäre eine getrennte Erfahrung. Es scheint dann gut möglich, daß die Person, sobald sie zurückkehrt und das vom Gehirn abhängige Bewußtsein wiedererlangt hat, die Erinnerungsstücke aus der unabhängigen Phase nicht in die nachfolgend abhängige Phase übertragen kann. Dagegen würden für eine Person, die eher traumartige Erfahrungen macht, alle geistigen Prozesse vom Gehirn abhängig sein, weshalb es auch wahrscheinlicher scheint, daß Erinnerungsstücke aus der Traumphase hinterher im Bewußtsein bleiben.«

Wieder einmal ging Seine Heiligkeit mit seinen Vorschlägen für Experimente und Beweisversuche weit über das hinaus, was heute möglich scheint. So konnte Joan nur zugeben, daß dies tatsächlich eine interessante Richtung für weitere Forschungen darstellte, daß es darauf jedoch bisher keine Antworten gibt. Dann setzte Joan ihren Vortrag fort, indem sie über die Elemente der Nachwelt sprach: utopische Farben und glückverheißende Szenen mit leuchtenden Flächen und blumenübersäten Wiesen, strahlendem Himmel, glitzernden Körpern aus Wasser, Regenbögen, wertvollen Metallen und Edelsteinen und ganz unglaublichen Gebäuden, die von ungeheurer Weite und leuchtender Schönheit waren.

Begleitung und Wohlbefinden

»Wer ist sonst noch da?« fragte Joan. »Eine der häufigsten Beschreibungen ist die von einem Gefolge engelhafter Wesen, besonders von Jesus und seinen Begleitern. Schließlich kommt es zur Rückkehr. Die meisten Menschen wollen nicht zurückkehren. Sie werden sogar wütend über die Leute, die sie wiederbeleben wollen. Sie sind irritiert, verwirrt und haben das Gefühl, daß sie in ihren Körper hinein gezwungen werden. Hauptsächlich kommen sie wegen ihres Hängens an ihren Verwandten zurück. Es gibt unerledigte Angelegenheiten. Manchmal haben sie auch einen anderen, weniger wichtigen Grund zur Rückkehr. Oder sie haben eine Mission zu erfüllen, die sich aus ihren Erkenntnissen im Nahtod-Zustand ergeben hat. Es scheint, als hätten diese Erfahrungen eine sehr positive Wirkung auf die Menschen. In den Berichten der Forscher heißt es, daß Menschen, die einen klinischen Tod überlebt oder eine Nahtod-Erfahrung gemacht haben, größere Freude am Leben zeigen; ihr Interesse an materiellen Dingen hat stark abgenommen; sie sind selbstbewußter, und sie haben ein echtes Gefühl für den Sinn des Lebens. Sie werden spirituell sehr aufgeschlossen, interessieren sich mehr für die Natur und entwickeln Toleranz und Mitgefühl für andere. Auch hat sich ihre Furcht vor dem Tod verringert, weil sie nun davon überzeugt sind, daß der Tod eine großartige Sache ist! Auf gewisse Weise fühlen sie sich weniger verletzbar und sind daher ziemlich optimistisch. Sie haben auch das Gefühl, einer besonderen Bestimmung zu folgen, und sind vielleicht auch ein bißchen stolz darauf, daß sie gestorben und wiedergeboren sind.

Aus den Nahtod-Erfahrungen ergeben sich mitunter Nachwirkungen: Eine größere Anzahl von Personen hat mediale Kräfte entwickelt: etwa die Fähigkeit des Vorauswissens, der Telepathie oder der außerkörperlichen Erfahrungen. Diese Erfahrungen werden, zumindest von den betreffenden Personen selbst, nicht nur als etwas Heiliges angesehen, sondern auch als ein hoher Stand geistiger Gesundheit. Zunehmend werden sie auch von der westlichen Psychologie in Betracht gezogen, die sie nicht mehr als pathologisch betrachtet, sondern im Gegenteil als natürliche Zustände des Bewußtseins ansieht.«

Seine Heiligkeit fragte, ob manche Individuen auch davon berichtet hätten, daß sie depressiv geworden seien, oder daß ihr Leben beeinträchtigt wurde. Joan antwortete: »Tatsache ist, daß ein positiver Grundton in allen Berichten vorherrscht. Die aus mittelalterlichen Quellen stammenden Berichte sind dagegen nicht so erfreulich und manchmal sogar recht erschreckend. Daß sich die Erfahrungen von schwierig und schuldbeladen, in freudvolle und glückliche, schöne Erfahrungen gewandelt haben, ist ein eigentümlicher Zug der modernen westlichen Kultur.

Hier ein statistischer Überblick: Von denjenigen, die eine Nahtod-Erfahrung machten, erlebten sechzig Prozent Frieden; siebenunddreißig Prozent eine Loslösung vom Körper oder außerkörperliche Erfahrung. Dreiundzwanzig Prozent traten in die Dunkelheit ein, sechzehn Prozent sahen das Licht, und zehn Prozent gingen in das Licht hinein. Die Prozentzahlen folgen dem Ablauf der Ereignisse. Es scheint mit anderen Worten so zu sein, daß die Menschen die Reise an unterschiedlichen Stellen abgebrochen haben.«

Einige materialistische Bemerkungen

Joan fuhr fort: »Schließlich stellt sich auch die Frage: Was bedeutet es überhaupt, tot zu sein? Die Harvard Universität hat hierzu vier Kriterien aufgestellt: (1) Unempfindlichkeit und Unempfänglichkeit, das heißt, das Individuum reagiert nicht mehr und ist für äußere Reize nicht mehr empfindlich; (2) keine Bewegung und keine Atmung; (3) keine Reflexe; und (4) ein flaches Elektroencephalogramm. Der Kardiologe Fred Schonmaker hat fünfundfünfzig Patienten interviewt, die sich von einem sogenannten Gehirntod wieder erholt haben. Sie hatten ein flaches EEG und erfüllten die Harvard-Kriterien. Alle berichteten von lebhaften Erinnerungen und glückseligen Visionen.«

Ich fragte, warum die Belebungsversuche fortgeführt wurden, wenn jemand die vier Kriterien erfüllte und für tot erklärt wurde. Pete klärte uns auf: »Es wurde nicht erwähnt, daß die Harvard-Kriterien auch erfordern, daß eine Person zwölf Stunden lang in diesem Zustand sein muß. Bis zu diesem Zeitpunkt würde sie weiterhin beatmet und unterstützt werden, da sie nach den Harvard-Kriterien nicht tot ist. Ich wüßte gerne ob die Menschen aus der Studie tatsächlich für zwölf Stunden in diesem Zustand waren.«

»Das bezweifle ich«, sagte Joan, »aber es wäre sehr interessant, das noch einmal im Detail zu untersuchen. In unserer Diskussion ist dennoch deutlich geworden, daß die genaue zeitliche Bestimmung des biologischen Todes sehr problematisch ist. Die Zellen zerfallen unterschiedlich schnell, und physiologische Prozesse laufen mit verschiedener Geschwindigkeit ab, so daß ein Todesmoment per se nicht existiert.«

Ich fragte Seine Heiligkeit, was passieren würde, wenn man die Medizintechnik, die in westlichen Krankenhäusern üblich ist, zur Wiederbelebung eines tibetischen Praktizierenden anwenden würde, der als tot gilt und bereits den Bardo erfährt. Er antwortete: »Wenn die Person das Klare Licht erreicht hat, aber noch nicht darüber hinaus ist, dann ist es vorstellbar, daß man die Person mit technologischen Mitteln zurückholen könnte. Wenn die Person aber über das Klare Licht hinaus in den Bardo gegangen ist, wäre das sehr schwierig. Wie lange ist eine Wiederbelebung möglich, nachdem eine Person als klinisch tot gilt? Wo ist hier die Grenze?«

Pete beantwortete die Frage: »Das ist etwa eine halbe Stunde. Ganz sicher ist es nicht ein Zeitraum von mehreren Tagen, für den ein Praktizierender im Klaren Licht bleiben kann. Von daher würde ich nur schwerlich glauben, daß jemand am Ende der Erfahrung des Klaren Lichtes wiederbelebt werden könnte.«

Seine Heiligkeit war irritiert. »Das verstehe ich nicht. Heißt es nicht, daß jemand, der für klinisch tot erklärt wird, die vier Kriterien zwölf Stunden lang erfüllt?«

»Nein«, antwortete Pete. »Ich habe den Gehirntod beschrieben. Der *klinische Tod* tritt gewöhnlich ein, wenn das Herz aufhört zu schlagen und nicht wieder aktiviert werden kann. Beim Gehirntod ist der Körper immer noch am Leben, aber das Gehirn scheint tot zu sein. Bestimmte tödliche Arzneimittel können diesen Zustand ebenfalls verursachen. Die Mittel setzen den Stoffwechsel so weit herab, daß das Gehirn vor einem Sauerstoff- und Glucosemangel bewahrt wird und man eine Person im Todeszustand länger halten und wiederbeleben kann.«

Joyce McDougall stellte eine skeptische Frage: »Gibt es Angaben über den

Anteil von Menschen, die den Nahtod zwar erlebten, aber ohne diese Erfahrungen zurückkehrten?«

»Nein, aber ich glaube, es ist eine interessante Frage«, gab Joan zu. »Ich denke, man sollte sich einmal die möglichen biologischen und psychologischen Ursachen der Nahtod-Erfahrung aus einem materialistischen Blickwinkel ansehen. Die Nahtod-Erfahrungen treten auf, wenn das Nervensystem entweder überlastet oder unterversorgt ist. Daher könnten diese Erfahrungen auch unter dem Einfluß von Drogen oder besonders angespannten Bedingungen auftreten, die Halluzinationen hervorrufen. Es gibt tatsächlich eine Anzahl von Drogen – angefangen bei Anästhetika, über verschiedene Opium-Derivate, bis hin zu Halluzinogenen –, die diese Erfahrungen produzieren können. Viele Forscher, die auf diesem Gebiet arbeiten, behaupten einen materialistischen Ursprung dieser Erfahrungen. Sie sprechen davon, daß bei den Patienten ein starkes Ungleichgewicht im Stoffwechsel vorliegt, wie Fieber, Insulin-Koma, Erschöpfung, Trauma, Infektion, Lebervergiftung oder Nierenversagen. Sie alle können Zustände verursachen, die den Nahtod-Erfahrungen ähnlich sind. Außerdem gibt es da noch das Limbischer Lappen-Syndrom, eine Art Anfallserkrankung, die zu Persönlichkeitsverlust und unbeabsichtigter Erinnerung führt.«

Pete erläuterte dies: »Epileptische Anfälle betreffen typischerweise ein Gehirnareal, das limbisches System genannt wird und von dem man vermutet, daß es mit Motivationen und der Steuerung der vegetativen Funktionen zusammenhängt. Während eines Anfalls verändern sich die limbischen Funktionen auf eine bizarre Art und Weise, und Patienten können dabei verschiedene Erfahrungen haben, die Persönlichkeitsverlust, außerkörperliche und religiöse Erfahrungen beinhalten sowie die Wahrnehmung, daß Gegenstände ihre Form und Größe verändern.«

Joan fuhr fort: »Es gibt auch bestimmte Substanzen, die der Körper selbst produziert, wie Endorphine, Endopsychosine und Enkephaline, die ungewöhnliche Erfahrungen auslösen können.«

Als ich den fragenden Ausdruck im Gesicht des Dalai Lama sah, gab ich einen kurzen historischen Überblick zu Opiaten. »Vor etwa fünfzehn Jahren entdeckten Neurowissenschaftler, daß die aktiven Bestandteile des Opiums auch innerhalb des Gehirns produziert werden. Diese chemischen Substanzen heißen endogene Morphine oder Endorphine. Man fand heraus, daß in Situationen, in denen eine Person starkem Stress – wie im Sterben – ausgesetzt ist, diese Substanzen freigesetzt werden und Analgesie bewirken, die Aufhebung der Schmerzempfindlichkeit. Ist also jemand mit dem Tod konfrontiert, dann ist es vorstellbar, daß er oder sie tatsächlich eine Opiumerfahrung hat. Dies wäre eine mögliche Erklärung dafür, warum es sich scheinbar glückselig, angenehm oder auch sehr leuchtend anfühlen mag.«

Bob Livingston führte weiter aus: »Wie Seine Heiligkeit vorhin gesagt hat, fühlt jemand, dem man mit einem Hammer auf den Kopf schlägt, sich natürlich besser, wenn die Schläge aufhören – eine Art reziproke Freude. Ich bin mir sicher, daß der Hirnstamm tatsächlich eine Menge Endorphine ausschütten würde, die einen nicht nur vor dem Schmerz des Schlages auf den Kopf schützen, sondern auch Glücksgefühle von Heiterkeit und Ruhe entstehen lassen würden.«

Seine Heiligkeit fragte, ob die Freisetzung dieser Stoffe auch eine Erklärung für das Phänomen sei, daß Menschen oft in dem Moment, wenn sie erschossen oder erstochen werden, keine Schmerzen empfinden, und wie lange diese Wirkung anhielte. Ich erklärte, daß es für längere Zeit, sogar für Stunden, andauern könne.

Joan kam auf den extremen Fall der Folter zu sprechen und die Möglichkeit, daß sich an einem bestimmten Punkt die Qual in eine Ekstase verwandelt und sogar die Schwelle sexueller Ekstase, einschließlich Orgasmus, erreicht. Dies wird auch mit dem Galgen in Verbindung gebracht: Erhängen führte zu Gliedversteifung und Ejakulation. Gebärende Frauen berichten von einem Orgasmus im Moment der Geburt. Bob fügte noch hinzu, daß die Freisetzung von Endorphinen auch durch die Erwartung trainiert und provoziert werden kann. »Wenn zum Beispiel jemand an einem Football-Spiel teilnimmt und damit rechnet, bei einem Tackling hart genommen zu werden, kann er ein hohes Niveau von Endorphinausschüttung von Beginn des Spiels an haben. Bei einem Tackling mag er sich dann starke Prellungen zuziehen, doch machen sie ihm nichts aus. Das gleiche gilt auch für Soldaten, die in den Kampf ziehen. Die Menschen, die vom unmittelbaren Effekt einer Verwundung, selbst einer sehr schlimmen, berichten, sagen, sie hätten keinen Schmerz gefühlt.«

Die Diskussion wurde von Joan allerdings zugespitzt. »Eure Heiligkeit, die Thanatologen haben herausgefunden, daß die deutlichsten und lebhaftesten Nahtod-Erfahrungen bei Menschen auftraten, die weder Drogen genommen haben noch unter Sinnesverarmung litten, die auch nicht verrückt waren oder einen Anfall hatten. Jene Pathologien und die Freisetzung von Endorphinen enden meist in einem schläfrigen, verträumten Zustand, der überhaupt nichts mit dem lebendigen Zustand zu tun hat, den die Überlebenden einer Nahtod-Erfahrung beschreiben.«

Besessenheit und Epilepsie

Joan schloß ihren Vortrag mit einer letzten Bemerkung: »In dieser Konferenz untersuchen wir einen Bereich, bei dem wir weder die neurologische, phänomenologische noch die ontologische Seite der Erfahrung ausschließen. Wir können ihn also in einer komplementären und ganzheitlichen Art und Weise betrachten.

Aus der Perspektive von jemandem, dessen Augen nur am Tage offen sind, existieren die Sterne am Himmel nicht; erst in einem anderen Zustand, den wir Nacht nennen, erscheinen ihm plötzlich die Sterne. Es mag sein, daß der Bereich, von dem in den Bardo-Lehren die Rede ist, in ähnlicher Weise existiert. Die westliche Kultur hat diese Erfahrungen oft als krankhaft und unwirklich angesehen, und es hat Bemühungen gegeben, sie auf physiologische und biologische Ursachen zu reduzieren. Jetzt versuchen wir, uns die physiologischen, biologischen und neurologischen Komponenten einmal in Verbindung mit den erfahrungsmäßigen Komponenten anzusehen, und dabei nehmen wir nicht notwendigerweise einen Ursprung für alle an. Dies führt mich zu der Frage, die ich nun stellen möchte: In welcher Hinsicht entsprechen diese Erfahrungen jenen des Bardo-Körpers?«

»Die Nahtod-Erfahrungen, wie Sie sie geschildert haben, sind nur sehr schwer mit den Erfahrungen des Bardo-Wesens zu vergleichen«, sagte Seine Heiligkeit und stellte damit weiter die Standard-Interpretation von Nahtod-Erfahrungen im Westen in Frage. »Und nicht nur das. Da ist auch das Problem der genauen Bedeutung, welche man dem Begriff Bardo-Zustand zuschreibt. In der tibetischen Gesellschaft hören wir zum Beispiel oft Geschichten von Geistern toter Personen, doch ist es schwer zu sagen, ob sie sich im Bardo-Zustand befinden oder nicht.

Zum Beispiel wird in der Autobiographie des Yogis Milarepa, einem großen tibetischen Dichter und Heiligen, der im zwölften Jahrhundert lebte, die Geschichte erzählt, daß jemand die Totenrituale der Bön-Tradition ausführte, um den Geist eines Toten zu rufen. Mit einen anderen Ritual sollte der Geist dann auf die weitere Reise vorbereitet werden. Zu dieser Zeit sah ein Mitglied der Familie tatsächlich ein Wesen mit der äußeren Erscheinung des Gestorbenen. Milarepa sagte dem Familienmitglied, daß dies nicht wirklich der Geist des verstorbenen Verwandten war, sondern der Geist eines anderen, der sich in dieser Form verkleidet hatte. Der Geist der verstorbenen Person hatte längst in der Form eines Insektes Gestalt angenommen. Dann führte Milarepa die Bewußtseinsübertragung, Phowa, durch, und es wird gesagt, daß man einen weißen Regenbogen sehen konnte.

Auch weiß ich selbst von einer Person, die starb und später begann, in andere Menschen einzudringen oder von ihnen Besitz zu ergreifen. Er war Mönch und ein Schüler meines Junior-Tutors. Wenige Tage nachdem er gestorben war, okkupierte er eine Person und versetzte sie in Trance. Er sprach durch die besessene Person, beschrieb genau verschiedene Dinge seines Zimmers und verlangte dann nach meinem Tutor. Schließlich traf der Tutor ihn durch diese besessene Person. Er gab ihm verschiedene Anweisungen zur spirituellen Praxis. Nach einigen Tagen gab es keine Störungen oder Besessenheit mehr. Es ist aber sehr schwer zu sagen, ob der Geist sich im Bardo-Bereich oder irgendwo sonst befunden hat. Nach dem tibetischen Volksglauben sagt man, daß diese Geister keine Wiedergeburt annehmen konnten, doch ist es sehr schwer, diesen Glauben mit der buddhistischen Einteilung der sechs Bestimmungen oder Existenzbereiche in Einklang zu bringen. Im allgemeinen verbringt man maximal neunundvierzig Tage im

Bardo. Doch es gibt auch Berichte von entkörperlichten Geistern, die bis zu einem Jahr darin verbleiben. Aus diesem Grund sind diese Berichte schwer mit den buddhistischen Lehren vereinbar.«

»Was geschieht mit der besessenen Person?«, fragte Pete. »Kommt sie zurück, und hat sie hinterher irgendwelche Erinnerungen?«

»Sie kommt natürlich zurück, hat aber keinerlei Erinnerung daran. Wenn Sie sich Menschen ansehen, die besessen waren, dann würden Sie bestimmt denken, daß sie einen epileptischen Anfall hatten. Aus tibetischer Sicht würden wir aber sagen, daß sie äußeren Einflüssen ausgesetzt waren und daß ihrem Körper nichts fehlt. Statt dessen ist es ein äußerer Einfluß, der offenbar zu diesem Anfall führt.«

»Wie sieht ein epileptisches Verhalten aus, im Gegensatz zum Verhalten einer Person, die gerade von einem Körper Besitz ergreift? Gibt es denn richtige epileptische Anfälle?«

»Das Verhalten der Personen, die sich in einer solchen Trance befinden, ist sehr unterschiedlich, so daß man es nicht verallgemeinern kann. In einigen Fällen scheint ein Anfall vorzuliegen und der Körper wird ganz steif. Insbesondere direkt nachdem sie aus der Trance herauskommen, ist der Körper wirklich sehr steif. Obwohl das Phänomen der Besessenheit in der tibetischen Gesellschaft recht verbreitet ist, kann es von einem streng buddhistischen Standpunkt aus nur schwer erklärt werden. Das tibetische Wort für ›Besessenheit‹ besteht aus zwei Silben mit der Bedeutung von ›Geistesstrom‹ und ›durchdringen‹. Ich benutze diese Worte recht häufig, aber ich weiß nicht – es gibt ein Problem damit! Es ist nicht so, daß der Geistesstrom der einen Person herausgeworfen wird und ein neuer Geistesstrom eindringt; auch nicht, daß einer vom anderen getrennt ist. Es muß etwas anderes als diese beiden Möglichkeiten geben. Es kann nämlich auch sein, daß sowohl die Sinne als auch die geistigen Kräfte der besessenen Person sehr wach sind und sie trotzdem gleichzeitig von einer äußeren Macht beherrscht wird. Die Person hat keinerlei eigene Kontrolle mehr, obwohl ihre Sinne völlig intakt sind. Dies ist ein Gebiet, in dem wir sicher wissenschaftliche Forschungen brauchen. Ich frage mich, ob Sie dafür irgendeine Struktur im Gehirn einer epileptischen Person ausmachen können, weil sicher ein möglicher Weg die Untersuchung eines Mediums oder einer epileptischen Person wäre.«

»Es wäre sicher sehr interessant, wenn man einen Scan oder auch nur ein EEG bei jemandem machen könnte, der besessen ist«, schloß Pete.

»Ich glaube, es wäre sogar noch besser, wenn man dies vor der Besessenheit machen würde, denn eine epileptische Person erkennt man schon vor dem Anfall. Es gibt auch verschiedene Arten von Medien. Einige mögen in der Lage sein, auf Fragen während der Trance zu antworten, während sie offenbar ihre Persönlichkeit weitgehend behalten. Andere dagegen machen eine dramatische Veränderung durch, sobald sie in den Trance-Zustand eintreten. Zum Beispiel traf ich vor einigen Jahren jemanden, der zu mir sagte, daß sich ein Medium in meiner Nähe aufhielte. Ich fragte ihn, wo denn das Medium sei, und es stellte sich heraus, daß es die Person war, mit der ich gerade sprach. Er war genau in diesem Moment besessen! Und ich dachte erst, diese Person sei ein ganz normales menschliches Wesen, mit dem ich spazieren gehe. Es gibt noch andere Fälle, die überhaupt nicht so sind, wie dieser.«

Nahtod-Erfahrungen und buddhistische Lehren

»Um nun etwas umfassender auf die Frage nach der Natur der Nahtod-Erfahrungen und den buddhistischen Lehren einzugehen, sollte man sich zuerst die drei Bereiche von Begierde, Form und Formlosigkeit klar machen. Oder auch die etwas feinere Einteilung in sechs beziehungsweise einunddreißig Bereiche nach dem *Kālachakra*-System. Wir können grundsätzlich sagen, daß es verschiedene Welten, verschiedene Erfahrungsbereiche gibt; menschliches Leben ist nur einer von ihnen. Was wir gewöhnlich Geister nennen, ist eine andere Lebensform, deren Körper und geistige Verfassung anders beschaffen ist. Wieder andere, wie etwa die Devas, mögen sich woanders im Begierdebereich aufhalten, doch lebt eine Vielzahl von Wesen auch mitten unter uns. Genau wie bei den Menschen haben einige dieser Lebensformen mehr Mitgefühl, andere sind dagegen schädlicher. Sie haben ihre eigenen Probleme. In den Bereichen dieser Geister ist eine Störung von seiten der Menschen seltener als in der umgekehrten Richtung.

Hat man sich mit einigen dieser Wesen angefreundet, dann können sie als Orakel nützlich sein – wie aber dieser Prozeß oder Mechanismus funktioniert, bei dem ein Medium in Trance fällt oder eine Besessenheit auftritt, das weiß ich nicht! Wenn man mit Orakeln zu tun hat, gibt es natürlich eine Gefahr des Betrugs. Findet man aber ein qualifiziertes und wirklich verläßliches Orakel, dann kann es manchmal sehr nützlich sein. Nehmen wir zum Beispiel den Nechung Deva und das Orakel. Man kann das Auftauchen dieses Deva nach Indien zurückverfolgen, wo er sich zum ersten Mal zeigte. Eine bestimmte Person ist damals ins nördliche Amdo – das hohe Grasland Tibets – gezogen, wobei ihm der Nechung Deva folgte. Im achten Jahrhundert dann, während der Zeit Padmasambhavas, ging dasselbe Wesen von Hor im nördlichen Amdo nach Zentraltibet, unweit von Lhasa. Der Nechung Deva wird als eine Gottheit des Begierdebereichs angesehen.«

Joan insistierte: »Nehmen wir an, daß einer ihrer Schüler oder Mönche eine Nahtod-Erfahrung ähnlich der eben von uns beschriebenen gehabt hätte, und er fragte Sie nach der Bedeutung. Was würden Sie ihm sagen?«

»Da ich bereits hier diese Erfahrungen nicht interpretieren konnte, wie könnte ich sie dann diesem jungen Mönch erklären! Ich weiß nicht, wie das im allgemeinen zu interpretieren ist, ganz zu schweigen von der Perspektive des anderen.«

Herausfordernd sagte ich, »Stimmt es nicht, daß für die meisten Menschen, die darin ungeübt sind, der Augenblick des Todes – und ich meine des vollständigen Todes ohne Rückkehr – eine erschreckende Erfahrung und kein seliger, angenehmer Zustand ist?«

»Es gibt zwei mögliche Arten von Todeserfahrung, und welche von beiden auftaucht, hängt gänzlich von der eigenen Haltung während des Lebens, den geistigen Prozessen und so weiter ab. Es ist nicht für jeden Menschen einfach dasselbe. Diejenigen, die in ihrem Leben oder zumindest in ihren letzten Jahren vor dem Tod mit positiven Gefühlen gelebt haben, werden eine ähnliche Erfahrung im Zwischenzustand machen. Im Gegensatz dazu würde der Zwischenzustand bei Menschen, die während ihrer Lebensspanne eher wütend oder allgemein negativ waren, nach einem anderen Muster verlaufen. Es gibt auch einen Unterschied in der Art der Wiedergeburt, die man im nächsten Leben annimmt.

Es gibt ein Phänomen, das im Tibetischen *delok* genannt wird, was soviel heißt wie ›die Rückkehr von den Toten‹. Erinnern Sie sich an die Frau mit der außerkörperlichen Erfahrung, die ihrer Tochter die Anweisung gab, daß man ihren Körper, der eine Woche lang völlig regungslos war, nicht berühren durfte. Danach wachte sie auf und beschrieb die Orte, die sie währenddessen besucht hatte. Das könnte man als ein Beispiel für das Phänomen der Rückkehr von den Toten ansehen. Hat sich in einem solchen Fall die Verbindung zwischen dem groben Körper und dem Sehr Subtilen Energie-Geist gelöst? Das ist sehr unwahrscheinlich. Wir wissen auch nicht, ob die Person noch atmete oder ob es in dieser Zeit eine subtile Atmung gegeben hat. Wir wissen es einfach nicht, von daher gibt es mehrere Möglichkeiten. Hatte sie den speziellen Traumkörper, der sich losgelöst vom groben Körper bewegen kann, würde dies nicht implizieren, daß auch der Sehr Subtile Energie-Geist abgetrennt wurde. Oder, es könnte umgekehrt auch sein, daß der Sehr Subtile Energie-Geist abgetrennt wurde, daß er sich frei bewegte und dann zurückkam. Trotzdem ist der letztere Fall sehr problematisch, weil die Frau, soviel wir von ihr wissen, diese Erfahrung nicht aufgrund tiefer Meditationserfahrung hatte, sondern vielmehr einfach als Resultat ihres *Karmas* in Verbindung mit speziellen äußeren Umständen. Es ist eine offene Frage und scheint zudem schwer vorstellbar, daß sich der Sehr Subtile Energie-Geist völlig vom groben Körper gelöst haben könnte, ohne daß dem eine tiefe meditative Praxis vorausgegangen ist.

Allgemein können wir sagen, daß eine Trennung des Sehr Subtilen Energie-Geistes vom groben Körper irreversibel ist. Hat man aber eine sehr hohe Verwirklichung erlangt, dann ist es in der meditativen Praxis möglich, den Sehr Subtilen Energie-Geist vom groben Körper abzulösen und ihn wieder zurückzubringen. Vor zwei Jahren traf ich eine Nonne, die achtzig Jahre alt war. Sie ist leider im vergangenen Jahr gestorben. Eigentlich glaube ich, daß sie wußte, daß sie bald sterben würde. An jenem Tag wollte sie mir einige bedeutende tibetische Bücher schenken, doch sagte ich ihr, daß sie sie bei sich in ihrer Hütte behalten solle. Sie hat fast dreißig Jahre lang in Dharamsala gelebt, und vorher in Tibet wohnte sie jahrelang im Potala Palast. Viele Menschen, auch Westler, gingen zu ihr, um Weissagungen zu erhalten, da sie sich sehr häufig bewahrheiteten. Als ich sie traf, erzählte sie mir, daß sie im Alter von siebenundzwanzig oder achtundzwanzig Jahren geheiratet und einen Sohn zur Welt gebracht hatte, der dann einige Zeit später verstarb. Sie entschied sich daraufhin, den Haushalt und das Familienleben ganz aufzugeben und reiste herum. Alsbald kam sie zu einem Berg hinter dem Drepung Kloster, einem der bedeutendsten buddhistischen Zentren in Tibet. Dort lebte ein alter Lama, achtzig Jahre alt, mit seinen rund fünfzehn Schülern. Sie blieb einige Monate dort und hörte seine Unterweisungen. Eines Tages sah sie tatsächlich zwei seiner Schüler von einer Seite des Berges zur anderen fliegen. Es gab keinen Grund für sie, zu lügen, und es scheint, daß sie einen gefestigten Geist hatte. Angenommen, daß es stimmt, vielleicht kann man hier noch etwas untersuchen.

Aus der buddhistischen Sicht gründet sich unsere Erfahrung auf die fünf inneren und äußeren Elemente. Geht die meditative Praxis tief genug, um die fünf inneren Elemente zu beherrschen, dann hat man auch einen Einfluß auf die fünf äußeren Elemente. Obwohl der Raum leer zu sein scheint, kann man Kontrolle über ihn ausüben, sobald man die Energien entwickelt hat. Geschieht dies, dann kann man durch feste Gegenstände direkt hindurchblicken und den leeren Raum durchschreiten, als wäre er fest. Ebenso wie es in allen von uns feinstoffliche Teilchen gibt, so besteht auch der Raum daraus.«

»Eure Heiligkeit, Sie erwähnten, daß weit fortgeschrittene Praktizierende im eigentlichen Moment des Todes die Verbindung lösen und zurückkommen können. Was passiert dabei genau?« fragte ich.

»Dies ist nicht bloß ein Kunststückchen, sondern geschieht vorsätzlich und ist allgemeiner Teil der Praxis im Höchsten Yoga-Tantra. Es hat mit dem Hervorbringen eines Illusionskörpers zu tun, der vom groben Körper abgelöst werden kann. Wohin der Illusionskörper auch geht, wird er vom Sehr Subtilen Energie-Geist begleitet. Man löst diese beiden vom groben Körper, und dann bringt man sie wieder zurück. Das ist ein Teil der Übung.«

Nahtod-Erfahrungen und das Klare Licht

Pete stellte eine für Westler wichtige Zwischenfrage. »Für den naiven Westler scheinen die Berichte von Nahtod-Erfahrungen, insbesondere das helle Licht, das Joan beschrieb, dem Klaren Licht zu ähneln, das in der tibetischen Sterbepraxis erfahren wird. Besteht das Problem dieser Parallele darin, daß man in der Praxis sehr geübt sein muß, so daß es nicht einfach jedem so ergeht?«

Seine Heiligkeit antwortete: »Zunächst einmal ist es überhaupt nicht der Fall, daß man ein erfahrener Yogi sein muß, um die Erfahrung des Klaren Lichtes zu machen. Jeder kann diese Begegnung haben. Es ist durchaus möglich, daß die Lichterscheinungen, die Sie beschrieben haben, ein Abbild des Klaren Lichtes sind. Sie haben aus folgendem Grund etwas gemeinsam: Wenn sich die subtilen Energien auflösen, dann wird die Erfahrung des subtilen Lichtes stärker und stärker. Während sich die Energien und die geistigen Fähigkeiten zurückziehen, kommt es zu einer entsprechenden Erfahrung von innerem Licht. Von daher könnte dies etwas sein, das mit dem Klaren Licht auf einer Linie liegt. Jedoch würde es sehr schwierig sein, von der Erfahrung des Äußerst Subtilen Klaren Lichtes, das genau im Moment des Todes erscheint, zurückzukehren, außer man verfügte über sehr tiefe spirituelle Erfahrung, die eine Kontrolle der Elemente des Körpers erlauben.«

Ich sagte: »Unterbrechungen der normalen, groben Phänomene des Gehirns, etwa der sensomotorischen Wahrnehmung durch Anästhetika wie Ketamin, würden also zu Abbildern des Klaren Lichtes führen?«

»Möglicherweise. Die Störung, die zu einem Abbild des Klaren Lichtes führt, müßte die Zurückziehung der gröberen Bewußtseinsebenen beinhalten. Dann könnten Erscheinungen entstehen, die dem Klaren Licht ähneln. Eine Herzkrankheit oder das Anästhetikum, von dem Sie sprachen, könnten Beispiele dafür sein. Aber es gibt auch Ausnahmen. Im Fall eines plötzlichen Todes, wie bei einem Autounfall, würde der Auflösungsprozeß, also jener der Zurückziehung, extrem schnell ablaufen, so daß er schwerlich zu bemerken wäre. Bei einem normalen Tod, wenn sich der Körper in relativ gutem Zustand befindet, verlaufen die Prozesse stufenweise, und die Möglichkeit, sie zu erkennen, ist größer. Dauert solch ein normaler stufenweiser Prozeß Minuten oder Stunden? Das ist von Fall zu Fall verschieden; es gibt alle möglichen Formen. Wenn gewöhnliche Menschen sterben, dann haben sie keine Kontrolle darüber. Das ist meiner Meinung nach aus körperlichen Gründen so. Diejenigen, die als Resultat meditativer Übung einige Erfahrung gesammelt haben, mögen auch eine gewisse Kontrolle über die Dauer und den Fortgang der Auflösung haben.«

Seine Heiligkeit führte dies weiter aus: »Hören Sie gut zu. Im Kontext des *Guhjasamāja-Tantra*-Systems, das Teil des Höchsten Yoga-Tantras ist, gibt es Erklärungen über die Ablösung des Körpers, der Rede und des Geistes. Nach der Ablösung des Geistes entsteht der eigentliche Illusionskörper und man erlangt in der Folge die Buddhaschaft. In der Übung der Körper-Ablösung gibt es gewisse Praktiken, die dazu dienen, die Lebensenergien in den Zentralkanal einmünden zu lassen. Sobald dies geschieht, erfährt man die Auflösung der einzelnen Elemente – Erde löst sich in Wasser auf, Wasser in Feuer und Feuer in Wind.

Es gibt auch subjektive Anzeichen, die diese Auflösung der Elemente anzeigen. Allerdings wird man sich am Anfang, wenn man solche Erfahrungen zum ersten Mal macht, über die Reihenfolge der Anzeichen nicht ganz sicher sein. Manchmal ist ein Zeichen wesentlich stärker als andere, zum Beispiel der Rauch; zu anderen Zeiten mögen vielleicht die Feuerfunken sehr viel stärker sein. Von daher ist es nicht gewiß. Das eigene Erleben dieser Visionen ist so eine Art Klares Licht. In einer Analogie könnte man sagen, daß es wie eine angestrahlte Kinoleinwand erscheint, auf die gerade kein Film projiziert wird. Innerhalb der Erfahrung des Klaren Lichtes entstehen dann die verschiedenen Visionen: der rauchartigen Erscheinung und so weiter. Wie ich erwähnte, ist zu Beginn der tatsächlichen Körperablösung die Reihenfolge der Anzeichen nicht ganz sicher. Allerdings ergibt sich die Reihenfolge immer deutlicher, je erfahrener man in der Praxis wird. Wie im Fall der Körperablösung, die eine erste Stufe darstellt, so gibt es auch entsprechende Prozesse bei der Redeablösung und dann bei der geistigen Ablösung, wenn man in der Praxis weiter voranschreitet. Der Höhepunkt der dritten Stufe, die geistige Ablösung, ist die Hervorbringung des Illusionskörpers. Dieser tritt nur nach dem Durchlaufen des gesamten Prozesses hervor. Erst zu dieser Zeit wird man in der Meditation die eigentliche Zurückziehung der Elemente, die Auflösung, erleben, die ebenso abläuft wie im Sterbeprozeß. Nur ist es jetzt kein bloßes Abbild dieser Prozesse; es findet tatsächlich, durch die Praxis kontrolliert, genauso statt. Dies ist der Zeitpunkt, zu dem sich die Knoten am Herzzentrum lockern. Es gibt sechs Knoten.« Er demonstrierte dies, indem er seine beiden Hände nach innen wendete und acht Finger verschränkte. »Zu diesem Zeitpunkt wird das Individuum fähig zu fliegen. Die Knoten am Herzzentrum lösen sich auf den Höhepunkt der geistigen Ablösung auf, und man erfährt das *metaphorische* Klare Licht. Von da an kann man fliegen, weil man durch die yogische Praxis eine vollständige Kontrolle über die inneren Elemente erlangt hat.«

Joan nahm einen früheren Faden noch einmal auf. »Bei den westlichen Nahtod-Erfahrungen ist die Lebensrückschau ein ziemlich einheitliches Merkmal. Man legt im Westen großen Wert auf biographische Einzelheiten und Autobiographien. Im Osten ist dies wahrscheinlich weniger der Fall, und ich wundere mich, daß die Lebensrückschau noch nicht einmal Teil ihrer Schilderung war. Tritt sie überhaupt auf?«

»Das ist möglich«, antwortete Seine Heiligkeit. »Ich habe einige Leute kennengelernt, die durch die yogischen Kräfte, von denen wir hier gesprochen haben, fähig waren, sich an frühere Leben zu erinnern. Wenn ich meinen Freunden eine Frage stelle, dann antworten sie gewöhnlich als normale Person. Doch manchmal kommt es als Resultat intensiver Übung langer Meditationsklausuren zu einer Erfahrung tieferer Klarheit, so daß sie sich an ihr früheres Leben erinnern. Manche von ihnen haben sich an zwanzig oder dreißig Lebenszeiten zurückerinnern können, selbst an solche zur Zeit des Buddhas. Dies bedeutet, daß die Merkfähigkeit zunimmt, womit sich automatisch auch das Gedächtnis in diesem Leben verbessert.

Über eine Sache, die von allgemeiner Gültigkeit sein könnte, habe ich mich deshalb besonders gewundert. Im Fall geistiger Klarheit hat man ein erhöhtes Erinnerungsvermögen, was sich mit den Bestrebungen und Vorlieben der Leute erklären ließe. Bei buddhistischen Praktizierenden sind zum Beispiel die weltlichen Bestrebungen nicht so stark, sondern sie kümmern sich hauptsächlich um spirituelle Dinge. Menschen, die keine Praktizierenden sind oder die eine geringere Erfahrung haben, sind dagegen eher mit den Angelegenheiten dieses Lebens beschäftigt. Wenn die Klarheit des Bewußtseins erhöht ist, wird in der Folge auch das Erinnerungsvermögen sehr viel stärker sein. Beispielsweise ist es ein Teil der Praxis nach dem buddhistischen Sūtra-System, daß ein Praktizierender, der sich in gesteigerter Wahrnehmung (Skrt.: *abhijña.* ; tib.: *mnong shes*) übt, wiederholt auf das Objekt richtet, das er erkennen möchte. Im Fall der Menschen mit Nahtod-Erfahrungen kann das ähnlich sein. Dies verdeutlicht, daß die geistige Energie nur zu dem Objekt hingeht, welches man auch anstrebt.«

Mich interessierten die kulturellen Eigenheiten der Visionen. »Diese Menschen sehen in der Nahtod-Erfahrung Jesus Christus oder die Heiligen, oder auch ihre Verwandten – jedenfalls etwas, das ihnen offenbar vertraut ist. Liest man nun die Beschreibungen über den Bardo, dann erfährt man von friedvollen und rasenden Gottheiten in indischen Gewändern und mit indischem Schmuck. Westler sagen dann: ›Nun ja, ich glaube nicht, daß ich das sehen werde. Etwas derartiges habe ich noch nie gesehen.‹ Kann man davon ausgehen, daß jeder seine eigenen kulturellen Projektionen haben wird?«

»Wahrscheinlich. Die gesamte Darstellung von Gottheiten in Mandalas stammt aus Indien und deshalb bezieht sie sich auf die indische Kultur. Es ist von daher anzunehmen, daß jemand aus einer anderen Kultur auch andere Erfahrungen macht. Aus genau diesem Grund hat Gesche Gendün Chöphel, ein außergewöhnlicher tibetischer Gelehrter, kürzlich gesagt, daß man sich, da der Buddhismus aus Indien stammt, den Sambhogakāya – den Sehr Subtilen Körper eines Buddha, mit einer Krone und den Ornamenten eines indischen Königs geschmückt vorstellt. Wäre der Buddhismus in Tibet entstanden, sagte er, dann wäre die Haartracht vielleicht nach tibetischer Art. Und wenn der Buddhismus in China entstanden wäre, dann hätte man den Sambhogakāya vielleicht mit einem langen dünnen Bart dargestellt. Möchte man ganz allgemein von der Natur des Sambhogakāya sprechen, dann muß man sagen, daß er eine Form ist, die mit größtmöglichem Schmuck, Schönheit und Vollkommenheit ausgestattet ist. Er ist ein äußerst perfekter und absolut sublimer Körper. Sobald man diese Aussage aber in einer bestimmten Kultur macht, schauen sich die Leute um und versuchen sich auszumalen, wie dieser perfekte Körper aussehen könnte; und dann mögen sie zum Beispiel an den Schmuck eines Königs denken.

Außerdem ist der Sambhogakāya ein *Rūpakāya*, ein Formkörper, den der Buddha zu dem ausschließlichen Zweck manifestiert, anderen zu nutzen. Aus diesem Grund ist seine Erscheinung den Bedürfnissen der Wesen angepaßt. Von daher hat der Sambhogakāya keine irgendwie geartete, eigenständige, autonome Form, die unabhängig wäre von den Wesen, denen sie helfen soll. Obwohl es darüber im tibetisch-buddhistischen Verständnis geringfügig abweichende Meinungen gibt, haben viele frühe tibetische Gelehrte den Sambhogakāya als eine bloße Erscheinung zum Wohl anderer beschrieben. Er wird also aus der Sicht der anderen bezeugt und ist deshalb eine rein relationale Erscheinung.«

»Was kann man über die Bardo-Erscheinungen sagen, die nicht kulturabhängig sind? Gibt es eine zugrundeliegende Struktur, auf die sich die kulturellen Ausprägungen beziehen?«, insistierte ich.

»Die ausführlichen Beschreibungen der Visionen von rasenden und friedvollen Gottheiten, die der Mensch im Zwischenzustand erfährt, sind spezifische Anleitungen für Übende einer bestimmten Nyingma-Praxis. Deshalb ist es auch für Tibeter nicht der Fall, daß sie im Zwischenzustand zwangsläufig die Muster dieser Visionen erfahren werden.«

Der letzte Tag unserer Konferenz neigte sich dem Ende zu. Pete Engel steuerte gezielt auf eine Frage zu, die auf sehr persönliche Weise gestellt werden wollte. »Ich habe eine abschließende Frage. Es ist die persönliche Frage eines Westlers und Wissenschaftlers, der vor dem Tod große Angst hat. Ich lausche diesem Gespräch über buddhistische Auffassungen vom Tod und finde sie sehr logisch und tröstlich. Doch bin ich gerade als Wissenschaftler auch skeptisch. Sollte ich das, was wir von Joan über die Nahtod-Erfahrungen gehört haben, in irgendeiner Weise als Bestätigung auffassen, die mich zum Vertrauen in die buddhistische Sicht vom Tod ermutigt, oder sind ihre Aussagen in dieser Hinsicht neutral und haben nichts damit zu tun?«

Seine Heiligkeit lachte herzlich und sagte: »Das müssen Sie für sich selbst herausfinden! Und weiter erforschen. In einem gewissen Sinn kann man auch das Phänomen des Selbstmords als den Versuch von jemandem ansehen, einer schwierigen Situation zu entkommen. Um Befreiung von den Schwierigkeiten zu erlangen, nimmt er sich das Leben. All das hat viel mit der Frage zu tun, ob wir nur ein oder viele Leben haben. Haben wir nur eins, dann ist es ziemlich einfach: Wird das Leben wirklich unerträglich, dann tun Sie, was Sie wollen. Das sind äußerst schwierige Fragen. Ich glaube, daß deshalb die verschiedenen Religionen und Philosophien entstanden sind, weil es im menschlichen Geist so viele unterschiedliche Veranlagungen gibt. Das eigentlich Wichtige aber ist der einzelne. Es ist sehr wichtig, daß Sie für sich als Individuum etwas Angemessenes und Passendes finden. Sie sollten etwas finden, das Sie verkraften und nutzen können.«

Alles, was nun noch blieb, war, uns Lebewohl zu sagen, mit Verbeugungen, Händeschütteln und einem Austausch von Geschenken, gefolgt vom Fotografieren – in Erinnerung an eine sehr denkwürdige Woche.

Coda: Reflexionen zum Abschluß einer Reise

Nachklang

Am Freitagabend trafen sich die Teilnehmer in Kashmir Cottage, von wo aus man die Hügel Dharamsalas überblicken konnte, zu einer stillen, nächtlichen Feier. Man traf sich zum Essen, um Impressionen auf intellektueller und persönlicher Ebene auszutauschen und um den herrlich goldenen Sonnenuntergang auf der Veranda sitzend zu genießen. Schon bald würden wir wieder unsere Sachen packen. Wir würden am nächsten Tag zu den jeweiligen Heimatorten zurückkehren. Meine Weggefährten und ich teilten jene inspirierte Nostalgie, die dann entsteht, wenn Reisende zusammenkommen, die noch kurz vorher für einander bloße Namen auf einem Stück Papier waren.

Am Samstagmorgen hatten einige von uns ein Interview mit dem Dalai Lama. Wir beabsichtigten, die Konferenz zu bewerten und eine weitere zu planen. Seine Heiligkeit war äußerst ermutigend und sagte immer wieder, wie nützlich doch diese tiefgehenden, privaten und respektvollen Dialoge seien. Er beteuerte nachdrücklich die Notwendigkeit einer weiteren Konferenz: »Mind and Life V«. Sie sollte Altruismus und Mitgefühl als natürliche Phänomene zum Inhalt haben: ihre Entwicklung, die physiologischen Grundlagen und ihr sozialer Kontext. Dr. Richard Davidson wurde zum wissenschaftlichen Koordinator bestimmt.

Was wir gelernt haben

Im Rückblick auf den gesamten Ablauf der Ereignisse bin ich überzeugt, daß wir im Austausch miteinander eine reiche Ernte einbringen konnten, die jedem von uns bei der Fortführung und Verbesserung der weiteren Forschung und Praxis dienen wird. In zwei Bereichen hat es bedeutende Fortschritte gegeben: bei Nahtod-Erfahrungen (NDEs) und den Unterscheidungen, die die verschiedenen Ebenen des subtilen Bewußtseins betreffen. Auch hat sich der Dialog über luzides Träumen und die von den Neurowissenschaften definierten Schlafzustände als besonders aussichtsreich erwiesen.

Die vielleicht überraschendste Wendung im Lauf der Ereignisse hat sich durch die skeptische Haltung des Dalai Lama zu den westlichen Studien über NDEs ergeben. Er schien anzudeuten, daß diese Studien in die falsche Richtung gehen. Die aus dem Trauma und Schock entstandenen Berichte und anschließenden Erfahrungen, stimmen nicht mit den schrittweisen Prozessen überein, die in jahrhundertelangen Beobachtungen des natürlichen Todes ermittelt wurden. Darüber hinaus deutet auch der qualitativ unterschiedliche Inhalt der Erfahrungen darauf hin, daß NDEs, nach seiner Ansicht, von den Stufen der Auflösung im Tod unterschieden werden müssen. Seine Bemerkungen zu diesem Thema sind eine ernste Warnung an viele Westler, die NDE-Berichte als Vorhersage dessen angesehen haben, was sie in Zukunft unausweichlich erwartet. Die Erkenntnisse dieser Konferenz verweisen eindringlich auf den bedeutenden Beitrag der buddhistischen Tradition zu weiteren Forschungen in diesem Bereich, und daß im westlichen Verständnis von NDEs insgesamt eine Neubewertung notwendig zu sein scheint. Damit soll nicht gesagt sein, daß die tibetische Tradition in Hinblick auf NDEs die richtige Sicht vertritt; sondern vielmehr, daß deren ausführliche Erfahrung ein gewichtiger Anhaltspunkt dafür ist, daß in der westlichen Forschung allzu vorschnelle Schlüsse gezogen worden sein könnten.

Die außergewöhnlichen Darlegungen, die Seine Heiligkeit zum Thema Tod gegeben hat, gestatteten uns auch, ausführlich auf das Thema des subtilen Bewußtseins einzugehen. Sie verweisen auf das, was man im Westen als das »entscheidene Problem« der Bewußtseinsforschung bezeichnen könnte. Diese subtilen Bewußtseinsebenen sind per Definition prä-individuell – sie sind nicht personenbezogen. In westlichen Augen erscheinen sie deshalb als eine Form von Dualismus und werden vorschnell abgelehnt. Gleichwohl zeigt uns die Erfahrung auf dieser Konferenz, daß wir diese Lehren nicht leichtfertig behandeln dürfen, weil sie im Licht angemessener Interpretation einen bemerkenswerten Beitrag zu unserem Verständnis liefern können, wie die Übergänge zwischen dem sogenannten gewöhnlichen Bewußtsein und Tod vonstatten gehen. Ebenso wichtig ist es zu bemerken, daß die subtilen Geistesebenen nicht theoretisch sind; vielmehr sind sie Schilderungen auf der Grundlage der tatsächlichen Erfahrung und verdienen die respektvolle Beachtung von jedem, der behauptet, sich auf empirische Fakten zu stützen. Sie könnten zu einer außergewöhnlichen Forschungsrichtung werden, was Seine Heiligkeit ausdrücklich begrüßen würde.

Ich bin der Ansicht, daß diese Angelegenheit sogar noch tiefer geht, da zum Verständnis der subtilen Geistesebenen eine beständige, disziplinierte und ebenso gründliche Meditationspraxis erforderlich ist. In einem gewissen Sinn eröffnen sich diese Phänomene nur denjenigen, die bereit sind, die Experimente selbst durchzuführen. Daß man für die direkte Erfahrung dieser neuen Welten von Phänomenen einer besonderen Schulung bedarf, überrascht uns nicht. Genauso benötigt der Musiker eine spezielle Ausbildung, damit ihm zum Beispiel die Erfahrung von Jazz-Improvisation zugänglich wird. In der herkömmlichen Wissenschaft bleiben solche Phänomene allerdings verborgen, da die meisten Wissenschaftler immer noch einer gewissenhaften Prüfung ihrer eigenen Erfahrung, sei es durch Meditation oder andere Methoden der Introspektion, aus dem Weg gehen.

Glücklicherweise stützt sich der zeitgenössische Diskurs der Bewußtseinsforschung zunehmend auf erfahrungsbezogene Aussagen, und immer mehr Wissenschaftler beginnen, in ihrer Haltung gegenüber der unmittelbaren Untersuchung des Bewußtseins flexibler zu werden.

Zur Zeit ist der erkenntnistheoretische Graben zwischen moderner Wissenschaft und den buddhistischen Lehren allerdings noch tief. Nur Menschen, die auf beiden Wegen zu Hause sind, können die Brücken bauen, mit denen sich die Falle des Reduktionismus vermeiden läßt. Das Bauen solcher Brücken ist aber eine Sache für Generationen, nicht die einiger weniger Diskussionen und Konferenzen. Als Teil eines langfristigen Projekts aber ist die genaue Aufzeichnung der wirklich entscheidenen Probleme im Dialog von Wissenschaft und Buddhismus sicher von unschätzbarem Wert. Zu diesem Thema hat »Mind and Life IV« die bislang besten Ergebnisse geliefert.

Im Gegensatz zu den divergierenden Meinungen hinsichtlich der Nahtod-Erfahrung (NDE) haben sich die westlichen und buddhistischen Theorien über luzides Träumen gegenseitig bestätigt. Es hat viele Beobachtungen gegeben, die beiden Traditionen bekannt sind. Auch die physiologischen Ergebnisse sind leicht mit den Theorien des Traum-Yoga vereinbar. Wenn auch die bekannten Methoden einander entsprechen, scheinen allerdings einige der tibetischen Yogas zum Illusionskörper wesentlich weiterreichend zu sein, als bisher im Westen angenommen wurde. Im Gegenzug könnte sich das technische Wissen des Westens für eine Tradition, die besonderen Wert auf die Entwicklung von Luzidität legt, als interessant erweisen.

Schließlich schien auch der Dalai Lama der Ansicht zu sein, daß die von den Neurowissenschaften beschriebenen Stufen des Schlafs eine wertvolle Ergänzung zu den Erkenntnissen seiner Tradition sind. Sowohl die wesentliche Unterscheidung von REM und Nicht-REM-Schlaf, als auch die Übergänge von einer Stufe zur anderen, versehen die buddhistische Tradition mit physiologischen Bestätigungen, was stets eine der verlockendsten Aussichten dieser Treffen war.

Andere Teilnehmer hätten vielleicht andere Themen als Schwerpunkte der Konferenz gewählt, doch wäre dies auch nur ein weiterer Beweis für die Wichtigkeit dieses Ereignisses. Das Ziel der Konferenz bestand in der Fortführung und Pflege einer offenen Begegnung, durch die zwei mit dem menschlichen Leben und geistiger Erfahrung befaßte Traditionen in einen weitreichenden Austausch kommen. Sie war ein eindeutiger Erfolg.

Rückkehr

Auf dem Rückweg nach Delhi durch Nordindien nahm ich die spürbare Spannung des täglichen Lebens wahr. Konflikte zwischen Hindus und Moslems entflammten durch die anhaltenden indisch-pakistanischen Grenzstreitigkeiten. Westlich davon lag Afghanistan mit seinem tragischen Bürgerkrieg; im Norden, hinter dem Hindukusch, befanden sich die erst seit kurzem unabhängigen, zentralasiatischen Republiken in einer schwelenden Krise; und jenseits der schneebedeckten Himālaya-Kämme fand noch immer die chinesische Besetzung des ehemaligen tibetischen Territoriums statt. Meine Rückreise führte mich nach Srinagar, einst ein Kronjuwel der Könige von Kaschmir; jetzt schien es trostlos, verkommen und schmutzig, erdrückt von behelfsmäßig hingestellten Gebäuden und überfüllten Straßen.

Mir drängte sich der Gedanke auf, daß am Übergang zum einundzwanzigsten Jahrhundert das soziale Gefüge mindestens ebenso angespannt ist, wie die Lage der Erde selbst. Die Herabwürdigung menschlichen Lebens, Gewalt und Fundamentalismus scheinen alle sozialen Systeme in die Knie zu zwingen. Welch harten Kontrast bildeten die vornehmen Lehren der Wissenschaft und der buddhistischen Tradition vom Geist, mit den wir uns beschäftigt hatten. Was für ein Unterschied an Toleranz, wie sie uns von der tibetischen Gemeinschaft in Dharamsala entgegengebracht wurde und dem respektvollen Geist interkultureller Gespräche, an denen wir teilgenommen hatten! Können die heilsamen geistigen Wachstumskräfte jene anderen überwinden helfen, die den Planeten auseinanderzureißen drohen? Was auch immer die Antwort auf diese Frage sein mag, sie erfordert von uns Menschen eine tiefere Einsicht in unsere Fähigkeit zur Umwandlung der eigenen Erfahrung.

Anhang

Über das »Mind and Life«-Institute

Die »Mind and Life«-Dialoge zwischen Seiner Heiligkeit dem Dalai Lama und westlichen Wissenschaftlern entstanden aus der Zusammenarbeit von R. Adam Engle, einem nordamerikanischen Geschäftsmann, und Dr. Francisco J. Varela, einem aus Chile stammenden Neurowissenschaftler, der heute in Paris lebt und arbeitet. 1984 hatten beide unabhängig voneinander damit begonnen, eine Reihe interkultureller Treffen zwischen Seiner Heiligkeit und westlichen Wissenschaftlern ins Leben zu rufen.

Engle, der seit 1974 praktizierender Buddhist ist, hatte bei Seiner Heiligkeit ein seit langer Zeit bestehendes lebhaftes Interesse an Wissenschaft bemerkt. Es wollte sein Verständnis westlicher Wissenschaft vertiefen und das Wissen der kontemplativen Wissenschaft des Ostens mit den Westlern teilen. Varela, der ebenfalls seit 1974 ein praktizierender Buddhist ist, hatte Seine Heiligkeit 1983 bei dem internationalen Alpbach-Symposium über Bewußtsein getroffen. Die Kommunikation zwischen beiden war unmittelbar. Für Seine Heiligkeit, der stark daran interessiert war, mit Gehirnforschern zu sprechen, die einige Erfahrung mit dem tibetischen Buddhismus gesammelt hatten, gab es wenig Gelegenheit zur Diskussion. Doch führte diese Begegnung in den Folgejahren zu einer Reihe informeller Gespräche. Angeregt durch diese Dialoge, äußerte Seine Heiligkeit den Wunsch, einmal ausführlich Zeit für die gemeinsame Diskussion und Erörterung zu haben. Im Herbst 1984 trafen sich Engle und Michael Sautman mit dem jüngsten Bruder Seiner Heiligkeit, Tendzin Chögyal (Ngari Rinpoche) in Los Angeles und präsentierten ihm den Plan für ein einwöchiges interkulturelles, wissenschaftliches Treffen. Rinpoche war so entgegenkommend, die Angelegenheit Seiner Heiligkeit vorzutragen. Innerhalb weniger Tage konnte Rinpoche die Zusage Seiner Heiligkeit überbringen, der sehr gern an einer solchen Diskussion teilnehmen wollte und die Pläne für das erste Treffen begrüßte.

In der Zwischenzeit hatte auch Dr. Varela seine Ideen weiter verfolgt. Im Frühling 1985 kam der Vorschlag von Dr. Joan Halifax, die eine gemeinsame Freundin und Direktorin der Ojai-Foundation war, daß Engle, Sautman und Varela das erste Treffen zusammen organisieren könnten. Die vier trafen sich in der Ojai-Foundation im Oktober 1985 und vereinbarten ein gemeinsames Vorgehen. Sie entschieden, sich auf jene wissenschaftlichen Disziplinen zu stützen, die Geist und Leben zum Gegenstand haben, da sie für eine fruchtbare Verständigung mit der buddhistischen Tradition am ehesten geeignet sein würden. Aus dieser Einsicht heraus entstand der Name für das Projekt und beizeiten auch das »Mind and Life«-Institute selbst.

Dann brauchte es noch einmal zwei Jahre der Arbeit und des Austausches mit dem Privatsekretariat von Seiner Heiligkeit, bevor das erste Treffen im Oktober 1987 in Dharamsala abgehalten werden konnte. Während dieser Zeit arbeiteten die Veranstalter eng zusammen, um eine sinnvolle Struktur für das Treffen zu finden. Varela war als wissenschaftlicher Koordinator in erster Linie für den wissenschaftlichen Inhalt, die Einladung der Wissenschaftler und die Herausgabe eines Tagungsbandes verantwortlich. Engle wirkte als allgemeiner Koordinator, der für die Finanzierung, die Verbindung zu Seiner Heiligkeit und dem Sekretariat, sowie alle sonstigen Aspekte des Projekts verantwortlich war. Diese Aufteilung in allgemeine und wissenschaftliche Verantwortung wurde als organisatorische Strategie für alle folgenden Veranstaltungen beibehalten. Während Dr. Varela nicht bei allen Treffen als wissenschaftlicher Koordinator auftrat, blieb er doch eine leitende Kraft des »Mind and Life«-Instituts, das sich 1988 mit Engle als Vorsitzenden gründete.

Einige Worte zu dem einzigartigen Charakter der Konferenzen sind angebracht. Die Brücken, durch die sich das traditionell buddhistische Denken und die westliche Wissenschaft vom Leben gegenseitig bereichern können, sind bekanntermaßen schwierig zu errichten. Varela hat einen Vorgeschmack dieser Schwierigkeiten bekommen, als er mithalf, das wissenschaftliche Programm des Naropa-Instituts aufzubauen, einer weltoffenen Institution zur Förderung der Künste, die von dem tibetischen Meditationsmeister Chögyam Trungpa gegründet wurde, um als Begegnungsstätte von westlichen Traditionen und kontemplativen Studien zu dienen. Das Programm erhielt 1979 ein Stipendium von der Sloan Foundation und organisierte daraufhin die wahrscheinlich erste Konferenz dieser Art: »Comparative Approaches to Cognition: Western and Buddhist«. Etwa fünfundzwanzig Akademiker aus angesehenen nordamerikanischen Forschungseinrichtungen nahmen daran teil. Ihre Arbeitsgebiete umfaßten Philosophie, Kognitionswissenschaften (Neurobiologie, experimentelle Psychologie, Linguistik, künstliche Intelligenz) und natürlich buddhistische Studien. Die Schwierigkeiten dieser Zusammenkunft waren eine harte Lektion, denn sie machten deutlich, welch organisatorische Sorgfalt und Fingerspitzengefühl der interkulturelle Dialog verlangt, wenn er erfolgreich sein will.

In der Bestrebung, einige der Fallstricke zu vermeiden, auf die man bei der Naropa-Konferenz gestoßen war, wurden 1987 mehrere Maßnahmen ergriffen, die erheblich zum Erfolg der »Mind and Life«-Reihe beigetragen haben. Diese umfassen die Auswahl aufgeschlossener und kompetenter Wissenschaftler, die mit dem Buddhismus zumindest ein wenig vertraut sind; die Schaffung eines alle Teilnehmer einbeziehenden Rahmens, innerhalb dessen Seine Heiligkeit in Kürze und unvoreingenommen über den allgemeinen wissenschaftlichen Hintergrund informiert wird, bevor man die Diskussion eröffnet; die Verwendung begabter Übersetzer, wie Thupten Jinpa, Dr. Allan Wallace und Dr. José Cabezón, die sich mit dem wissenschaftlichen Vokabular sowohl in Englisch als auch in Tibetisch auskennen, und schließlich auch die Schaffung einer privaten und geschützten Atmosphäre, in der sich entspannte und spontane Diskussionen entwickeln können, abseits vom hungrigen Auge der westlichen Medien.

Die erste »Mind and Life«-Konferenz fand im Oktober 1987 in Dharamsala statt. Die Konferenz richtete sich auf die Grundaussagen der modernen Kognitionsforschung, die am ehesten für einen Dialog mit der buddhistischen Tradition geeignet sind. Der Themenbereich der ersten Konferenz führte in das weite Feld der Kognitionswissenschaften ein und umfaßte wissenschaftliche Methodik, Neurobiologie, kognitive Psychologie, künstliche Intelligenz, die Entwicklung des Gehirns und Evolution. Anwesend waren Jeremy Hayward (Physik und Philosophie der Wissenschaften); Robert Livingstone (Neurowissenschaften und Medizin); Eleanor Rosch (Kognitionswissenschaften); und Newcomb Greenleaf (Informatik). Zum Abschluß bot uns der Dalai Lama an, die Dialoge in zweijährigem Turnus fortzuführen. »Mind and Life« I wurde als »Gentle Bridges: Conversations with the Dalai Lama on the Sciences of Mind« veröffentlicht, herausgegeben von Jeremy Hayward und Francisco Varela (Boston: Shambhala Publications, 1992. Deutsche Ausgabe: »Gewagte Denkwege – Wissenschaft im Gespräch mit dem Dalai Lama«. Piper: München, 1996.) Das Buch wurde ebenso in Französisch, Spanisch, Japanisch und Chinesisch übersetzt.

»Mind and Life« II fand im Oktober 1989 in Newport, Kalifornien, statt, und Robert Livingstone war ihr wissenschaftlicher Leiter. In der zweitägigen Konferenz ging es um Neurowissenschaften. Folgende Personen waren eingeladen: Patricia S. Churchland (Philosophie der Wissenschaften); J. Alan Hobson (Schlaf- und Traumforschung); Larry Squire (Gedächtniskunde); Antonio Damasio (Neurowissenschaften); Robert Livingstone (Neurowissenschaften); und Lewis Judd (Nervenheilkunde).

»Mind and Life« III fand 1990 wieder in Dharamsala statt. Daniel Goleman (Psychologie) wurde als wissenschaftlicher Koordinator bestellt. Ihm ging es um die Beziehung zwischen Emotionen und Gesundheit. Die Teilnehmer waren Dan Brown (Experimentelle Psychologie); Jon Kabat-Zinn (Medizin); Clifford Saron (Neurowissenschaften); und Lee Yearly (Philosophie). »Mind and Life III« wurde als Buch von Daniel Goleman herausgegeben (»Healing Emotions: Conversations with the Dalai Lama on Mindfulness, Emotions, and Health«. Boston: Shambhala Publications, 1997. Deutsche Ausgabe: »Die heilende Kraft der Gefühle, Gespräche mit dem Dalai Lama über Achtsamkeit, Emotion und Gesundheit«. München: dtv, 1998).

Mit der Konferenz »Mind and Life« III entwickelte sich ein neuer Zweig des Austauschs: Die Teilnehmer begannen ein Forschungsprojekt, um die neurobiologischen Auswirkungen von Meditation auf Langzeit-Meditierer zu untersuchen. Um auch anderen Wissenschaftlern, die an der kontemplativen Erfahrung des Ostens und westlicher Forschung interessiert sind, den Austausch zu ermöglichen, wurde das »Mind and Life«-Netzwerk ins Leben gerufen. Das Geld für die Gründung des »Mind and Life«-Instituts kam von der Hershey Family Foundation, und das Fetzer Institute förderte die ersten zwei Jahre der Netzwerk-Aktivitäten sowie die Anfänge des Forschungsprojekts. Neben der Veröffentlichung unserer Ergebnisse wird die Forschung zu verschiedenen Themen weitergeführt, unter anderem zu Aufmerksamkeit und emotionaler Reaktion.

Nachfolgend hatten wir die Konferenz »Mind and Life« IV (die Gegenstand dieses Buches ist) und »Mind and Life« V, die im Oktober 1994 in Dharamsala zusammentraf. Thema war eine Erforschung von Altruismus, Ethik und Mitgefühl, verstanden als Naturphänomene. Es war unsere Absicht, die Entwicklung, die physiologischen Grundlagen sowie den sozialen Kontext dieser eng miteinander zusammenhängenden Fragen zu untersuchen. Dr. Richard Davidson war ihr wissenschaftlicher Leiter. Er arbeitet zur Zeit an der Herausgabe des Tagungsbands mit dem Titel: »Science and Compassion: Dialogues with the Dalai Lama«. Anwesend waren RICHARD DAVIDSON (Kognitive Neurowissenschaften); ANNE HARRINGTON (Geschichte und Philosophie der Wissenschaften); ROBERT FRANK (Altruismus in der Volkswirtschaft); NANCY EISENBERG (Kinderpädagogin); sowie ELLIOT SOBER (Philosophie).

»Mind and Life« VI ist zum Zeitpunkt der Fertigstellung dieses Manuskripts für Oktober 1997 vorgesehen. Die Teilnehmer werden sich wieder in Dharamsala treffen, und zum ersten Mal wird sich die Diskussion von den biologischen Wissenschaften abwenden, um Physik und Kosmologie zu erörtern. Diesmal hat sich Arthur Zajonc (Amherst College) als wissenschaftlicher Koordinator zur Verfügung gestellt. Adam Engle übernimmt seine ursprüngliche Funktion als allgemeiner Leiter.

Danksagung

Über die Jahre wurden die »Mind and Life«-Konferenzen großzügig von vielen Einzelpersonen und Organisationen unterstützt. Barry und Connie Hershey von der Hershey Family Foundation sind seit 1990 unsere treuen und unerschütterlichen Gönner gewesen. Nicht nur hat ihr großzügiges Engagement die Kontinuität der Konferenzen gewährleistet, sondern auch dem »Mind and Life«-Institut Leben eingehaucht. Großzügige finanzielle Forderung erhielten die Konferenzen auch von folgenden Individuen und Institutionen: Fetzer Institute; The Nathan Cummings Foundation; Herrn Branco Weiss; Adam Engle; Michael Sautman; Herrn und Frau R. Thomas Northcote; Miss Christine Austin; und Herrn Dennis Perlman. Im Namen Seiner Heiligkeit des Dalai Lamas sowie der anderen Teilnehmer bedanken wir uns herzlich bei allen Einzelpersonen und Organisationen. Ihre Großzügigkeit hat eine große Auswirkung auf das Leben vieler Menschen gehabt.

Wir möchten uns aber auch bei jenen Menschen bedanken, die die Arbeit des Instituts selbst durch ihre Hilfe zu einem Erfolg geführt haben. Wir danken Seiner Heiligkeit dem Dalai Lama; Tenzin Geyche Tethong und den großartigen Mitarbeitern des Privatsekretariats Seiner Heiligkeit des Dalai Lama; Ngari Rinpoche und Rinchen Khandro, zusammen mit dem Personal von Kashmir Cottage; allen Wissenschaftlern, wissenschaftlichen Leitern und Übersetzern; Maazda Travel in den Vereinigten Staaten und Middle Path Travel in Indien; Pier Luigi Luisi; Elaine Jackson; Clifford Saron; Zara Houshmand; Alan Kelly; Peter Jepson; Pat Aiello; Thubten Chodron; Laure Chattel; Shambhala Publications; und Wisdom Publications.

Das »Mind and Life«-Institut wurde 1990 unter dem Zeichen 501 (c) 3 als gemeinnützige Organisation zur Unterstützung der »Mind and Life«-Dialoge sowie der Förderung interkultureller wissenschaftlicher Forschung und Verständigung anerkannt. Wir sind erreichbar unter P.O. Box 94, Boulder Creek, CA 95006. Telefon: 001 (408) 338-2123; Fax: -3666; E-mail: aengle@engle.com

Adam Engle

Anmerkungen

1 »Mind and Life« I wurde publiziert von J. Hayward and F.J. Varela (Hrsg.): *Gentle Bridges: Conversations with the Dalai Lama on the Sciences of Mind.* Boston: Shambhala Publications, 1992. Deutsche Ausgabe: *Gewagte Denkwege – Wissenschaftler im Gespräch mit dem Dalai Lama.* München: Piper, 1996.
2 «Mind and Life« III erschien als: D. Goleman: *Healing Emotions: Conversations with the Dalai Lama on Mindfulness, Emotions and Health.* Boston: Shambhala Publications, 1997. Deutsche Ausgabe: Daniel Goleman (Hrsg.): *Die heilende Kraft der Gefühle – Gespräche mit dem Dalai Lama über Achtsamkeit, Emotion und Gesundheit.* München: dtv, 1998.
3 C. Taylor: *Sources of the Self: The Making of the Modern Identity.* Cambridge: Harvard University Press, 1990.
4 Weiterführende Literatur zum Beispiel in J.A. Hobson: *The Sleeping Brain.* New York: Penguin Editions, 1991.
5 Siehe beispielsweise K.M. Colby und R.J. Stoller: *Psychoanalysis and Cognitive Science.* Hillsdale, N.J.: Analytic Press, 1988.
6 J. McDougall: *Theaters of the Mind.* New York: Basic Books, 1985; *Theaters of the Body.* New York: W.W. Norton, 1990.
7 Eine sehr informative Biographie über Freud stammt von Peter Gay: *Freud: A Life four Our Times.* New York: Anchor/Doubleday, 1988.
8 G. Roheim: *The Gates of the Dream.* New York: Macmillan, 1965.
9 Siehe zum Beispiel D.W. Winnicot: *Playing and Reality.* New York: Basic Books, 1971; deutsch erschienen unter dem Titel *Vom Spiel zur Kreativität.* Stuttgart: Klett-Cotta, 7. Aufl. 1993.
10 J. Gackenbach, S. LaBerge (Hrsg.): *Conscious Mind, Sleeping Brain.* New York: Plenum Press, 1988.
11 Eine allgemeine Einführung mit historischen Quellen gibt das Buch von S. LaBerge: *Lucid Dreaming.* Los Angeles: Tharcher, 1985. Deutsche Ausgabe: *Hellwach im Traum: Höchste Bewußtheit in tiefem Schlaf.* Paderborn: Junfermann, 1987.
12 Siehe S. LaBerge, L. Levitan und W.C. Dement: »Psychophysical Correlates of the Initiation of Lucid Dreaming«. In: *Sleep Research* 10 (1986), S. 149.
13 Siehe S. LaBerge: »Psychophysiology of Lucid Dreaming«. In: Gackenbach/LaBerge (Hrsg.): *Concious Mind, Sleeping Brain,* S. 135–152.
14 Die übrigen siebenundvierzig Geistesfaktoren umfassen fünf allgegenwärtige, fünf objekt-bestimmende, elf heilsame geistige Zustände sowie sechs primäre und zwanzig sekundäre emotionale Verschmutzungen.
15 Philippe Ariès: *Histoire de la Mort en Occident.* Paris: Seuil, 1974.
16 Siehe D. Griffin: *Animal Minds.* Chicago: University of Chicago Press, 1974.
17 C. Trungpa: *Transcending Madness: Bardo and the Six Realms.* Boston: Shambhala Publications, 1993. Deutsche Ausgabe: *Die Insel des Jetzt im Strom der Zeit: Leben, Tod und andere Bardo-Erfahrungen im Buddhismus.* Farnkfurt a. M.: W. Krüger, 1995.
18 Siehe J.W. Hayward und F.J. Varela (Hrsg.): *Gentle Bridges.* Boston: Shambhala Publications, 1992. Deutsche Ausgabe: *Gewagte Denkwege.* München: Piper, 1996.
19 J.E. Ahlskog: »Cerebral transplantation for Parkinson's Disease: Current Progress and Future Prospects«. In: *Mayo Clinic Proceedings 68* (1993), S. 578–91.
20 J. Engel Jr.: *Seizures and Epilepsy.* Philadelphia: F.A. Davis, 1989), S. 536.

21 Siehe F. Fremantle und C. Trungpa: *The Tibetan Book of the Dead* (Boston: Shambhala Dragon Editions, 1992). Deutsche Ausgabe: *Das Totenbuch der Tibeter.* München: Diederichs Gelbe Reihe 6, 19. Aufl., 1998.

22 Siehe R. Moody: *Life after Life.* Atlanta: Mockingbird, 1975; K. Ring: *Heading Towards Omega.* New York: Quill Morrow, 1984; M. Sabom: *Recollections of Death.* New York: Harper & Raw, 1982.

Glossar

Buddhistische Begriffe

Abhidharma (tib.: *mngon chos*). Ausführliche philosophische Analyse des Geistes, der geistigen Funktionen, sowie der Auswirkung positiver und negativer geistiger Zustände.

Ablösung von Körper, Rede und Geist. Die ersten drei von fünf Phasen der Vollendungsstufe im *Guhjasamāja*-System. Nach diesen dreien fährt man fort mit dem Erreichen des *Klaren Lichts* und des *Illusionskörpers*. Die Vereinigung der letzten beiden kommt dem Erlangen der Buddhaschaft gleich.

Achtfacher Prozeß des Sterbens und der Auflösung. Nach Aussage des Höchsten Yoga-Tantra tauchen im Geist einer sterbenden Person eine Reihe von Erscheinungen auf, sobald sich die fünf Arten der Lebensenergie (*prāna*) in den Zentralkanal zurückzuziehen beginnen. Dinge erscheinen als: Luftspiegelungen; Rauchschwaden; Feuerfunken; Licht, wie von einer ruhigen Kerzenflamme; weißlicher Schein; schwach rötliches Licht; gefolgt vom dunklen »Nahen Erreichen« und schließlich dem Klaren Licht des Todes.

Ālayavijñāna (tib.: *kun gzhi nams shes*). Dieser oft als »Speicherbewußtsein« oder »Grundbewußtsein« übersetzte Begriff bezieht sich auf die subtilste der acht Bewußtseinsarten nach dem *Yogāchāra*-System. Das Grundbewußtsein ist der Ort, an dem die Neigungen und geistigen Eindrücke »gespeichert« werden, die aus den Handlungen unter dem Einfluß der emotionalen Trübungen entstehen, bis sie auf die Bedingungen zu ihrer Manifestation treffen.

Ārya Asanga. Indisch-buddhistischer Philosoph (ca. 310–390), der u.a. durch seine Schriften zum *Abhidharma* als Wegbereiter des *Yogāchāra*-Systems gilt.

Asura. Ein Lebewesen aus dem *Asura*-Bereich, einem der sechs Bereiche zyklischer Existenz (*Samsāra*) in der buddhistischen Kosmologie. Die oft auch als Eifersüchtige Götter bezeichneten Asuras werden kraft ihres sowohl starken positiven als auch negativen *Karmas* in einem himmlischen Bereich geboren. Obwohl sie mit Reichtum, Intelligenz und langem Leben ausgestattet sind, beneiden sie die überlegenen *Devas* um ihren Besitz und sind deshalb ständig in Kämpfe mit ihnen verwickelt.

*Erwachen (*Skrt.:*bodhi;* tib.: *byang chub*). Das endgültige Ziel des buddhistischen Pfades. Als erwacht oder erleuchtet gilt, wer sowohl die *emotionalen Trübungen*, als auch die *Wissenstrübungen* gereinigt sowie die Eigenschaften eines Buddha erlangt hat. Eine Person, die das *Erwachen* erreicht hat, wird Buddha oder Erwacher genannt.

Bakchak. Siehe *Eindrücke.*

Bardo (Skrt.: *antarābhava*). Bezieht sich allgemein auf den *Zwischenzustand* zwischen Tod und Wiedergeburt, in dem der *Geistesstrom* in der Gestalt eines »mentalen Körpers« umherwandert und nach einer neuen Verkörperung sucht. Der Bardo wird als günstige Gelegenheit für die tantrische Praxis angesehen, da sich am Übergang vom Tod in den Bardo die *Klares-Licht*-Natur des Geistes manifestiert. Ebenfalls erfährt der Geist im Bardo verschiedenartige Erscheinungen, die als friedliche und rasende Gottheiten bezeichnet werden. Ist der Praktizierende in der Lage, diese Erscheinungen als die Natur des Geistes selbst zu erkennen, dann erlangt er oder sie Befreiung. Siehe auch *Bardo Thödol, Klares Licht.*

Bardo Thödol (tib.: *bar do thos sgrol*). Ein berühmtes tibetisches Handbuch zur Sterbebegleitung, das als *Tibetisches Totenbuch* bekannt ist; wörtlich bedeutet sein Titel *Be-*

freiung durch Hören im Zwischenzustand. Es wird davon ausgegangen, daß das Vorlesen aus dem Buch in Gegenwart eines Sterbenden oder eines schon Gestorbenen der Person hilft, die vielfältigen Erscheinungen des *Bardo* als Manifestation der Natur des Geistes zu erkennen, wodurch sie zur Buddhaschaft erwacht.

Begierdebereich (Skrt.: *kāmadhātu;* tib.: *'dod khams*). Einer der drei Existenzbereiche (neben dem Form- und formlosen Bereich) in der buddhistischen Kosmologie. Er gilt als am wenigsten verfeinert, weil die in ihm lebenden Wesen über einen groben Körper und Geist verfügen. Der Name Begierdebereich ergibt sich zum Teil aus der Tatsache, daß die Wesen darin hauptsächlich durch Begierde motiviert sind. Die in diesem Bereich angesiedelten Wesen sind: Höllenwesen, Hungergeister, Tiere, Menschen, Eifersüchtige Götter und einige Devas.

Bewußtsein (buddhistische Definition). Die meisten buddhistischen Philosophen definieren *Bewußtsein* als »leuchtendes Gewahrsein«. Das Wort *leuchtend* (Skrt.: *prabhāsvara;* tib.: *gsal ba*) bezieht sich auf das Vermögen des Geistes, Objekte »aufleuchten« oder erscheinen zu lassen. Gleichzeitig ist das Bewußtsein leuchtend, weil es »klar« ist. Es gleicht einem offenen Raum mit bestimmtem Inhalt, ohne daß dieser aber in sich selbst oder von sich aus besteht. Zudem bezieht sich das Leuchten des Geistes auch auf seine grundlegende Natur, das *Klare Licht.* Neben der strahlenden Eigenschaft, hat Bewußtsein auch die Qualität von »Gewahrsein« (Skrt.: *jñāna;* tib.: *rig pa*), denn es erkennt und versteht die Objekte, die ihm erscheinen. Wenn man also die Farbe Blau sieht, dann ist das Strahlen des Bewußtseins dafür verantwortlich, daß dem Geist Blau erscheint, wohingegen es der erkennende Aspekt des Bewußtseins erlaubt, sein Erscheinen zu verstehen und es durch andere geistige Faktoren, wie Konzeptbewußtsein und Gedächtnis, zu manipulieren.

Bewußtseinsübertragung (tib.: *pho ba,* ausgesprochen: *powa*). Methode zur Anwendung im Moment des Todes, mit der das eigene Bewußtsein oder das einer anderen Person auf eine glückliche Wiedergeburt ausgerichtet wird, was meist das reine Land Sukhāvatī von Amitābha ist, dem Buddha des grenzenlosen Lichts.

Bön. Die indigene religiöse Tradition Tibets. Die Bön-Religion besitzt eigene historische und mythologische Wurzeln; die philosophischen Ansichten und meditativen Praktiken des Buddhismus wurden in weitem Umfang übernommen.

Chakra (Skrt.: *cakra;* tib.: *'khor lo*). Wörtlich »Rad«, steht es für eine Verknotung von Energiekanälen entlang des *Zentralkanals;* die Hauptchakras liegen am Scheitel, im Hals, am Herzen und im Genitalbereich.

Delok (tib.: *das log*). Eine extreme Form der Nahtod-Erfahrung bei der sich eine Person nach Krankheit oder Unfall für mehrere Tage in einem Zustand ausgesetzten Lebens aufhält. Sie erhält Einblick in die Auswirkungen von *Karma* im Zwischenzustand und in zukünftigen Leben und kehrt dann in (dieses) Leben zurück.

Deva (tib.: *lha*). Sanskrit-Begriff, der sich auf einen »Gott« oder ein himmlisches Wesen bezieht. Einige Devas bewohnen die höchsten Ebenen des *Begierdebereichs* der zyklischen Existenz (*Samsāra*), während andere sich im Form- und formlosen Bereich aufhalten. Devas sind sehr langlebig und genießen die Freuden sinnlicher und meditativer Erfahrung; aus diesem Grund mangelt es ihnen an Entsagung, die für ein Beschreiten des Pfads zum Erwachen notwendig ist.

Dharmakāya. Siehe *Drei Kāyas.*

Diamantfahrzeug. Siehe *Vajrayāna.*

Drei Gifte. Bezeichnet die negativen Geisteszustände von Gier, Aggression und Unwissenheit.

Drei Kāyas (Skrt.: *trikāya;* tib.: *sku gsum*). Die Lehre von den drei Kāyas oder Buddha-Körpern ist eine Darstellung der Natur vollkommener Erleuchtung (Buddhaschaft) nach Mahāyāna-Verständnis. Der Dharmakāya (»Körper letztendlicher Realität«) ist der grenzenlose Raum des erwachten Buddha-Geistes. Der Sambhogakāya (»Körper vollendeten Entzückens«) ist die Form des erleuchteten Geistes in den reinen Bereichen. Seine subtile Form kann nur von sehr fortgeschrittenen Meditationspraktikern wahrgenommen werden. Der Nirmānakāya (»Ausstrahlungskörper«) ist diejenige Form des Buddha-Geistes, die von gewöhnlichen fühlenden Wesen wahrgenommen werden kann.

Drongjuk (tib.: *grong 'jug*). Eine Praxis, bei der der Yogi sein Bewußtsein in einen toten Körper überträgt und ihn dadurch wiederbelebt. Die Tradition behauptet, daß *Marpa* der Übersetzer (1012-1097) diese Praxis nach Tibet brachte, sie dann allerdings wieder verlorenging, da Marpas Sohn frühzeitig starb, bevor er die Anweisungen dazu weitergeben konnte.

Durchdringende Energie. Eine der wichtigsten Energien oder »Winde« im Körper, die gleichmäßig verteilt in der gesamten physischen Struktur vorhanden ist.

Dzogchen (tib.: *rdzog pa chen po*). Dzogchen, das als Große Vollendung übersetzt wird, bezeichnet das höchste Meditationssystem des Tantra nach der Nyingma-Überlieferung des tibetischen Buddhismus. In diesem System kultiviert der Yogi oder die Yogini unter der persönlichen Anleitung des Lamas ein direktes Erkennen des Dharmakāya, nachdem er/sie durch einen qualifizierten Lama in die Natur des Geistes eingeführt worden ist.

Eifersüchtige Götter. Siehe *Asura.*

Eindrücke, geistige (Skrt.: *vāsanā,* tib.: *bag chags*). Die auch *Bakchak* genannten latenten Neigungen, sind aus *Karma* entstandene gewohnheitsmäßige Tendenzen, die nach Yogāchāra-Lehrmeinung im Grundbewußtsein abgelegt werden. Kommen diese Eindrücke mit den passenden Bedingungen in Kontakt, dann manifestieren sie sich als die Wirkung des urspünglichen *Karmas.*

Emotionale Trübungen oder Verschmutzungen (Skrt.: *kleshāvarana;* tib.: *nyon mongs kyi sgrib pa*). Negative geistige Zustände und Emotionen, die die Natur der Wirklichkeit verschleiern und den Prozeß der Wiedergeburt im Daseinskreislauf (*samsāra*) herbeiführen. Es gibt etliche Aufzählungen der negativen geistigen Zustände, die diese Trübungen zum Inhalt haben, doch können sie allesamt in der Einteilung nach den drei Geistesgiften zusammengefaßt werden: Anhaften, Abneigung und Gleichgültigkeit.

Erwachen (Skrt.: *bodhi;* tib.: *byang chub*). Das Ziel des buddhistischen Pfades. Als erwacht oder erleuchtet gilt, wer sowohl die *emotionalen Trübungen,* als auch die *Wissenstrübungen* gereinigt, sowie die Eigenschaften eines Buddha erlangt hat. Eine Person die das *Erwachen* erreicht hat, wird Buddha oder Erwachter genannt.

Erzeugungsstufe(Skrt.: *utpattikrama;* tib.: *bskyed rim*). Erste Stufe der Praxis im Höchsten Yoga-Tantra. Der Yogi oder die Yogini entwickelt durch verschiedene *Sādhanas* und ausgedehnte Mantra-Rezitation eine klares visuelles Bild von sich als Buddha-Gottheit. Siehe auch *Meditationsgottheit* und *Vollendungsstufe.*

Formbereich (Skrt.: *rūpadhātu;* tib.: *gzugs khams*). Einer der drei Existenzbereiche (neben dem Begierde- und formlosen Bereich) in der buddhistischen Kosmologie. Die Bewohner des Formbereichs sind *Devas.* Jedoch unterscheiden sie sich von den Devas des Begierdebereichs dahingehend, daß sie jegliche Begierde mit Ausnahme der Gier nach sichtbaren, hörbaren und tastbaren Sinnesobjekten überwunden haben. Die Geburt im Formbereich ist das Resultat von Anhaften an Meditation und die Perfektion der vier Versenkungen (*dhyāna*).

Formloser Bereich (Skrt.: *ārūpadhātu;* tib.: *gzugs med khams*). Einer der drei Existenzbereiche (neben dem Begierde- und Formbereich) in der buddhistischen Kosmologie. Die Wesen des formlosen Bereichs haben weder Begierde noch irgendeine physische Gestalt. Die Geburt in diesem Bereich ist das Resultat von Anhaften an Meditation und Perfektion der vier meditativen Konzentrationen (*samādhi*).

Fünf Aggregate (Skrt.: *pañchuskandha;* tib.: *phung po lnga*). Nach der Philosophie des Buddhismus wird das psychophysische System von Körper und Geist in fünf Bestandteile oder Aggregate eingeteilt: Form, Empfindung, Wahrnehmung, willentliche Gestaltung und Bewußtsein. Nach Ansicht vieler buddhistischer Philosophen bilden die fünf Aggregate die Grundlage für das Gefühl von »Ich« und die Zuschreibung einer persönlichen Identität.

Fünf innere und fünf äußere Elemente. Diese fünf Elemente sind Erde, Wasser, Feuer, Luft und Raum. Beziehen sie sich auf die Elemente, aus denen der Körper besteht, werden sie die *fünf inneren Elemente* genannt. Beziehen sie sich auf die Elemente, aus denen das äußere Universum besteht, dann werden sie die *fünf äußeren Elemente* genannt.

Geistesstrom (Skrt.: *santāna;* tib.: *rgyud*). Geistiges Kontinuum kausal miteinander verbundener Bewußtseinsmomente. Es ist dieser »Strom« geistiger Momente, bei dem ein jeder den nachfolgenden produziert, der sich durch Sterbeprozeß, Zwischenzustand und Wiedergeburt hindurch fortsetzt.

Gelug-Orden. Die Gelug-Tradition als jüngste, der tibetisch-buddhistischen Orden der *Neuen Übersetzungslinie* wurde von dem großen Gelehrten und Yogi Tsongkhapa (1357-1419) gegründet. Diese Schule ist besonders für ihre Betonung des philosophischen Studiums und der Debatte bekannt.

Geshe. Der tibetische Begriff *Geshe* bedeutet wörtlich »spiritueller Freund«. Im *Gelug-Orden* wird dieser Titel demjenigen verliehen, der viele Jahre klösterlicher Erziehung absolviert und einen hohen Grad philosophischer Gelehrsamkeit erreicht hat.

Gottheiten-Yoga. Praxis des tantrischen Buddhismus, bei der man sich selbst als Buddha-Gottheit visualisiert. Es wird davon ausgegangen, daß allein die Vorstellung von sich selbst im Zustand des Resultats (Buddhaschaft) die notwendigen Bedingungen dafür hervorbringt, daß die volle Erleuchtung in einer Lebensspanne erlangt wird. Siehe auch *Meditationsgottheit* und *Vajrayāna.*

Grober Körper und grobes Bewußtsein. Der gewöhnliche Körper und Geist, der durch *Karma* und negative geistige Zustände konditioniert ist; sie sind die Basis einer Reinigung, die zum *subtilen Körper,* dem *Illusionskörper,* sowie dem *Ursprünglichen Gewahrsein* führt, die zusammengenommen die Essenz des *Erwachens* bilden.

Grundlagebewußtsein, Bewußtsein »Grundlage zu Allem«. Siehe *Ālayavijñāna.*

Grundlegendes Klares Licht. Konzeptuell unstrukturierter Zustand ursprünglichen Gewahrseins, der sich allen logischen Kategorien von Existenz, Nichtexistenz, sowohl Existenz, als auch Nichtexistenz und weder Existenz, noch Nichtexistenz, entzieht. Siehe *Klares Licht.*

Guhyasamāja-System. Eines der wichtigsten Systeme des Höchsten Yoga-Tantra in der Tradition der *Neuen Übersetzung.* Das *Guhjasamāja-Tantra* ist die klassische Quelle für Praktiken der Vollendungsstufe, wie sie von Nāgārjuna in seinen *Fünf Stufen (Pañchakrama)* niedergelegt wurden.

Herzzentrum. Bezieht sich entweder allgemein auf das Herz-Chakra, oder insbesondere auf das Zentrum des Herz-Chakras, von dem gesagt wird, daß sich in ihm der subtile Wind und die *Lebensenergien,* die Grundlage der Praxis der Vollendungsstufe im Höchsten Yoga-Tantra sind, in einem kleinen Tropfen befinden.

Höchstes Yoga-Tantra (Skrt.: *anuttarayogatantra;* tib.: *bla na med pa'i rnyal 'byor*). Das höchste System tantrischer Theorie und Praxis nach den Traditionen der *Neuen Übersetzung*. Es ist unter anderem besonders durch fortgeschrittene Techniken zur Manipulation der *Lebensenergien* gekennzeichnet, wodurch volle Erleuchtung in einer Lebensspanne möglich wird.

Identitätslosigkeit (Skrt.: *nihsvabhāvatā, anātmatā;* tib.: *rang bzhin med pa, bdag med pa*). Die Lehre der *Identitäts-* oder *Ichlosigkeit* ist ein Schlüsselkonzept der buddhistischen Philosophie. Es bezieht sich auf die Einsicht des Buddhas, daß der Zustand unerleuchteter, konditionierter Existenz in dem falschen Glauben an die Existenz eines unveränderlichen, dauerhaften Ich oder Selbst, einer Essenz oder Identität wurzelt. Die Einsicht in das Fehlen eines solchen Ich öffnet die Tür zur Befreiung von den Leiden zyklischer Existenz (*Samsāra*).

Illusionskörper (Skrt.: *māyākāya;* tib.: *sgyu lus*). Der fortgeschrittene Praktizierende des buddhistischen Tantra erlangt den Illusionskörper in der Meditation oder zum Zeitpunkt des Eintretens in den Zwischenzustand (Bardo). Sie oder er erscheint in der Form eines reinen oder unreinen Illusionskörpers, indem der extrem subtile Wind, die *Lebensenergie,* die substanzielle Ursache und der Geist die beitragende Bedingung bilden. Daher ist der Sambhogakāya des Buddha tatsächlich ein reiner Illusionskörper. Siehe *Drei Kāyas.*

Kālachakra-Tantra. Nach Aussage einiger Gelehrter das höchste tantrische System innerhalb der Klasse des *Höchsten Yoga-Tantra.* Das Kālachakra-Tantra ist neben einer Grundlage für wichtige meditative Praktiken auch die Hauptquelle für Mathematik, Astrologie und Weissagung im tibetischen Buddhismus.

Karma (tib.: *las*). Der Sanskrit-Begriff *Karma* bezieht sich auf Handlungen und ihre *Eindrücke* im Geistesstrom. Die Handlungen können körperlicher, sprachlicher oder geistiger Natur sein. Im allgemeinen Sprachgebrauch beschreibt *Karma* den Prozeß ursächlicher Handlungen und aus ihnen hervorgehender Wirkungen.

Klares Licht (Skrt.: *prabhāsvara;* tib.: *'od gsal*). Subtile Erscheinung, die auftritt, wenn sich die *Lebensenergien* in den *Zentralkanal* zurückgezogen haben. Die Lebensenergien konzentrieren sich dabei am Ort der *Chakras,* was besonders im tiefen Schlaf, beim Tod und in der tantrischen Meditation geschieht. Treten die Energien in den Zentralkanal ein, dann durchläuft das Bewußtsein einen *achtstufigen Auflösungsprozeß,* der von einer Reihe von Erscheinungen begleitet wird, die im Klaren Lichts selbst ihren Höhepunkt haben. Die bewußte Erfahrung des Klaren Lichts, von der gesagt wird, sie sei »wie ein klarer, wolkenloser Herbsthimmel kurz vor Sonnenaufgang«, stellt den subtilsten Geisteszustand dar und wird *Natürliches Klares Licht* genannt. Hat der/die Praktizierende die Bewußtheit davon aufrechterhalten, dann hat er/sie die fundamentale Natur des Geistes erkannt, in dem das Klare Licht die subtile Grundlage aller geistigen Inhalte ist. Weil beim Einschlafen die Lebensenergien nicht vollständig vom Zentralkanal absorbiert werden, ist das *Klare Licht des Schlafes,* obwohl äußerst subtil, nicht so subtil wie das *Klare Licht des Todes.* Im Tod dagegen werden die Energien vollständig vom Zentralkanal aufgenommen, weshalb das Klare Licht zum Zeitpunkt des Todes auch *Grundlegendes Klares Licht* oder *Ursprüngliches Klares Licht* genannt wird, da es den allerfeinsten und grundlegendsten Zustand des Geistes repräsentiert.

Klares Licht des Todes; – des Schlafes. Siehe *Klares Licht.*

Lama (Skrt.: *guru;* tib.: *bla ma*). Ein qualifizierter spiritueller Führer oder ein verehrter Lehrer wird im Sanskrit *Guru* und im Tibetischen *Lama* genannt.

Latente Neigungen. Siehe *Eindrücke.*

Lebensenergie. Siehe *Prāna.*

Leerheit (Skrt.: *shunyatā*; tib.: *stong pa nyid*). Buddhistisch philosophische Position, nach der die Dinge (*dharma*) von einem unveränderlichen, innewohnenden Selbst, oder anders ausgedrückt, von einer Existenz aus sich heraus *leer* sind. Obwohl die Dinge in *letztendlicher* Hinsicht leer sind, kann trotzdem von ihnen gesagt werden, daß sie *konventionell*, oder in Abhängigkeit von Ursachen und Bedingungen existieren. Siehe auch *Identitätslosigkeit*.

Mādhyamaka. Die durch Nāgārjuna begründete Schule des Mittleren Weges, oder Mādhyamaka, die eines der vier wesentlichen Systeme der indisch-buddhistischen Philosophie darstellt. Sie ist besonders dafür bekannt, die letztendliche *Identitätslosigkeit* von Personen und Dingen genau zu artikulieren, indem sie einen »mittleren Weg« zwischen Essentialismus und Nihilismus findet und diesen in den zwei Wahrheiten (konventionelle und letzte Wirklichkeit) ausdrückt. Innerhalb des Mādhyamaka werden die beiden wichtigen Schulen der Prāsangika und der Svatantrika unterschieden. Die Mādhyamakas sind die Anhänger des Mādhyamaka.

Mahāyāna (tib.: *theg pa chen po*). Das Mahāyāna, wörtlich: »Großes Fahrzeug«, ist eine der beiden großen Traditionen des Buddhismus, die sich in Indien entwickelten. Aus der Sicht des Mahāyāna wird die andere als Hīnayāna, »Kleines Fahrzeug«, klassifiziert. Übereinstimmendes Merkmal der buddhistischen Traditionen des Mahāyāna in Tibet, China, Japan, Korea und Vietnam ist die Hervorhebung einer altruistischen und mitfühlenden Haltung universeller Verantwortlichkeit für das Wohl aller fühlenden Wesen als Voraussetzung für das Erlangen vollständigen Erwachens.

Maitreya. Der zukünftige Buddha und die Verkörperung des liebevollen Mitgefühls aller Buddhas. Wörtlich bedeutet sein Name »Liebender«. Es gibt auch einen Bodhisattva namens Maitreya sowie eine historische Person desselben Namens, die mehrere wichtige philosophische Texte des *Mahāyāna* verfaßt hat.

Marpa (1012-1097). Bedeutender tibetischer Übersetzer indischer wie nepalesischer Schriften, der zum Gründer der Kagyu-Schule (*bka' brgyud*) des Tibetischen Buddhismus wurde. Er brachte auch das *Guhjasamāja-Tantra*, sowie andere wichtige tantrische Lehren nach Tibet. Marpas Schüler *Milarepa* wurde der berühmteste Yogi der tibetischen Geschichte.

Meditationsgottheit, persönliche (Skrt.: *ishtadevatā*; tib.: *yidam*). Eine ausgewählte Gottheit zur individuellen tantrischen Meditationspraxis. Das buddhistische Tantra kennt eine Vielzahl solcher Gottheiten, die verschiedene Aspekte der Erleuchtung verkörpern und dazu dienen, die positiven Eigenschaften der Praktizierenden zu fördern. Die Meditation über die persönliche Gottheit wird vom Meditierenden ferner zu Vorbereitung auf die eigentliche Manipulation der *Lebensenergien* benutzt, wodurch eine Realisation der *Klares-Licht*-Natur des Geistes erleichtert wird.

Milarepa (1040-1123). Eine der schillerndsten Figuren des tibetischen Buddhismus. Milarepa war in seiner Jugend ein übler Schwarzmagier, der mit magischen Mitteln mehrere Menschen getötet hatte, bis er zum wichtigsten Schüler *Marpas* wurde. Er durchlebte viele Jahre der Härte und der Schulung in Einsamkeit, um sein früheres Karma zu reinigen. Dann erreichte Milarepa Erleuchtung und wurde ein berühmter Lehrer. Seine Biographie und die spontanen Gesänge, die in den *Hunderttausend Liedern des Milarepa* enthalten sind, zählen zu den bekanntesten Werken der tibetischen Literatur.

Mitwirkende Bedingung (Beitragende Ursache) (Skrt.: *sahakārīpratyaya*; tib.: *lhan cig byed rkyen*). Eine zusätzliche Bedingung, die vorhanden sein muß, damit eine bestimmte *substanzielle Ursache* ihre Wirkung entfalten kann; zum Beispiel braucht ein Samenkorn die beitragende Bedingung des Bodens, der Feuchtigkeit und des Lichts, damit ein grüner Sproß entsteht.

Nāgārjuna (2.Jh. n.Chr.). Einer der bedeutendsten *Mahāyāna*-Philosophen des buddhistischen Indiens. Es heißt, daß Nāgārjuna die *»Sūtras über die Vollkommenheit der Weisheit«* aus dem Land der *Nāgas* erhielt, die er später in systematisierter Form als die Lehren des Mittleren Weges der *Mādhyamaka*-Philosophie niederlegte.

Nāropa (1016-1100). Berühmter Gelehrter der nordindischen Klosteruniversität Nālandā. Er verzichtete auf Karriere und Reputation, um sich dem bettelnden Yogi Tilopa anzuschließen. Nachdem er ihn zwölf Jahre lang schweren Prüfungen unterzogen hatte, übertrug Tilopa die Verwirklichung von Mahāmudrā, dem »Großen Siegel«, auf Nāropa durch einen Klaps mit seiner Sandale. Später wurde Nāropa zum Guru von *Marpa* und damit zur Quelle der Übertragung vieler wichtiger Praktiken des Höchsten Yoga-Tantra nach Tibet.

Natürliches Klares Licht. Siehe *Klares Licht.*

Natürliches Ursprüngliches Gewahrsein (tib.: *rang bzhin kyi rig pa*). Nach den Traditionen des *Dzogchen* und der *Mahāmudrā* ist dies die Natur des gewöhnlichen Geistes. Sobald das Natürliche Ursprüngliche Gewahrsein erkannt wird, sind alle Erscheinungen von *Samsāra* und *Nirvāna* sein Ausdruck.

Neue Übersetzungslinie. Die Traditionen des Sūtra- und Tantrayāna, die sich nach dem zehnten Jahrhundert in Tibet verbreiteten. Sie werden von der Linie alter Übersetzung aus dem achten und neunten Jahrhundert unterschieden. Die aus verschiedenen indischen Quellen stammenden Überlieferungen überlappen einander zum Teil in den vier neu gegründeten Übertragungslinien der Sakya- (gegründet vom Übersetzer Drogmi), der Kagyu- (gegründet von *Marpa*), und der Kadampa-Tradition (gegründet vom indischen Meister Atisha), die später durch ihre Verbindung mit *Tsongkhapa* als *Gelugpa*-Tradition bekannt wurde.

Nirmānakāya. Siehe *Drei Kāyas.*

Nirvāna (tib.: *mya ngan las ›das pa*). In der tibetischen Umschreibung heißt es wörtlich »jenseits aller Schmerzen und Sorgen gegangen«. Nirvāna bezieht sich auf einen Zustand uneingeschränkter Freiheit von Leiden und diesen zugrundeliegender Ursachen. Eine solche Freiheit kann nur dann erreicht werden, wenn alle negativen Geisteszustände, emotionalen Trübungen und Wissensbehinderungen außer Kraft gesetzt worden sind. Aus diesem Grund wird Nirvāna manchmal auch Beendigung (*nirodha*) oder Erlösung (*moksha*) genannt.

Nur-Geist-Schule. Siehe *Yogāchāra.*

Nyingma-Orden (tib.: *rnying ma pa*). Nyingma bedeutet wörtlich »die Alten« und bezieht sich auf die historisch ältere Schule des tibetischen Buddhismus. Sie wurde im achten Jahrhundert von dem Meditationsmeister Padmasambhava begründet. Die Nyingma-Tradition überträgt die speziellen Lehren des *Dzogchen*, die auch als »Große Vollendung« bezeichnet werden.

Padmasambhava. Der indische Meditationsmeister, der im achten Jahrhundert den Buddhismus in Tibet verbreitet hat. Er ist besonders dafür bekannt, die Geister und Dämonen des Landes durch seine ungeheuren magischen Kräfte unterworfen und die Lehren des Vajrayāna verbreitet zu haben.

Phänomene, extrem entfernte oder verborgene (Skrt.: *ativiprakrishtadharma*; tib.: *shing tu lkog gyur gyi chos*). Eine der drei Klassen von Dingen (*dharma*) nach der indisch- und tibetisch-buddhistischen Erkenntnistheorie. Extrem verborgene Phänomene sind Dinge, deren Existenz weder durch direkte Wahrnehmung noch durch Schlußfolgerung bewiesen werden kann. Gewisse Dinge mögen für manche Personen extrem verborgen sein, während sie dies nicht sind für andere. Für gewöhnliche Menschen zum Beispiel sind gewisse Aspekte der Arbeitsweise von Karma extrem verborgen, für Buddhas dagegen sind karmische Prozesse offensichtlich.

Phänomene, offensichtliche (Skrt.: *drishyadharma;* tib.: *mthong rung gi chos*). Eine der drei Klassen von Dingen (*dharma*) nach der indisch- und tibetisch-buddhistischen Erkenntnistheorie. Offensichtliche Phänomene sind Dinge, die durch die fünf Sinne oder den Geist direkt wahrgenommen werden können.

Phänomene, verborgene (Skrt.: *viprakrishtadharma;* tib.: *lkog gyur gyi chos*). Eine der drei Klassen von Dingen (*dharma*) nach der indisch- und tibetisch-buddhistischen Erkenntnistheorie. Verborgene Phänomene sind Dinge, deren Existenz durch gültige Schlußfolgerung, nicht aber durch direkte Wahrnehmung bewiesen werden kann. Zum Beispiel kann man gültig auf Feuer im Haus schließen, wenn man dicken, schwarzen Rauch aus den Fenstern quellen sieht.

Powa. Siehe *Bewußtseinsübertragung.*

Prāna (tib.: *rlung*). Ein Sanskrit-Begriff, der wörtlich »Wind« oder »Atem« bedeutet. Er bezieht sich auf die verschiedenen Arten feinstofflicher Energie, die das psychophysische System von Körper und Geist durchsetzen und am Leben erhalten. Diese »Winde« oder Lebensenergien werden im buddhistischen Tantra vom Meditierenden durch die Praxis von Entwicklungs- und Vollendungsstufe unter Kontrolle gebracht. In ihrer subtilsten Form sind die Lebensenergien mit dem subtilsten Geist selbst identisch. Das Hauptaugenmerk der tantrischen Praxis richtet sich daher auf eine Beherrschung dieses feinstofflichen Körpers, um den Geist auf seiner subtilsten Ebene umwandeln zu können.

Prāsangika Mādhyamaka. Zweig des *Mādhyamaka,* der indisch-buddhistischen Mahayāna-Lehrmeinung. Sie wird mit Buddhapālita und Chandrakīrti in Verbindung gebracht. Für die meisten tibetischen Gelehrten ist sie die genaueste Darlegung von Buddhas Lehre der *Identitätslosigkeit.* Im Gegensatz zu der Svātantrika Mādhyamaka Schule akzeptiert die Prāsangika Lehrmeinung kein unabhängiges syllogistisches Argumentieren, da die Bedeutung der Begriffe einer Beweisführung immer vom Interpreten dieser Begriffe abhängt. Aus diesem Grund können alle Argumente, die von der Existenz einer innewohnenden Identität ausgehen, auf eine unannehmbare oder absurde Konsequenz reduziert werden.

Rūpakāya (tib.: *gzugs kyi sku*). Heißt wörtlich »Formkörper« und umfaßt den Sambhogakāya und Nirmānakāya eines Buddha. Der erste Aspekt wird nur von fortgeschrittenen Praktizierenden wahrgenommen, während der zweite auch von gewöhnlichen fühlenden Wesen gesehen werden kann. Siehe *Drei Kāyas.*

Sādhana (tib.: *sgrub thabs*). Allgemein die Übung einer spirituellen Praxis. Im Kontext des Tantra bezieht sich der Begriff Sādhana normalerweise auf einen rituellen Text und die darin beschriebenen meditativen Techniken. In den meisten Fällen beinhaltet ein tantrisches Sādhana die Visualisationstechniken des *Gottheiten-Yoga.*

Samādhi (tib.: *ting nge 'dzin*). Ein Zustand tiefer Meditation, in der der Geist sein Meditationsobjekt ausführlich ergründen kann.

Samsāra (tib.: *srid pa'i 'khor lo*). Daseinskreislauf konditionierter Existenz, in dem die fühlenden Wesen wiederholt Kraft ihres *Karmas* und negativer Geisteszustände herumgewirbelt werden, ohne Aussicht, sich daraus zu befreien. Als Bereich zyklischer Existenz, ist Samsāra der Zustand unerleuchteten Daseins, in welchem man pausenlos Leiden erfahren muß.

Sautrāntika-System. Eines der vier bedeutenden altindischen Systeme buddhistischer Philosophie-Systeme. Nach dem Sautrāntrika-System besteht die Wirklichkeit von Körper und Geist letztendlich aus irreduziblen Entitäten, die weder räumliche noch zeitliche Ausdehnung haben. Diese »Partikel« können entweder materiell sein, in welchem Fall sie teilelose, momentane Teilchen sind, oder sie sind geistiger Natur, in welchem Fall sie flüchtigen geistigen Momenten entsprechen. Das Sautrāntrika-System widerspricht daher der Identitätslosigkeit von Dingen, behauptet aber die Identitätslosigkeit des Ich oder der Person.

Sehr Subtiler Energie-Geist. Bezeichnet im Vajrayāna das Kontinuum des Sehr Subtilen Geistes und der Sehr Subtilen Lebensenergie, die zusammen die subtilste Grundlage für die Zuschreibung eines Ich darstellen.

Sehr Subtiler Geist, resp. Bewußtsein. Im Vajrayāna versteht man darunter das *Klare Licht.* Indem man lernt, die *Lebensenergien* zu lenken, erkennt man den Sehr Subtilen Geist und kann ihn für die Meditation über die letztendliche Identitätslosigkeit der Realität nutzen.

Skandhas. Siehe *Fünf Aggregate.*

Substanzielle Ursache (Skrt.: *upādānahetu;* tib.: *nyer len gyi rgyu*). Die vorrangige Ursache eines bestimmten Effekts; auch wenn zum Beispiel, für das Erscheinen eines grünen Sproß viele Bedingungen gegeben sein müssen, ist das Samenkorn seine substanzielle Ursache.

Subtile Kanäle. Das subtile Netz, in dem sich die Energie-Winde und Essenzen des subtilen Körpers bewegen. Es heißt, daß es 72 000 Kanäle im menschlichen Körper gibt.

Subtiler Energie-Geist. Bezieht sich auf subtile *Lebensenergien* und den Subtilen Geist, die als allerfeinste Bestandteile des Subtilen Körpers gelten. Damit ist auch das *Klare Licht* gemeint als derjenige Aspekt des Körper-Geist-Kontinuums, der sich ungehindert von einem Leben zum nächsten fortsetzt. Es heißt, daß er sich in einem kleinen Tropfen im Herzzentrum befindet.

Subtiler Geist. Siehe *Subtiler Energie-Geist.*

Subtiler Körper. Nach dem Höchsten Yoga-Tantra das Netz der subtilen Nerven-Kanäle des Körpers, mit seinen subtilen Energie-Winden und Essenzen, die sich in den Kanälen bewegen.

Subtiles Bewußtsein. Siehe *Subtiler Energie-Geist.*

Subtiles Klares Licht. Siehe *Klares Licht.*

Sūtra. Im engeren Sinn die exoterischen Lehren des Buddha, die in Pāli, Sanskrit und anderen Sprachen erhalten sind. Wird der Begriff Sūtra in Zusammenhang mit Tantra benutzt, dann bezieht er sich auf das gesamte System buddhistischer Philosophie und Praxis mit Ausnahme der geheimen Lehren des *Vajrayāna.*

Sūtrayāna. Wörtlich das »Sūtra-Fahrzeug« oder der Pfad zum Erwachen, der sich auf die philosophischen, ethischen und meditativen Systeme der Sūtras (Aufzeichnung der Lehren des historischen Buddhas) stützt. Folgt man der Praxis des Sūtrayāna, so ist es möglich, in einer Lebensspanne Befreiung (als Arhat) zu erreichen, oder volle Erleuchtung (Buddhaschaft) innerhalb von drei »zahlosen« Äonen. Siehe auch *Tantrischer Buddhismus* und *Vajrayāna.*

Svātantrika Mādhyamaka. Zweig des *Mādhyamaka,* der indisch-buddhistischen Mahayāna-Lehrmeinung. Die Svātantrika-Mādhyamaka-Schule ist vor allem mit dem indischen Gelehrten Bhāvaviveka verbunden. Kennzeichnend für diese Denkschule ist die Annahme eines unabhängig *(svatantra)* schlußfolgernden Denkens, das heißt die in einer Schlußfolgerung verwendeten Begriffe sind vom Interpreten der Schlußfolgerung konventionell unabhängig. Daraus folgt, daß Dinge auf konventioneller Ebene eine ihnen innewohnende Identität haben.

Tantra. Die wörtliche Bedeutung im Sanskrit ist *Kontinuum* oder *Faden.* Der Begriff bezieht sich auf die esoterischen Lehren und Praktiken des Buddhismus.

Tantrischer Buddhismus. Der auch Mantrayāna, Tantrayāna und Vajrayāna genannte Pfad zum Erwachen, der sich auf die esoterisch-tantrischen Lehren des Buddha stützt. Der tantrische Buddhismus hat viele Aspekte und Ebenen, deren Gemeinsamkeit in der Vorstellung einer Kontrolle der Energie-Winde oder subtilen *Lebensenergien* besteht, um den Sterbeprozeß nachempfinden und dadurch die subtilsten Bewußtseinsebenen für die Meditation über *Identitätslosigkeit* nutzen zu können.

Traumkörper. Der in physischer Form erscheinende Körper im Traumzustand. Im Höchsten Yoga-Tantra schulen sich die yogischen Übungen der Vollendungsstufe im Umgang mit dem Traumkörper zur Simulation eines *Illusionskörpers.*

Traum-Yoga. Eine Übungspraxis, die dem im Westen bekannten *luziden Träumen* ähnelt, bei der man eine Bewußtheit für die Natur der Traumerfahrung kultiviert, um den Traumzustand für die spirituelle Praxis nutzen zu können.

Tsongkhapa (1357-1419). Gründer der aus einer Belebung der Kadampa-Tradition entstandenen Gelugpa-Linie des tibetischen Buddhismus (siehe *Neue Übersetzungslinie*). Er studierte, praktizierte, schrieb und lehrte ausgiebig über die Sūtrayāna- und Vajrayāna-Systeme aller Traditionen der Neuen Übersetzung. Tsonkhapas Auslegung der *Mādhyamaka*-Philosphie des Mittleren Weges, die als monumentale Kommentare zum Werk von *Nāgārjuna* und Chandrakīrti überliefert sind, hatten einen enormen Einfluß auf die Entwicklung aller Schulen des Tibetischen Buddhismus.

Ursprüngliches Bewußtsein. Siehe *Sehr Subtiler Geist.*

Ursprüngliches Gewahrsein (tib.: *rig pa*). Das Bewußtsein in seinem natürlichen Zustand, ohne durch konzeptuelle Konstrukte, von Hoffnung und Furcht oder von Bestätigung und Ablehnung verändert worden zu sein.

Ursprüngliches Klares Licht. Siehe *Klares Licht.*

Vaibhāshika. Eines der vier bedeutenden altindischen Systeme buddhistischer Philosophie. Nach dem Vaibhāshika-System wird behauptet, daß das Universum aus einer begrenzten Anzahl irreduzibler Elemente, die *dharmas* genannt werden, aufgebaut ist. Alle zusammengesetzten Dinge können auf diese *dharmas* zurückgeführt werden, da sie selbst eine in Vergangenheit, Gegenwart und Zukunft unveränderliche Identität besitzen. Die Identitätslosigkeit von Dingen wird deshalb vom Vaibhāshika-System nicht unterstützt, doch behauptet es die Identitätslosigkeit des Ich oder der Person.

Vajrayāna. Ein anderer Name für den Pfad des tantrischen Buddhismus. Die wörtliche Bedeutung im Sanskrit ist »Fahrzeug der unzerstörbaren Wirklichkeit«. In diesem Zusammenhang bezieht sich das Wort Vajra auf die unzerstörbare Wirklichkeit der natürlichen Identitätslosigkeit aller Phänomene, die als Fahrzeug zum Erwachen genutzt wird. Beispielsweise wird der Körper durch Visualisation als Körper einer Gottheit betrachtet, und die Sprache durch Mantra in erleuchtete Rede umgewandelt. Siehe auch *Tantrischer Buddhismus.*

Vasen-Atmung, -Meditation. Yogische Übung zur Erzeugung *innerer Hitze* bei der Praxis der *Vollendungsstufe.* Der Meditierende hält das Zwerchfell beim Atmen in einer Weise, daß der Atem die Form einer Vase annimmt.

Vier Edle Wahrheiten. (auch: »Die Vier Wahrheiten der Heiligen«) (1) von der Existenz der Leids; (2) vom Ursprung des Leids, der in Anhaften besteht; (3) von der Beendigung des Leids; und (4) vom Pfad, der zu dieser Beendigung führt. Sämtliche buddhistischen Traditionen stimmen darin überein, daß diese vier Prinzipien der Kern der buddhistischen Lehre sind. Innerhalb dieser Formulierung der Vier

Edlen Wahrheiten lassen sich nach Ursache und Wirkung zwei Gruppen bilden. Die erste bezieht sich auf die zyklische Existenz: die Wahrheit vom Ursprung der Leiden (die Ursache) und die Wahrheit vom Leiden (die Wirkung). Die zweite Gruppe bezieht sich auf die Befreiung von zyklischer Existenz: die Wahrheit vom Pfad (die Ursache) und die Wahrheit von der Beendigung (die Wirkung, Befreiung). Die Lehre der Vier Edlen Wahrheiten beschreibt daher zusammenfassend das buddhistische Verständnis der Natur von *Samsāra* und *Nirvāna*.

Vollendungsstufe (Skrt.: *nishpannakrama;* tib.: *rdzogs rim*). Zweite und abschließende Stufe der Praxis im Höchsten Yoga-Tantra. Durch die yogische Praxis der subtilen Kanäle, Energien und Körperessenzen verwirklicht der Yogi oder die Yogini schrittweise den unausgedachten Zustand ursprünglicher Buddhaschaft.

Wind, Galle, Schleim. Die drei Körpersäfte in der āyurvedischen und tibetischen Medizin. Galle wird mit Hitze und Aggression in Verbindung gebracht, Schleim mit Kälte und der Emotion der Unwissenheit, Wind steht mit Begierde in Verbindung.

Wissenstrübung, -Schleier (Skrt.: *jñeyāvarana;* tib.: *shes bya'i sgrib pa*). Grundlegende Unwissenheit, aus der alle Leiden von *Samsāra* entstehen und die das Erkennen der *Identitätslosigkeit* aller Phänomene verschleiert. Sobald diese Trübung zusammen mit den emotionalen Trübungen beseitigt worden ist, gilt man als jemand, der Allwissenheit erlangt hat.

Yoga. Im Sanskrit bedeutet Yoga wörtlich »Vereinigung« und bezieht sich als Methode auf das Erlangen der Einheit mit der Erleuchtung.

Yogāchāra. Indische Schule der buddhistischen *Mahāyāna*-Philosophie, von der die Phänomenologie der Meditation besonders hervorgehoben wird. Die Yogāchārin unterteilen den Geist in acht Bewußtseinsarten – fünf Sinnes- und drei Geist-Bewußtseinsarten – einschließlich *des Grundbewußtseins.* Die Schule ist besonders für ihre idealistische Nur-Geist-Lehre *(cittamātra)* bekannt, nach der alle phänomenalen Erscheinungen durch *Karma* aus den *Eindrücken* im eigenen Geist-Kontinuum entstehen.

Yogi, Yogini. Ein männlicher oder weiblicher Yoga-Praktizierender; im tibetischen Kontext bezieht sich der Begriff auf einen Praktizierenden tantrischer Meditation.

Zentralkanal (Skrt.: *avadhūti;* tib.: *rsta dbu ma*). »Hauptnerv« des subtilen Nervensystems nach der tantrisch-buddhistischen Physiologie. Wenn die psychischen Energien, auch Wind (Skrt.: *Prāna;* tib.: *rlung*) genannt, durch yogische Techniken dazu gebracht werden, in den Zentralkanal einzutreten, ist es möglich, das fundamentale *Klare Licht* zu erkennen.

Zunahme von Erscheinung. Siehe *Achtfacher Prozeß des Sterbens und der Auflösung.*

Zwischenzustand. Siehe *Bardo.*

Zyklische Existenz. Siehe *Samsāra.*

Neurowissenschaftliche Begriffe

Anfall, epileptischer. Anfangs räumlich begrenzte abnorme Entladung von Nervenzellen im Gehirn (meist tief innerhalb des limbischen Systems in einem der *Temporallappen*), die sich dann auf einen großen Teil des benachbarten Nervengewebes ausdehnt. Die Entladung ist durch niedrige Schwingungsfrequenz und starke Synchronisation gekennzeichnet.

Assoziativer Cortex. Regionen der Großhirnrinde, die mit verschiedenen sensorischen (Sehen, Hören, Tasten, usw.) und motorischen Bereichen in Verbindung stehen und diese deshalb zusammenführen. Diese Regionen werden als übergeordnet angesehen, da sie überlegte, absichtsvolle Handlungen ermöglichen.

Axon. Ausleitende Nervenfaser eines *Neurons,* die elektrische Impulse und chemische Signale an andere entfernte Neuronen überträgt.

Bewußtsein (in neurowissenschaftlicher Definition). Eine neurowissenschaftliche Definition, die von der breiten Mehrheit der Wissenschaftler geteilt wird, gibt es nicht; statt dessen wird der Begriff mit einer Vielzahl von Assoziationen konnotiert: reflexives Gewahrsein; aufmerksame Wahrnehmung umweltbedingter Stimuli; Beobachtung von Verhalten; bestimmte Grade der Wachheit; Synthese kognitiver Prozesse; usw. (Vergleiche buddhistische Definition.)

Cerebrospinal-Flüssigkeit. Eine Flüssigkeit, die sich in den vier Hohlräumen (Verntrikeln) des Gehirns befindet. Die Vertrikel sind mit einander verbunden, so daß die Flüssigkeit zirkulieren und erneuert werden kann. Die Cerebrospinal-Flüssigkeit dient unter anderem dafür, das Gehirn vor äußeren Kräften (auch der Schwerkraft) zu schützen, die es deformieren könnten und ferner einer Regulation der extrazellulären Umgebung des Gehirns.

Circadiane Rhythmik. Eine biologische Aktivität, die in etwa im 24-Stunden Takt wiederkehrt, wie zum Beispiel der Schlaf des Menschen.

Elektro-Encephalogramm (EEG). Ein Verfahren zur Aufzeichnung elektrischer Aktivität des Gehirns. Es beinhaltet die Befestigung von Elektroden an der Oberfläche des Kopfes.

Elektromyogramm. Aufzeichnung elektrischer Aktivität von einzelnen oder einer Gruppe von Muskeln.

Frontallappen (Vorderhirnlappen). Der vordere Teil des Großhirns, der nahezu ein Drittel der gesamten Gehirnmasse ausmacht. Seine Funktionen sind vielfältig und nicht leicht definierbar. Sie beinhalten: die übergeordnete Synthese von Informationen aus fast allen anderen Gehirnregionen; ausführende Prozesse; Verstand; Urteilsvermögen; Interpretation von Kontext aus Umweltreizen, die zu einer angemessenen sozialen Interaktion führen; motorische Vorbereitung, Einleitung und Ausführung von Handlungen; usw.

Großhirn (Cerebrum). Die beiden Hirnhälften, abgesehen vom Kleinhirn (Cerebellum) und Hirnstamm.

Großhirnrinde (Cortex cerebri). Eine dünne, gefaltete Schicht, die aus Kernen von Nervenzellen (»graue Substanz«) bestehend, die Oberfläche der beiden Hirnhälften bildet. Sie wird in vier Bereiche eingeteilt: frontal (vorn), parietal (oben=Scheitel), temporal (seitlich=Schläfen) und okzipital (hinten).

Hippocampus. Tiefliegende Struktur in den *Temporallappen* der beiden Gehirnhälften. Dieser Bereich hat vor allem mit dem Erinnerungsvermögen zu tun, das sich auf Konsolidierung und Speicherung von bewußt verstandenen Inhalten stützt.

Hirnstamm. Ein Sammelbegriff für die dreifache neuroanatomische Struktur von Medulla (verlängertes Rückenmark), Pons (Brücke) und Mittelhirn.

Lamarcksche Evolution. Evolutionstheorie des französichen Naturalisten Jean-Baptiste de Lamarck (1744-1829), nach der sich die Arten durch eigene Anstrengung entwickeln, indem sich ein Organismus an den Bedarf anpaßt und die erreichten Veränderungen an seine Nachkommen weitergibt.

Lateralisation. Verschiebung kognitiver Funktionen in eine der beiden Hirn-Hemisphären. So werden zum Beispiel bei viele Rechtshändern Aspekte der Sprache, wie Lautwahrnehmung, syntaktischer Verarbeitung und sprachlicher Artikulation durch die linke Gehirnhälfte vermittelt, während andere, wie die Interpretation der Betonung und Metaphorik als rechtshemisphärisch angesehen werden.

Magneto-Encephalogramm (MEG). Messung der magnetischen Komponente der elektrischen Aktivität im Gehirn. Siehe *EEG.*

Neuron. Neuronen (Nervenzellen) sind die Grundbausteine der Signalleitung im Nervensystem. Sie übertragen elektrochemische Impulse durch das *Axon* zu anderen Nervenzellen und empfangen Impulse durch Fasern, die als Dendriten bezeichnet werden.

Okzipitallappen. Die hinterste Region des Großhirns, in der visuell-sensorische Reize verarbeitet werden.

Parietallappen (Scheitelhirn). Diejenige Region des Großhirns, die zwischen hinterem Frontallappen und vorderem Okzipital-Cortex sowie oberhalb der beiden *Temporallappen* liegt. Ihre wichtigsten Funktionen sind somato-sensorische Verarbeitung und räumliches Sehen.

Positron-Emissions-Spektrographie (PET). Technik zur dreidimensionalen Abbildung momentaner Gehirnprozesse. Zu diesem Zweck muß dem Probanden eine radioaktive Substanz als Tracer der Gehirnaktivität injiziert werden.

Primäre Cortices. Bereiche der Großhirnrinde, die ausschließlich unimodale Sinnesreize empfangen und verarbeiten (d.h. Reize, die einem einzelnen Sinnesorgan zugeordnet werden können, wie Sehen, Hören, Tasten, usw.)

REM-Schlaf (engl. rapid eyes movement). Schlaf-Phase mit schnellen Augenbewegungen und unregelmäßigem *EEG.* Dieses Schlafmuster ist häufig von regem Träumen begleitet.

Synapsen. Besonders ausgeprägtes Ende einer Nervenfaser zum Austausch von chemischen und elektrischen Impulsen von einer Nervenzelle zur andern.

Temporallappen. Gehirnregion, die vor dem *Okzipitallappen* und unterhalb des *Parietallappen* liegt. Die kortikalen Funktionen umfassen eine übergeordnete visuelle Verarbeitung und die aufmerksamkeitsabhängige Auswahl visueller Information. Ihre subkortikalen Funktionen sind bestimmte Aspekte des Lernens, der Erinnerung und der emotionalen Verarbeitung.

Thalamus. Im Zwischenhirn liegende Struktur, die aus einer Ansammlung hoch spezialisierter Kerne besteht. Ihre Verbindungen sind reziprok, indem einerseits einlaufende sensorische Impulse gefiltert und an entsprechende Bereiche des *primären Cortex* der Großhirnrinde weitergeleitet werden (»bottom-up«), während andererseits übergeordnete kortikale Prozesse durch den Thalamus die Auswahl und Wahrnehmung sensorischer Impulse steuern (»top-down«).

Transmitter. Eine Substanz, die an den synaptischen Enden der Nervenfasern freigesetzt wird. Von der *Synapse* geht der Transmitter auf Dendriten oder Zellkörper des postsynaptischen Neurons über, wo er auf Rezeptormoleküle trifft.

Vestibular-Apparat (Gleichgewichtsorgan). Sinnesorgan im Innenohr (Bogengänge), das die Aufrechterhaltung des Gleichgewichts regelt.

Biographische Notizen

JEROME (»PETE«) ENGEL JR.

Pete Engel erwarb den Titel M.D. und den Ph.D. in Physiologie 1965 und 1966 an der Stanford Universität. Er war zunächst außerordentlicher Professor und erhielt dann eine volle Professur für Neurologie an der UCLA School of Medicine. In einer Reihe von Berufsgenossenschaften wie der Amerikanischen Gesellschaft für Epilepsie und der für Elektroenzephalographie war er aktives Mitglied. Er ist Herausgeber mehrerer Zeitschriften, z.B. von *Advanced Neurobiology, Epilepsy* und des *Journal of Clinical Neurophysiology.*

Dr. Engel hat mehrere Bücher über Epilepsie und klinische Neurowissenschaften verfaßt und veröffentlichte als letztes *Seizures and Epilepsy.* Philadelphia: F.A. Davis, 1989. Mehr als 110 wissenschaftliche Arbeiten wurden von ihm veröffentlicht, u.a. in Zeitschriften wie *Epilepsy Research, Journal of Neurosurgery, Neurology, Electroencephalography Clinical Neurophysiology* und den *Annals of Neurology.*

Als Arzt hat er ausgiebige Erfahrung mit Patienten gemacht, bei denen während oder infolge von epileptischen Anfällen, diabetisches Koma und Hungerazidose auftreten; ferner ist er Experte im Bereich von Halluzinationen, die mit Hirnläsionen in Zusammenhang stehen.

Relevante Literatur für »Mind and Life« IV:

J. Engel: »Functional Explorations of the Human Epileptic Brain and Their Therapeutic Implications«. In: *Electroencephalography Clinical Neurophysiology* 76 (1991), S. 296-316.

J. Engel: »Neurobiological Evidence for Epilepsy-Induced Interictal Disturbances«. *Advances in Neurology* 55 (1990), S. 97-111.

JAYNE GACKENBACH

Jayne Gackenbach erwarb 1978 den Ph.D. in experimenteller Psychologie an der Commonwealth University of Virginia. Anschließend wirkte sie mehr als zehn Jahre lang als Assistenzprofessorin und außerordentliche Professorin in der Abteilung für Psychologie an der University of North Iowa. Zur Zeit arbeitet sie selbständig in Edmonton, Kanada, als führendes Mitglied der Association for the Study of Dreams und der Lucidity Association.

Von Dr. Gackenbach stammen mehrere Bücher, darunter *Conscious Mind, Sleeping Brain: Perspectives on Lucid Dreaming.* New York: Plenum Press. 1988; *Higher States of Consciousness.* New York: Plenum Press, in Vorbereitung; sowie das populäre Buch *Control Your Dreams.* New York: Harper Collins, 1990. Sie hat mehrere Dutzend Artikel in wissenschaftlichen Zeitschriften wie dem *Journal of Social Psychology, Lucidity Letter, Journal of Mental Imagery* und *Sleep Research* veröffentlicht.

Sie hat sich von physiologischen, über psychologische bis hin zu transpersonalen Dimensionen, in allen Bereichen der Luziditätsforschung qualifiziert. Ihr Beitrag war auch für die tibetische Tradition von großem Interesse.

Relevante Literatur für »Mind and Life« IV:

J. Gackenbach: »Frameworks for Understanding Lucid Dreaming: A Review«. In: *Dreaming* 1. 1991, S. 109-128.

J. Gackenbach: »A Developmental Model of Consciousness in Sleep«. In: *Dream Images: A Call to Mental Arms,* herausgegeben von J. Gackenbach und A. Sheikh, New York: Baywood Publishing Company, 1991.

Joan Halifax

Joan Halifax erwarb 1968 an der University of Miami den Ph.D. in medizinischer Anthropologie und Psychologie. Sie hatte seitdem verschiedene Stellen inne, wie etwa als Forscherin für Ethnomuseologie am NIMH der Columbia University und als Vorsitzende der Ojai Foundation in Kalifornien. Derzeit ist sie die Präsidentin der Upaya Foundation in New Mexiko, die unter anderem ein Hospiz für Sterbende betreibt.

Dr. Halifax ist die Autorin mehrerer Artikel und Bücher, wie *The Human Encounter with Death* (zusammen mit S. Grof). Norton, 1973; *Shamanism*. Cross Roads, 1984 und *Fruitful Darkness*. Harper and Row, 1994.

Sie hat auf verschiedenen Gebieten ausführliche, kulturübergreifende Studien und bahnbrechende Untersuchungen über Tod und Sterben durchgeführt. Außerdem ist sie praktizierende Buddhistin und Dharmacharya des Tiep-Hien-Ordens von Thich Nhat Han.

Thupten Jinpa

Thupten Jinpa erhielt eine monastische Ausbildung im Zongkar-Chöde-Kloster und an der Gaden-Klosteruniversität in Indien, von der er 1989 den Titel eines Lharam Geshe verliehen bekam, das tibetische Äquivalent eines Doktors der Theologie. Er war seit 1986 der Hauptübersetzer Seiner Heiligkeit des Dalai Lama für Philosophie und Religion. Jinpa ging 1989 an das Kings College/Cambridge, um westliche Philosophie zu studieren, und erhielt 1992 seine akademische Auszeichnung.

Seine Veröffentlichungen umfassen Übersetzungen von Texten des Dalai Lama zu buddhistischer Theorie und Praxis, Aufsätze über das Wesen der Philosophie aus buddhistischer Sicht, vergleichende Studien zu Nietzsches Perspektivismus und der Leerheitsphilosophie sowie über die Rolle der Subjektivität in der tibetischen Vajrayāna-Kunst. Jinpa bringt sowohl sein solides Verständnis der tibetischen und westlichen Traditionen ein, als auch umfassende sprachliche Fähigkeiten als Übersetzer des Dalai Lama. Zusammen mit Alan Wallace hatte er sich auch schon bei allen vorangegangenen »Mind and Life«-Treffen als Übersetzer betätigt.

Joyce McDougall

Joyce McDougall erwarb einen D.Ed. an der Universität von Ontago in Neuseeland. Sie lernte Psychoanalyse in London und Paris, wo sie seit 1954 lebt und arbeitet. Heute ist sie in der Supervision und Ausbildung von Analytikern für die Société Parisienne et Institut de Psychoanalyse tätig.

Dr. McDougall verfaßte viele Beiträge über Psychoanalyse für Bücher und europäische Fachzeitschriften und ist selbst Autorin mehrerer Bücher, wie *Plea for a Measure of Abnormality*. New York: I.U.P., 1980; *Theaters of the Mind* New York: Basic Books, 1985; und *Theaters of the Body: A Psychoanalytic Approach to Psychosomatic Illness*. New York: W. W. Norton, 1989. Ihre Bücher wurden in viele Sprachen übersetzt.

Psychoanalyse ist die einzige westliche Tradition mit einem praktischen und pragmatischen Ansatz der Untersuchung menschlicher Erfahrung. Auch wurde die Rolle der Träume von Beginn an als wesentlich erkannt. Als eine äußerst eloquente Vertreterin dieser Zunft, verfügt Dr. McDougall über umfassende klinische Erfahrung und ein ausgewiesenes theoretisches Verständnis.

Relevante Literatur für Mind andLife IV:

J. McDougall: *Theaters of the Mind*. New York: Brunner Mazel, 1990.

Charles Taylor

Charles Taylor erwarb den Ph.D. der Philosophie in Oxford 1961. Er lehrte als Professor an der McGill University und erhielt viele Rufe an andere Universitäten, wie die École Normale Superieur (Paris), Princeton, Oxford und Berkeley.

Dr. Taylor ist der Autor mehrerer bekannter Bücher, wie *The Explanation of Behaviour*. London: Routledge and Kegan, 1964; Hegel. Cambridge: Cambridge University Press, 1975; und *Sources of the Self.* Cambridge/Mass.: Harvard University Press, 1989. Außerdem ist er Autor verschiedener Beiträge für philosophische Zeitschriften. Dr. Taylor gilt als herausragender Vertreter der modernen Philosophie sowohl im kontinentalen als auch im anglo-amerikanischen Raum. Für dieses Treffen war es wichtig, ein klares Verständnis der westlichen Vorstellungen von Selbst, Geist und Gesellschaft vermitteln zu können.

Relevante Literatur für »Mind and Life« IV:

C. Taylor: *Sources of the Self: The Making of the Modern Identity.* Cambridge/Mass.: Harvard University Press, 1989.

Francisco J. Varela

Francisco Varela erwarb den Ph.D. für Biologie 1970 an der Harvard Universität. Seitdem hat er an vielen Universitäten gelehrt und geforscht, so in Boulder an der University of Colorado, der New York University der Universität von Chile und am Max-Planck-Institut für Gehirnforschung in Deutschland. Er ist derzeit Forschungsdirektor des CNRS in Paris.

Dr. Varela ist der Autor von mehr als 150 Artikeln über Neuro- und Kognitionswissenschaften in wissenschaftlichen Zeitschriften, wie dem *Journal of Cell Biology, Journal of Theoretical Biology, Perception, Vision Research, Human Brain Mapping, Biological Cybernetics, Philosophy of Science, Proceedings of the National Academy of Science* (USA) *und Nature*. Er ist der Autor von zehn Büchern, von denen das letzte, *The Embodied Mind*. Cambridge/Mass.: MIT Press, 1991, in acht Sprachen übersetzt wurde (deutsche Ausgabe: *Der mittlere Weg der Erkenntnis: Die Beziehung von Ich und Welt in der Kognitionswissenschaft.* Bern u.a.: Scherz, 1992.

Seit längerem schon interessiert er sich für die Begegnung von westlicher Wissenschaft und Buddhismus. Er war der wissenschaftliche Leiter der ersten »Mind and Life«-Konferenz 1987 und ein Teilnehmer von »Mind and Life« III. Neben dem allgemeinen Beitrag seiner Fachkenntnisse in Neurowissenschaften, war seine Rolle vor allem die des Moderators.

Relevante Literatur für »Mind and Life« IV:

F. Varela, E. Thompson und E. Rosch: *The Embodied Mind: Cognitive Science and Human Experience.* Cambridge/Mass.: MIT Press, 1991.

Alan Wallace

Alan Wallace erwarb einen Ph.D. in Religionswissenschaften an der Stanford University und den B.A. vom Amherst College 1985 in Physik und Philosophie. Von 1971 bis 1979 schulte er sich intensiv in der Tradition des tibetischen Buddhismus in Dharamsala und in der Schweiz.

Dr. Wallace ist der Autor mehrerer Artikel über Wissenschaftstheorie und Religion, sowie des Buches *Choosing Reality: A Contemplative View of Physics and the Mind.* Boston: Shambhala Publications, 1989. Er ist auch Übersetzer und Kommentator mehrerer tibetischer Schriften, wie *Transcendent Wisdom: A Commentary on the Ninth Chapter of Shantideva's »Guide to the Bodhisattva Way of Life«* von Seiner Heiligkeit dem Dalai Lama. Ithaca, NY: Snow Lion Publications, 1988.

Zur Konferenz konnte er mit einer ungewöhnlich tiefen Kenntnis der tibetischen Tradition in Verbindung mit einer breiten Ausbildung in westlicher Wissenschaft und Philosophie beitragen. Er war für alle »Mind and Life«-Konferenzen als Übersetzer und Berater tätig.

Relevante Literatur für »Mind and Life« IV:
A. Wallace: *Choosing Reality: A Contemplative View of Physics and the Mind.* Boston: Shambhala Publications, 1989.

Literaturauswahl

Tod, Bardo, Wiedergeburt

Bokar Rinpoche: *Der Tod und die Kunst des Sterbens.* Merzenich: Kagyu Dharma-Verlag, 1992.
Chögyam Trungpa, Francesca Fremantle: *Das Totenbuch der Tibeter.* München: Diederichs, Gelbe Reihe 6, 19. Aufl. 1998.
Geshe Rabten: *Das Buch vom heilsamen Leben, vom Tod und der Wiedergeburt.* Freiburg: Herder-Spektrum, 1995.
Geshe Thubten Ngawang: *Tod, Bardo, Wiedergeburt.* Hamburg: dharma edition, 1994.
Lati Rinpoche, Jeffrey Hopkins: *Stufen zur Unsterblichkeit.* München: Diederichs, 1983.
Sogyal Rinpoche: *Das tibetische Buch vom Leben und vom Sterben.* München: O. W. Barth, 1993.

Schlafen und Träumen

Werner F. Bonin: *Das Buch der Träume.* Frankfurt/M: Ullstein, 1984.

Luzides Träumen und Traum-Yoga

Namkhai Norbu, *Traum-Yoga: Träume bewußt lenken.* München: O. W. Barth, 1994.
Stephen LaBerge: *Hellwach im Traum: Höchste Bewußtheit im tiefen Schlaf.* Paderborn: Junfermann, 1987.

Weitere Veröffentlichungen zu den »Mind and Life« Konferenzen

»Mind and Life« I: Jeremy W. Hayward, Francisco J. Varela (Hg.): *Gewagte Denkwege.* München: Piper, 1996.
»Mind and Life« III: Daniel Goleman (Hg.): *Die heilende Kraft der Gefühle.* München: dtv, 1998.